KB160234

스토리의 과학

팔 리 는 브 랜 드 에 는 공 식 이 있 다

STORIES THAT STICK

킨드라 홀 지음 | 이지연 옮김

스토리의 과학

윌북

《스토리의 과학》에 쏟아진
찬사

"여러분이 무슨 일을 하든, 어떤 분야에 종사하든, 지금 당장 읽어야 할 책이다. 재미있고, 실용적이고, 진실을 일깨워주는 킨드라의 책은 꼭 가지고 있어야 마땅하다."

세스 고딘Seth Godin,
베스트셀러《마케팅이다》저자

"스토리텔링은 비즈니스의 필수 능력이다. 스토리텔링은 데이터에 설득력을 부여하며 더 효율적으로 소통하게 한다. 이 책을 읽으면 누구나 스토리텔링을 활용할 수 있다. 훌륭한 스토리를 들려주려고 대단한 작가가 될 필요는 없다. 기억에 남는 스토리를 만드는 기술만 있으면 된다."

찰스 두히그Charles Duhigg,
베스트셀러《습관의 힘》저자

"앞으로 이런 일이 펼쳐질 것이다. 지지부진한 사업을 운영하는 당신은 이 책을 사서 내가 그랬던 것처럼, 앉은 자리에서

끝까지 읽는다. 당신은 새로운 세계를 경험하고, 사업은 크게 번창한다. 끝. 스토리를 들려주는 사람은 많지만 잘 들려주는 사람은 별로 없고, 그 방법을 알려줄 수 있는 사람은 단 한 명뿐이다. 그게 바로 킨드라다."

스콧 스트래튼Scott Stratten,
베스트셀러 작가 겸 스토리텔러

 "나는 책을 까다롭게 고르는 편이다. 킨드라는 이런 나의 마음을 첫 페이지에서 바로 낚았고, 놓아주지 않았다. 이런 게 바로 뛰어난 스토리텔링의 힘이다. 고객과 직원에게 영감을 불어넣고 싶다면, 마음을 움직이는 비전을 만들어내고 싶다면, 마케팅을 더 잘하고 싶다면, 이 책을 꼭 읽어야 한다."

랜드 피시킨Rand Fishkin,
스파크토로SparkToro 설립자

"스토리텔링은 단편적인 정보와 한 줄 평, 유행어가 범람하는 오늘날 종종 잊히는 예술 형식이다. 유감스러운 일이다. 스토리는 언어가 탄생한 이래 우리를 서로 연결해주는 수단이었기 때문이다. 이 책에서 킨드라 홀은 스토리가 꼭 필요하다는 주장과 스토리를 만드는 최고의 방법을 아름답게 엮었다. 모든 사업주와 인플루언서가 꼭 새겨야 할 조언으로 가득한 책이다."

멜 로빈스Mel Robbins,
베스트셀러 《5초의 법칙》 저자

"독특하고, 신랄하며, 시의적절하고, 강력하다. 스토리의 힘을 활용해 사업을 성장시키고 싶다면 이 책을 꼭 읽어야 한다. 강력하게 추천한다!"

제이 배어Jay Baer,
컨빈스 앤 컨버트Convince & Convert 설립자 겸 《토크 트리거》 공동 저자

"진정성 있는 비즈니스의 핵심은 자기만의 스토리다. 자기만의 스토리는 내가 무엇을 할 수 있는지, 어떤 기여를 해서 성과를 이끌어낼 수 있는지 증명한다. 또한 팀원들을 한마음으로 이끌고 고객과 친밀하게 연결되는 방법을 알려준다."

오텀 캘러브리즈Autumn Calabrese,
사업가 겸 피트니스 전문가

차례

PART 1

비즈니스에 스토리가 필요한 이유
- 죽어가는 기업을 심폐소생시킨 스토리

PART 2

팔리는 스토리의 4가지 공식
- 비즈니스 현장에서 써먹는 전천후 스토리 개발법

오랫동안 기억 속에
살아남는 스토리

김하나, 《말하기를 말하기》 저자

처음엔 거절할 생각이었다. 추천사 의뢰가 물밀듯이 들어오는 중이었고, 나는 이미 해야 할 일들이 많았다. 그런데 이 책의 추천사를 청탁하는 편집자님의 메일에서 "작가가 스토리텔러여서 그런지 입담이 장난 아닙니다", "경제경영서임에도 소설을 읽듯이 페이지가 술술 넘어가는 마력이 있는 책입니다", "인트로 부분만 읽어도 감이 오실 거예요"라는 문장이 눈에 띄었고 슬며시 궁금증이 일었다. 첨부된 PDF 원고를 클릭해 앞부분 몇 장, 그러니까 '슬로베니아에서 저자의 남편이 납치당한 스토리'를 읽었다. 그리고 정신을 차리고 보니… 나는 홀린 듯 "추천사를 쓰겠습니다"라는 답장을 보내고 있었다. 지금 생각해보면 이 원고를 읽고 스토리텔링의 노하우를 습득한 편집자님이 내게 그것을 적용하고 있었던 게 아닌가 싶다. 나는 곧 제주행 비행기를 타게 되었는데, 마침 그날 제주 근처에서 비바람이 심해 비행기가 심하게 흔들렸고 착륙은 계속 늦어졌다. 흔들리는 비행기 안에서도 나는 흔들림 없이 이 원고를 계속 읽었다. 그만큼 빠져드는 책이었다.

이 책을 통해 여러분은 훌륭한 스토리의 4가지 요소(분명한 캐릭터, 진실한 감정, 중요한 순간, 구체적인 디테일), 스토리텔링 기본틀의 3단계(기준-폭발-새로운 기준), 모든 회사가 들려주어야 할 4가지 필수 스토리(가치 스토리, 창업자 스토리, 목적 스토리, 고객 스토리)에 대해 배울 수 있다. 내가 이토록 알차게 책의 내용을 다 요약해두었지만, 이런 요약은 이 책에 대해 아무것도 말해주지 못한다. 중요한 것은 이 책에 실린 스토리들이기 때문이다. 우리의 마음을 움직이고, 생각을 바꾸고, 오랫동안 기억 속에 살아남을 스토리들.

나아가 이 책은 누구에게나 스토리가 있고, 우리는 그 스토리를 찾아내서 활용할 수 있으며, 그것은 사람들에게 들려줄 만한 가치가 있다고 힘주어 말한다. 다시 말해, 스토리 찾기는 강력한 마케팅 기술일 뿐 아니라 좋은 에세이를 쓰는 요령과도 같다. 우리 삶의 값진 순간을 다른 사람들과 나누는 방법이 이 책에 담겨 있다. 그 기술을 여러분의 것으로 만들고 싶다면, 지금 이 책을 집어 들고 내가 했던 것처럼 앞부분 몇 장을 읽기만 하면 된다. 그러면 당신은 더 읽어나가기를 멈출 도리가 없을 테니까. 이것이 바로 스토리의 막강한 힘이다.

슬로베니아와 JFK, 내 남편을 납치해간 스토리

추수감사절 주말이었다. 1만 킬로미터 밖에서는 사람들이 칠면조에 매시드포테이토를 먹으며 올해에 감사했던 일에 대해 두런두런 이야기를 나누고 있을 것이다. 아니면 미식축구 경기의 웅웅거리는 함성 소리를 배경으로 소파에 늘어져 있을지도 모른다.

나는 아니었다…. 나는 슬로베니아에 있었다.

솔직히 말하겠다. 내가 "나 지금 슬로베니아야"라는 말을 하는 날이 오리라고는 꿈에서도 생각하지 못했다. 언젠가 멕시코로 떠난 휴가에서 슬로베니아인 축구 선수를 만나 그와 결혼할 미래를 확신했던 그날 하루만 빼면 말이다. 그런 내가 슬로베니아에 있었다. 아니, '우리'가 있었다. 남편 마이클(축구 선수는 아니다)과 나는 슬로베니아의 수도 류블랴나의 촉촉이 젖은 예스러운 자갈길을 거니는 중이었다. 추수감사절을 놓쳤는데도 그렇게 감사할 수가 없었다. 이제 막 발을 들인 동화 같은 도시 때문만은 아니었다.

내가 그토록 감사했던 이유는 방금 전 내 인생 최고의 마케팅 스토리를 들었기 때문이다.

※

그전에 먼저 말해둘 것이 있다. 스토리는 내 인생이다. 스토리는 나에게 일이고, 소통 수단이고, 세상을 보는 방법이다. 내가 내 스토리를 처음으로 들려준 것은 열한 살 때다. 그때 이후 스토리는 줄곧 나를 따라다녔고, 나를 찾아냈다. 이제 나는 스토리를 전략적으로 활용하는 방법에 대해 강연하고, 자신만의 스토리를 들려주는 방법을 가르치는 일을 하고 있다.

사실 슬로베니아에 간 것도 스토리 때문이었다. 1000명에 이르는 동유럽 전역의 마케팅 매니저, 브랜드 매니저, 미디어 업계 경영자, 광고 기획자를 대상으로 스토리텔링이 비즈니스에 미치는 영향력에 대해 강연을 해달라는 초청을 받았던 것이다. 그런데 스토리에 관해 강연하러 간 곳에서 인생 최고의 스토리를 듣게 되는 아이러니한 일이 벌어진 것이다.

그 일은 11월 말 주말의 어느 저녁에 일어났다. 슬로베니아에서는 추수감사절을 보내지 않는다. 그러나 크리스마스 트리 점등식으로 휴가 시즌의 시작을 알리는 전통 덕분에 도시는 축제 분위기였다. 슬로베니아인 수천 명이 전통주를 마시고, 노점에서는 난로에 밤을 굽고 있던 그 길을 나는 마이클과 함께 걸었다. 밤하늘은 어두웠고, 공기는 차고 축축했으며, 거리는 건물 사이사이에 매달린 크리스마스 장식에서 나오는 은은하고 따뜻한 불빛으로 빛나고 있었다. 어딘가에서 크리스마스 캐럴이 어렴풋이 들려오는 가운데 반짝이는 거리를 따라

늘어선 상점들이 이리 들어와서 구경해보라며 우리에게 손짓하는 듯
했다.

글쎄, 사실은 살짝 다르다. 상점들은 '우리'에게 손짓하는 것이 아
니라 '나'에게 손짓하고 있었다. 마이클은 아이쇼핑도, 온라인 쇼핑도,
할인 행사 쇼핑도, 그 어떤 쇼핑도 하지 않는다. 마이클은 쇼핑을 거의
하지 않는다. 마이클은 팬티 고무줄이 삭아서 가루가 되기 시작해야
새 팬티를 사는 사람이다. 마이클은 아마 지갑조차 없을 것이다.

쇼핑에 대한 이런 근본적인 취향 차이 때문에 우리는 유럽 출장 내
내 도돌이표처럼 같은 대화를 반복해왔다.

나　　와! 현지 디자이너의 부티크야. 들어가보자!

마이클　(못 들은 척 계속 걸어간다.)

나　　와! 현지 카펫을 파는 곳이야. 들어가보자!

마이클　(듣지 않고 계속 걸어간다.)

나　　와! 여기 있는 물건들 다 코르크로 만든 거래. 들어가보자!

마이클　(작동도 안 되는 휴대전화를 꺼내며 계속 걸어간다.)

나　　와! 갓 구운 빵이다!

마이클　(빵 냄새를 크게 들이마신 뒤 계속 걸어간다.)

하지만 나는 상처받지 않았다. 두 가지 이유 때문이었다. 첫째, 이미
익숙한 일이었다. 둘째, 일주일 일정의 여행이어서 작은 여행 가방 두
개밖에 챙겨오지 못했다. 부드럽기 그지없는 빵조차 아무리 구겨서
쑤셔 넣어도 가방에는 들어갈 자리가 없을 터였다. 그래서 나는 싸움
을 걸지 않았다.

그날 밤까지는 그랬다. 그날 밤 내가 그… 구두를 보기 전까지는.

우아한 조명이 켜진 쇼윈도 안에 저절로 감탄사가 나오는 그 구두가 위풍당당하게 앉아 있었다.

은색이었다. 반짝거렸고, 빛이 났다. 아마도 그날 저녁에 빵도 없이 와인만 마셔서 그랬을 수도 있지만, 그 순간 나는 저항할 힘을 잃고 말았다. 무슨 일이 벌어졌는지 마이클이 눈치챌 틈도 없이, 나는 아무것도 모르는 마이클을 질질 끌고 류블랴나 어느 골목길의 고급 부티크 안으로 들어갔다.

안으로 들어가보니 그 부티크는 시계와 보석부터 예술 작품과 의류에 이르기까지 다양한 물건을 취급하고 있었다. 나는 마이클을 향수 코너 근처에 남겨두고 구두를 향해 직진했다.

하지만 매우 실망스럽게도, 가까이에서 보니 그 구두는 형편없었다. 잠시 눈이 멀어버린 것이었다. 언뜻 본 반짝임에 홀려서 마이클을 버리고 온 것이 순간 너무 후회되었다. 나는 마이클이 있는 쪽으로 얼른 뛰어갔다. 마이클은 향수병들이 놓인 회전 진열대 뒤에 숨으려 하고 있었다. 내가 마이클을 붙잡아서 다시 안전한 자갈길로 나가려고 하는 순간, 갑자기 야심 차 보이는 20대의 슬로베니아인 직원이 마이클 바로 옆 향수 판매대 뒤에서 나타났다. 직원은 마이클에게 말을 걸었다.

"실례합니다, 손님. 혹시 향수를 찾고 계셨나요?"

'아, 안 돼. 이 불쌍한 친구 같으니라고…' 나는 속으로 생각했다.

마이클은 절대로 향수를 찾고 있는 게 아니었다. 향수를 찾는다는 건 향수를 구매할 의향도 있다는 말일 텐데 마이클이 그럴 리 없을 뿐더러(이 부분은 앞서 이야기했다) 마이클은 향수 자체를 쓰지 않는다. 단한 번도 쓴 적이 없다. 마이클은 향을 중시하는 사람이 아니다. 마이클이 향수 판매대 근처에 있었던 이유는 단지 숨을 곳이 필요했기 때문이다.

나는 직원에게 그렇게 말해주려고 했다. 하지만 그는 개의치 않는 듯했다. 직원은 내 말을 듣는 대신 진열대에 놓여 있던 흰색과 군청색 줄무늬 상자를 조심스레 꺼냈다.

"이 제품이 저희 베스트셀러예요." 직원이 유난히 긴 손가락으로 상자를 부드럽게 감싸며 말했다. 마이클과 나는 직원이 우리 의사를 묻지도 않고 우리에게 향수를 뿌릴까 봐 바짝 긴장했다.

하지만 직원은 상자를 열지도 않았다. 그저 닫혀 있는 상자를 유리 판매대 위에 올려놓았다. 그리고 한번 두고 보라는 듯이 엷은 미소를 지었다.

에잇 앤 밥

"이 제품의 이름은… 에잇 앤 밥Eight & Bob이에요.[1] 1937년, 한 젊고 잘생긴 미국 대학생이 프랑스 리비에라 지역을 여행 중이었어요. 당시 스무 살이었던 이 청년에게는 뭔가 특별한 점이 있었죠. 그를 만난 사람들 모두 그가 곧 스타가 되리라는 것을 직감했어요."

젊은 직원은 우리가 귀 기울이고 있는지 살펴보려고 잠시 말을 멈추었다. 우리는 잘 듣고 있었다.

"어느 날 마을을 돌아다니던 청년은 알베르 푸케Albert Fouquet라는 프랑스인을 만났어요. 파리 귀족 출신인 푸케는 향수 감정가였지요.

당연하게도, 청년은 그 사실을 몰랐어요. 청년이 알아챈 사실이라고는 이 남자에게서 '믿기지 않을 만큼 좋은' 향이 난다는 것뿐이었지요. 매력적이고 포부가 컸던 미국 청년은 푸케를 설득했지만 푸케는 절대로 향수를 팔지 않으려고 했어요. 대신 이 유혹적인 오드콜로뉴 샘플을 조금 나눠주었습니다."

나는 마이클을 흘끗 쳐다보았다. 그는 눈 한 번 깜박이지 않았다.

"상상이 가시겠지만, 청년이 미국으로 돌아오자 다른 사람들 역시 이 향기에 매혹되었습니다. 가뜩이나 매력 넘치던 이 청년을 아무도 거부하지 못하게 된 것은 물론이고요. 청년은 자신이 대단한 무언가를 발견했다는 사실을 깨닫고 푸케에게 간절한 편지를 썼습니다. 샘플 8개와 '밥을 위한 샘플' 하나를 추가로 더 보내달라고요."

마이클은 아무 말도 하지 않았지만 표정으로 묻고 있었고, 직원은 그 답을 내놓았다.

"밥은 이 청년의 동생이었습니다. 흠, 그리고 이 청년은 아마 두 분도 존 혹은 간단하게 J라는 이름으로 알고 계실 거예요."

문장의 끝으로 갈수록 직원의 목소리는 점점 더 작아졌고, 마이클은 마치 '애꾸눈 윌리'의 보물선이라도 발견한 사람처럼 속삭였다. "FK."

"맞아요." 직원이 고개를 끄덕였다. "청년은 다름 아닌 존 F. 케네디 John F. Kennedy였습니다. 마지막 샘플은 그의 동생 로버트 케네디Robert Kennedy를 위한 것이었고요."

이야기가 막 무르익은 시점에서 나는 더 이상 이 대화의 참여자가 아니었다(그전에도 참여자였는지는 의문이지만). 나는 그냥 구경꾼이었다. 나는 에잇 앤 밥의 스토리가 어떻게 끝날지도 궁금했지만, 눈앞에서 펼쳐지고 있는 지금 이 스토리가 더 흥미로웠다.

"이게 그 JFK의 오드콜로뉴인가요?" 마이클이 놀라워하며 물었다.

"맞습니다." 직원이 말을 이었다. "물론 아시다시피 미국과 프랑스의 관계가 늘 좋았던 것만은 아니지요. 제가 비록 역사 전문가는 아니지만, 오드콜로뉴를 선적하는 일이 점점 더 어려워졌다는 사실은 알고 있습니다. 그래서 최후의 선적분을 나치에게서 보호하려고…."

직원은 말을 멈추고 마이클을 쳐다보았다. 마이클이 입을 벌리고 있었는지, 아니면 다물고 있었는지는 모르겠다.

"책 속에 숨겼지요." 직원은 때에 맞춰 아까 진열대에 올려두었던 상자를 열었다. 상자 속에는 책 한 권이 들어 있었다. 직원이 책을 펼치자, 완벽하게 잘려나간 공간 안에 아름다운 크리스털 향수병이 안락하게 자리 잡고 있었다.

그 순간 마이클은 내가 이전까지 그에게서 한 번도 들어보지 못한 세 글자를 내뱉었다.

"살게요."

이야기는 모든 것을 바꾼다

이쯤 되자 한 가지 사실이 분명해졌다. '내 남편은 지금 납치를 당했고 저기 서 있는 사람은 가짜가 틀림없다.' 향수를 구매하는 낯선 남자. 정확히 말하면 마이클은 시향 한번 해보지 않고 오드콜로뉴를 샀다.

그러나 나는 알고 있었다. 슬로베니아의 그 가게에서 마이클에게 생긴 일은 결코 낯설 것이 없는 일이었다. 사실 직원의 수고에 마이클이 보인 반응은 사람으로서 할 수 있는 가장 인간적인 일이었다.

왜냐하면 지갑을 열고 싶지 않은 남자의 욕망보다 더 강렬하고⋯

JFK보다 더 매력적인 것은⋯

스토리가 갖고 있는, 거부할 수 없는 힘이기 때문이다. 완벽한 시간과 장소에서 완벽하게 전달되는 스토리는 흥미나 집중의 차원을 넘어 사람을 완전히 매료시킨다. '눈을 뗄 수 없게' 만든다. "아, 젠장. 내리는 역을 지나쳤네." 소리가 절로 나온다. 우리는 스토리에 빠지면 그날 저녁 내 남편처럼 손 써볼 틈도 없이 포로가 되어버린다.

이런 상황이 발생하는 데에는 이유가 있다. 앞으로 살펴보겠지만, 우리는 훌륭한 스토리를 들으면 나 자신도 어찌하지 못하는 상태가 되어버린다. 그날 그 상점의 직원이 에잇 앤 밥의 이야기를 들려주기 시작한 순간부터 남편과 나에게는 어떤 변화가 일어났다. 생각이 바뀌었고, 욕망이 바뀌었다.

정말로 많은 사람이 이런 변화를 갈망한다. 스토리가 만들어내는 변화는 향수 한 병을 사게 하는 차원을 넘어, 비즈니스에 막대한 영향을 미친다. 스토리는 고객을 추종자로 바꿔놓는다. 직원을 전도사로, 경영자를 리더로 바꿔놓는다. 스토리는 마케팅의 성격과 영향력을 변화시킨다. 그리고 아마도 가장 중요한 것은 스토리를 통해 내가 나 자신을 바라보는 방식이 바뀔 수 있다는 점이다.

그런 변화는 어떻게 일어나고 또 어떻게 하면 스토리텔링이 가진 힘을 활용해 그런 변화를 일으킬 수 있는지, 이 책은 바로 그 얘기를 하려고 한다.

무슨 운명의 장난인지, 그날 그 상점에 있던 에잇 앤 밥은 우리가 본 그 진열용 샘플 한 병뿐이었다. 샘플은 판매가 안 된다고 했다. 직원이 우리에게 이야기를 들려주는 데 흥분해서 재고가 있는지조차 확인하지 않았던 것이다. 하지만 집으로 향수를 가져갈 수 없다고 해서 마이클의 열정이 줄어들지는 않았다. 사실, 오히려 그 점이 마이클의 열정에 불을 질렀다.

평소 같으면 침착하기 짝이 없는 내 남편은 갑자기 에너지가 넘쳤다. 상점을 나오고 내가 와인 가게를 찾기 시작했는데도 마이클은 열정적인 유럽인처럼 손짓, 발짓을 해가며 떠들어댔다. 마이클은 스토리와 착 붙는 향수의 포장이 너무나 훌륭하다며 감탄했다. 마이클은 그 귀한 향수가 나치의 감시를 피해 미국에 도착해서 백악관까지 비밀리에 운반되는 모습을 상상했다. 향수병이 숨겨진 미스터리한 책들이 미합중국 대통령의 책상 위에 놓여 있는 모습을 머릿속으로 그렸다.

"우리가 북미 지역의 판매권을 받을 수 있는지 알아봐야겠어." 마이클이 말했다. "정말 놀라운 물건이야. 다들 이 향수를 알아야 해."

명심할 점이 있는데, 마이클과 나는 이 오드콜로뉴가 실제로 어떤 향인지에 대해서는 한 번도 이야기를 나눈 적이 없다. 향은 중요하지 않았다. 그날 저녁 호텔로 돌아온 우리는 귀국 편 비행기를 타기 전에 혹시 재고가 들어올지도 모르니 다음 날 다시 상점에 가보기로 했다.

❊

다음 날 상점에 도착했더니 어제 그 직원은 보이지 않았다. 그가 있던 자리에 선 중년의 한 직원이 에잇 앤 밥은 아직 재고가 들어오지 않았다고 알려주었다.

나는 궁금해서 물었다. "그 오드콜로뉴에 관해서 설명을 좀 부탁드려도 될까요?"

"한번 볼게요." 직원이 생각에 잠기며 대답했다. "이 제품 라인은 향이 다섯 가지가 있네요." 그는 향수에 관해 잘 모르는 듯했다. "어, 프랑스에서 나는 독특한 식물을 사용했고요. 아주 인기 있는 제품인 것 같아요. 포장도 훌륭하고." 그리고 더 이상 할 말이 없는 듯했다. 그것으로 끝이었다.

두 경험의 차이는 충격적이었다. 어젯밤에 우리가 우연히 방문한 곳은 분명 마술사가 일하는 상점이었는데, 하루아침에 편의점이 되어 있었다.

충격적이었지만, 보기 드문 상황은 아니다. 나는 일을 하면서 이런 '메시지 전달의 참사'를 매일같이 지켜본다. 세일즈맨은 자신이 판매하는 솔루션의 근사한 스토리를 고객에게 들려주는 데 애를 먹는다. 대리점은 잠재 고객과 효과적인 소통을 시도하지만 취향 저격에 실패한다. 회사에서는 리더가 기업의 목적을 제대로 설명하지 못해서 기업문화가 시들어간다.

좋은 소식은, 이 문제를 해결하기 위해 마법이 필요하지는 않다는 사실이다. 이 책에서 우리는 스토리텔링이 어떻게 비즈니스에 종사하는 모든 사람의 생각과 감정, 행동을 바꿔놓을 수 있는지, 그리고 어떻게 하면 우리가 그 힘을 활용할 수 있을지 알아볼 것이다.

그리고 류블랴나로 휴가를 떠나는 것은 적극 추천하지만, 스토리텔링의 힘을 알려고 굳이 슬로베니아까지 갈 필요는 없다.

자신에게 과연 들려줄 스토리가 있는지,

그 스토리를 잘 들려줄 수 있을지,

그 스토리를 꼭 들려줘야 하는지,

아직 확신하지 못하는 이들에게 바칩니다.

답은 세 번 다 'yes'입니다.

STORIES THAT STICK

비즈니스에
스토리가 필요한 이유

죽어가는 기업을 심폐소생시킨 스토리

1장

스토리 없는 브랜드는 살아남지 못한다

"인간과 진실 사이의 최단거리는 스토리다."

앤서니 드 멜로 Anthony de Mello

내가 고등학생이었을 때 우리 학교에서 가장 매력적인 남학생의 이름은 앤디 K였다. 정확히 말하면 앤디는 초등학교 3학년 이후로 줄곧 가장 매력적인 남자아이였다. 그 이유는 아무도 몰랐다. 어쩌면 5월에 태어난 앤디를 부모님이 다음 해 가을이 되어서야 학교에 보내는 바람에 우리 중 가장 나이가 많았기 때문인지도 모른다. 아니면 앤디가 믿기지 않을 만큼 운동을 잘해서, 혹은 그냥 앤디가 만사에 조금씩 무심한 듯 보여서일 수도 있다.

인기 있는 이유가 무엇이든, 고등학교 1학년 가을 어느 오후에 앤디가 나에게 포도 맛 웰치스를 건네준 순간 내 고등학교 생활의 운명이 결정되었다. 앤디는 내가 괜찮은 애라고 판단했고, 이는 다른 아이들도 그렇게 생각해야 한다는 뜻이었다.

1994년이었으니, 사회적 인정이 그런 식으로 정해지던 때였다. '타인과 무엇을 나눠 갖는지'가 모든 걸 결정했다. 단짝 친구들은 가운데가 갈라진 하트 목걸이나 음료수를 나눠 가졌다. 또 하나 중요한 물건은 엑스트라 껌이었다.

나도 형광 초록색의 엑스트라 껌(포일에 낱개 포장된 껌 30개가 흰색 종이에 느슨하게 담겨 있었다) 없이는 절대로 집을 나서지 않았던 기억이 있다. 껌을 하나씩 쏙쏙 밀어서 빼면 껌이 있던 자리에 자국이 남았다. 나보다 살짝 잘나가는 친구나 남자애들과 나눠 먹기에 딱 좋은 제품이었다. 빈 껌 통 하나하나가 사회생활을 얼마나 활발히 하고 있는지 보여주는 상징과도 같았다.

보아하니, 엑스트라 껌을 맹신했던 사람이 나뿐만은 아니었던 듯하다. 리글리Wrigley 사에서 만든 이 껌은 구취 제거용 껌들 사이에서 오랫동안 최고의 지위를 누렸다. 마트에서 계산할 때? 엑스트라도 한 통 결제해. 치과에 갈 때? 엑스트라도 갖고 가. 그렇게 껌의 대명사처럼 시장을 지배했던 엑스트라가 어느 날 갑자기… 지배력을 잃었다.

엑스트라 말고 다른 껌은 구매할 생각도 해보지 못했던 고등학교 1학년 시절로부터 거의 20년이 지난 2013년쯤, 껌 브랜드의 아이콘이었던 엑스트라는 업계 3위로 밀려나 있었다. 한때는 엑스트라 껌만 씹었던 나조차 껌 진열대를 흘끗 쳐다보아도 더 이상 엑스트라가 눈에 들어오지 않았다.

엑스트라 껌의 운명을 안타깝게 여기기 전에, 특히나 이게 리글리 사의 잘못이라고 ―회사 사람들이 터무니없이 뻔하고, 말도 안 되게 불운하며 불가피한 어떤 실수를 저지른 게 틀림없어― 생각하기 전에, 분명하게 알아둬야 할 것이 하나 있다. 바로 이 문제가 비즈니스의 근본적인 난제 중 하나라는 사실이다. 엑스트라 껌, 혹은 선반에 진열된 상품만 겪는 문제가 아니다. 이는 '모든' 비즈니스 영역에 해당하는 문제다.

궁극적으로 엑스트라 껌은, 다른 모든 비즈니스와 마찬가지로 간극을 잇는 문제를 겪고 있었다.

비즈니스의 간극은
어디에나 있다

비즈니스의 목표는 사람들에게 가치를 전달하면서 이윤을 창출하는 것이다. 즉 제품이나 서비스를 A지점(기업)에서 B지점(고객)으로 옮겨야 한다. 이게 전부다. 물론 이 목표를 달성하는 방법은 무수히 많다. 하지만 전체적인 목표는 아주 간단하다.

간단하다고 쉬운 것은 아니다. 가치 있는 목표는 장애물을 통과해야만 성취할 수 있다. 그리고 비즈니스에는 장애물이 정말 많다. 어떻게 해야 사람들이 우리 상품을 구매할까? 어떻게 해야 사람들이 투자할까? 어떻게 해야 인재를 채용할 수 있을까? 어떻게 해야 우수한 인재가 우리 회사를 떠나지 않을까? 어떻게 해야 직원들이 자기 부서의 일이 아니어도 재깍 움직일까? 어떻게 해야 상사가 내 아이디어에 동의할까? 어떻게 해야 부하 직원들이 프로젝트에 전력을 다할까? 어떻게 해야 공급 업체들이 기한을 지킬까?

사방을 둘러보면 장애물은 어디에나 있다. 사실 사업에 성공한다는 것은 이런 장애물을 잘 넘어간다는 뜻이다. 그러나 내가 겪어보니 이런 장애물들을 요지부동의 돌덩이라고 생각하기보다는 벌어져 있는 '틈'으로 생각하는 편이 오히려 도움이 됐다. 장애물은 내가 가고 싶은 곳과 지금 내가 서 있는 곳 사이의 공간, 즉 '간극'인 것이다.

비즈니스에서 가장 분명한 간극은 고객과 기업 사이의 거리다. 기업이 어떻게 해야 제품과 서비스를 필요로 하는 사람의 손에 쥐어줄 수 있을까? 마트 계산대에 줄을 선 사람들이 진열된 스무 개의 껌 중에서 엑스트라 껌을 선택하게 하려면, 엑스트라는 무엇을 해야 할까?

세일즈의 간극도 중요한 문제이지만 비즈니스는 곳곳에 간극이 존재한다. 기업가와 잠재 투자자 사이의 간극, 채용 담당자와 지원자 사이의 간극, 관리자와 직원 사이의 간극, 리더와 경영진 사이의 간극도 있다. 비즈니스를 원활하게 운영하려면 이 간극을 이어줘야 한다.

그리고 더 중요한 사실은, 이 간극을 잇는 사람이 승리한다는 것이다. 더 잘 파는 사람, 더 잘 홍보하는 사람, 더 좋은 인재를 데려오는 사람, 더 잘 개발하는 사람, 더 잘 만들어내는 사람, 더 잘 소통하는 사람이 승리한다.

간극을 이어라. 게임에서 승리할 것이다.

물론 그렇게 하려면 우선 다리를 지어야 한다.

그런데 바로 이때 모든 게 무너져 내린다.

썩은 자재로 지은 다리는 무너진다

비즈니스에서 어떤 종류의 간극과 마주하든, 거대한 공간 너머에 있는 당신의 관객(잠재 고객, 핵심 직원, 투자자 등)을 이쪽으로 데려오려면 우선 튼튼한 다리를 구축하는 작업이 필수다. 그러려면 다음의 세 가지 요소에 통달해야 한다. 주의 끌기, 영향 미치기, 바꿔놓기.

첫째, 최고의 다리는 다른 무엇보다도 주의를 끌고 관객을 사로잡아야 한다. 애초에 여기에 다리가 있다는 사실부터 알려야 하기 때문이다. 둘째, 영향 미치기는 관객이 내가 원하는 행동을 하게 만드는 수단이다. 셋째, 최고의 다리는 관객을 바꿔놓는다. 똑같은 간극을 잇고 또 이어야 하는 사태는 바라지 않을 것이다. 최고의 다리는 강한 영향력을 지속하게 만들어서 관객이 변화된 상태로 남게 한다. 관객이 두 번 다시 다리의 저편으로 되돌아갈 생각조차 하지 못하게 하면서, 간극을 영구적으로 메워버린다.

정말 간단하지 않은가?

그런데 문제는, 정말로 안타까운 부분은, 좋은 의도를 가지고 열심히 노력하는 우리가 유독 다리 건설에는 너무나 서툴다는 점이다. 우리는 기껏해야 한두 가지 요소에 주목할 뿐이다. 세 가지 모두에 초점을 맞추는 경우는 극히 드물다. 우리는 사람들과 대화를 나누는 게 아니라 그들 앞에서 떠든다. 제일 쉽고 요란한 방법을 취하는 게 디폴트가 되어버린 나머지, 우리가 만든 다리는 조잡하고 임시적이고 때로는 마냥 우스꽝스럽다. 이렇듯 수준 이하의 방법이 너무나 일반적이기 때문에 우리는 그동안 이 방법만으로도 충분하다고 스스로를 설득해왔다.

버스 정류장에서 본 수많은 부동산 중개업자의 얼굴, 본능적으로 X 표시를 누르게 되는, PC나 스마트폰의 수많은 팝업 광고, 스크롤해서 넘겨버리는 그 많은 영상 광고를 생각해보라. 영화 〈스타워즈〉의 열풍

이 절정에 달했던 2016년 우리 동네 미용실 앞에는 다스베이더 복장을 하고 헤어드라이어를 들고 서서 호객 행위를 하는 남자가 있었다. 다스베이더와 미용실은 대체 무슨 관련이 있는 걸까? 이유를 짐작하기가 쉽지 않았다. 늘 헬멧을 쓰고 있어서 헤어스타일조차 알 수 없었던 그 남자는 계속 거기 있었다.

아니면 한 무리의 임원 앞에 선 세일즈맨을 한번 떠올려보자. 레이저 포인터 역할을 하는 펜을 들고 발표를 준비하고 있는 세일즈맨은 꽤 자신 있어 보인다. 20분짜리 발표를 위해 89장의 슬라이드를 만드느라 최소 6시간은 투자했을 것이다. 제품 사양 하나, 혜택 하나, 비율 하나, 소수점 하나라도 더 구겨 넣으려고 용을 썼을 것이다. 그런데 그 방에 있는 사람 중 스크린에 적힌 글씨를 읽을 수 있는 사람은 아무도 없다. 글씨가 너무 작고 화면이 복잡하기 때문이다. 하지만 그건 중요하지 않다. 세일즈맨이 글씨들을 직접 읽어줄 것이기 때문이다. 누가 감히 싫다고 말할 수 있겠는가?

제발, 부탁이다. 이건 결코 좋은 다리가 아니다. 이게 좋다고 말하는 사람이 있다면 그 사람은 거짓말쟁이다.

우리가 조직 내부에 지으려고 애쓰는 다리는 무엇일까? 건전한 기업문화를 만들어줄 다리 말이다. 기업이념과 기업문화를 크게 강조하는 회사에 다니는 사람도 있을 것이다. 좋은 일이다. 많은 회사가 소책자를 통해 이 기업문화라는 것을 가르친다. 리더가 이메일이나 뉴스레터를 보낼 때, 혹은 연단에서 서서 강연할 때 미션 선언문에 있는 문구를 들먹이기도 한다. 어쩌면 기업이념이 쓰인 머그잔도 있을 것이다. 하지만 그런 것을 보고 무언가를 느끼는 사람이 단 한 명이라도 있을까? 문구를 모르는 사람은 없다. 그러나 느낌이 뼛속까지 와닿을까? 그 문구가 직원들의 마음을 바꾸고 헌신을 이끌어낼까?

불가능한 일은 아니다. 그러나 안타깝게도 대부분의 회사와 리더는 미션 선언문을 지겹도록 반복하기만 하면 직원들이 서로 소통하고 동기를 부여하기에 충분한 다리가 만들어진다는 거짓말을 있는 그대로 믿고 실천해왔다. 진실은, 그런 다리는 조그만 미풍에도(임금 인상 폭이 한 번이라도 살짝 줄어들거나 다른 기업이 제공하는 직원 복지가 없는 경우) 무너져 내린다는 것이다.

그러나 세 가지 필수 요소—주의 끌기, 영향 미치기, 바꿔놓기—를 모두 갖추지 못하더라도 간극을 연결할 가능성은 있다는 사실은 언급하고 넘어가야겠다. 지속적 성장이 아닌 일시적 만족을 위해 단기적인 계획을 세우고 싸구려 자재를 사용하는 것도 가능은 하다. 한 가지 예시로, 사실을 고백하자면 나는 인스타그램에 뜨는 귀여운 트레이닝복 광고를 아주 좋아한다. 그런 광고가 뜰 때마다 클릭하고 가끔은 구매하기도 한다. 하지만 그러다 보니 구매한 상품을 반품하려고 택배를 보내는 일이 취미가 되어버렸다. 나는 인스타그램 광고를 보고 산 물건의 90퍼센트를 반품한다.

여러분이 이걸 바라지는 않는다고 믿는다.

여러분이 마케팅에 투자하는 이유가 고작 반품되거나 잊힐 제품을 만들기 위해서는 아닐 것이다. 세일 기간마다 계속해서 가격을 내리는 일이 과연 즐거울까? 열심히 설명해도 계약이 성사되지 않고, 직원들에게 말을 해도 한 귀로 흘려버리고, 소셜 미디어 콘텐츠를 만들어도 아무도 보지 않고, 매번 바뀌는 목표를 달성하려고 이런저런 콘테스트를 개최하는 일이 과연 기쁠까? 최고의 인재를 채용해서 훈련시키고 상여금까지 줬는데 당근을 없애거나 크기가 살짝만 줄어들어도 그 인재가 한눈을 판다면 어떡할까?

당신의 비즈니스에, 혹은 당신의 커리어에 도저히 이어지지 않을 것 같은 간극이 나타난다면, 당신이 다리 건설에 사용한 요소 혹은 사용하지 않은 요소에서 문제가 시작되었을 가능성이 크다.

좋다. 그렇다면 효과적인 방법은 대체 무엇일까? 저런 방법을 아무리 사용해도 문제가 해결되지 않는다면 대체 어떤 방법이 문제를 해결해줄까? 주의를 끌고, 영향을 미치고, 관객을 바꿔놓는 이 세 가지 일을 한꺼번에 해낼 방법은 없을까? 오랫동안 이어져서 다시는 무너지지 않을 다리는 대체 어떻게 만들 수 있을까?

엑스트라 껌은 바로 이 질문에 답해야 했다.

스토리는 간극을 잇는다

한때는 별다른 노력 없이 껌 왕국의 황제 자리를 유지했던 엑스트라는 매출이 꾸준히 줄어들면서 업계에서의 위치가 위태로워지자 대책을 수립해야 했다. 처음에 엑스트라가 취한 조치는 누구라도 했을 법한 행동이었다. 기본으로 돌아가는 것이다. 엑스트라는 영광의 시절에 효과적이었던 방법을 다시 사용했다. 먼저 엑스트라의 특징으로 가장 유명한, 오랫동안 지속되는 '향'을 한층 강화했다. 1980년대 시트콤을 보면 근사하게 생활하는 사람들이 미소 짓는 광고가 나온다. 광고 속 사람들은 향이 가득한 껌을, 마치 몇 주 동안 같은 껌을 씹는 게 아닐까 싶을 정도로 오래도록 씹었다.

오래 지속되는 향! 엑스트라는 당연히 이게 답이라고 생각했다. 그래서 엑스트라의 제품이 특별하다는 메시지를 더 많이 만들어냈다. 결과는 참담했다. 아무도 주목하지 않았고(유튜브에서 이 광고를 검색해 봤자 아무것도 나오지 않는다), 영향력은 말할 것도 없었다. 매출은 계속 줄어들었다.

진짜 간극은 여전히 남아 있었다. 마트 계산대에 줄을 서 있는 2초도 안 되는 시간 동안 사람들은 엑스트라 껌을 고를 수도 있었지만, 그러지 않았다. 엑스트라는 결연하게 답을 찾아 나섰다. 시장조사 기업에 의뢰해서 사람들이 껌을 왜 사는지, 실제로 껌을 구매하겠다는 결정은 언제 내리는지 알아봤다.

결과는 놀라웠다. 껌을 구매하겠다는 결정의 95퍼센트는 소비자가 인식하지 못하는 상황에서 무의식적으로 내려지고 있었다.[1] 이 말은 곧 좀비 상태의 소비자가 껌에 손을 뻗을 때 엑스트라가 선택을 받고 싶다면 어떻게든 인간 정신의 깊숙한 곳을 파고들어야 한다는 의미였다. 엑스트라는 논리가 문제 되지 않는, 소비자의 머릿속 특별한 곳에 침투해야 했다. 그곳에서 껌 구매는 그저 단순한 구매 행위가 아니라 인간의 경험과 연결되어야 했다.

다시 말해 엑스트라는 소비자를 다리의 이쪽으로 데리고 와야 했다.

그렇지만 대체 무슨 수로? 애당초 껌처럼 정형화된 제품을 가지고 그런 전략을 펼치는 게 가능하긴 할까?

엑스트라에 효과적이었던 정답은 여러분에게도 유효할 것이다. 시나리오가 무엇이든, 간극의 종류가 어떻든, 무슨 제품, 어떤 관객이든 상관없이 말이다. 주의를 끌고, 영향을 미치고, 사람을 바꿔놓음으로써 오랫동안 지속되며 다시는 간극이 생기지 않는 다리를 만드는 가장 쉽고 효과적인 방법은 스토리텔링이다.

결국, 남는 것은 스토리다.

스토리텔링과
지속 가능한 다리 건설하기

이야기를 이어가기에 앞서 한 가지 분명하게 해둘 것이 있다. 이 책이 비즈니스 스토리의 영향력에 대한 것이지만, 내가 스토리텔링의 힘을 처음으로 경험한 것은 비즈니스 상황이 아니다. 나는 마케팅 회사를 다니지도, 세일즈 팀에 속하지도 않았을 때 스토리텔링의 힘을 발견했다.

내가 먼저 경험한 것은 스토리텔링이었다. 비즈니스는 나중에 생각한 부분이다.

앞서 밝혔듯이, 내가 처음으로 어떤 스토리를 들려준 것은 열한 살이었던 5학년 영어 수업 시간 때였다. 이후 나는 재미로 교회에서 사람들에게 스토리를 들려주었고, 고등학교 때는 연설 동아리에 들어갔으며, 졸업 후에는 전국을 돌며 스토리텔링 축제에 참가했다. 나는 스토리텔링에 관한 워크숍, 캠프, 콘퍼런스에 참석했다. 스토리텔링 대가들의 발치에 앉아, 그들이 특별한 안건도 없이 관객 수백 명을 사로잡는 모습을 지켜보았다. 그들은 자신의 서사가 가진 힘으로 짧은 시간 안에 큰 의미를 전달할 수 있는 스토리텔러였다.

가장 완전한 형태의 스토리와 스토리텔링이 있던 그곳에서 나는 스토리의 거부할 수 없는 힘을 처음으로 경험했다. 스토리텔링이 가진 힘에는 다리 건설에 필요한 세 가지 요소, 즉 주의 끌기, 영향 미치기, 바꿔놓기가 모두 자연스럽게 녹아 있었다.

스토리와 주의 끌기

최근 고등교육 부문의 마케팅 임원들과 재미난 오찬 모임을 가졌다. 임원들은 열일곱 살인 자신들의 고객이 주의를 집중하는 시간이 너무 짧다며 한탄했다. 단어 수를 줄이는 데 초점을 맞출 게 아니라 더 좋은 스토리를 들려주라는 나의 제안에 임원들은 내적 혼란을 겪는 듯했다. 그중 한 명이 좌절감을 억누르며 내게 다음과 같이 물었다. "우리 고객은 주의를 집중하는 시간이 금붕어보다 짧은데, 그 짧은 시간에 긴 스토리를 과연 어떻게 녹여내면 좋을까요?"

좋은 질문이지만 잘못된 질문이기도 했다. 첫째, 금붕어에 관한 이야기는 모두 근거 없는 속설이다.

둘째, 이 질문은 메시지 수신자에게 잘못이 있음을 암시한다. 하지만 이는 메시지 발신자의 책임을 수신자에게 간편하게 떠넘기는 행위다. 어쩌면 사람들이 주의를 기울이지 않는 이유는 당신이 만든 메시지가 실생활에 중요하지 않기 때문일지도 모른다.

마지막으로 가장 중요한 것은, 이 질문이 항간의 잘못된 믿음을 대변하고 있다는 사실이다. 마케팅을 할 때 관객의 주의를 끄는 일은 어려울 수밖에 없다는 믿음 말이다. 그러나 사실 제대로만 실행한다면 관객의 주의를 붙들려고 씨름하거나 주의를 뺏어올 필요가 전혀 없다. 관객은 당연히 집중할 것이다. 자유 의지에 따라, 자신이 집중하고 있다는 것조차 깨닫지 못한 채로 말이다.

주의를 끌기 쉽다는 사실은 스토리의 위대한 강점 중 하나다. 스토리는 다른 어떤 형태의 정보 교환에도 없는, 화자와 청자의 '협력적 과정'이라는 독특한 지렛대를 가지고 있다. 화자가 스토리를 들려주면 청자가 그 말을 받아들이는 과정에서 자기만의 이미지와 감정을 추가한다. 스토리는 특정 상황에 처한 특정 캐릭터에 관한 이야기지만, 청자는 그 서사 안에 자신의 경험을 채워 넣으면서 메시지와 청자 사이의 경계가 모호해진다. 연구자들은 스토리 속에 빠져드는 이러한 경험을 내러티브 이동 효과narrative transportation라고 부른다.[2] 심지어 심지어 스토리 속으로 너무나 빠져든 나머지 내가 지금 어디에 있는지 잠시 잊고 마는 것을 스토리의 부정적 측면 중 하나로 꼽기도 했다.[3] 스토리 위주의 팟캐스트나 오디오북을 듣다가 내려야 할 정거장을 놓쳐본 경험이 있는 사람이라면 무슨 말인지 충분히 잘 알 것이다. 기억해보라. 그 당시 스토리에 주의를 기울이라고 당신에게 강요한 사람이 있었던가? 그렇지 않다. 당신은 스스로 원해서 스토리의 세계 속으로 기꺼이 빠져들었다. 그리고 그런 순간 집중력은 그보다 훨씬 더 귀중한 무언가, 즉 매료로 거듭난다.

내가 슬로베니아의 상점에서 겪었던 것처럼 청자를 스토리로 매료시킬 수 있다면, 이 세상 모든 '주의'를 끌 수 있을 것이다.

스토리와 영향 미치기

스토리는 사람의 주의를 끄는 효과 외에도 그 자체의 설득력이 있다. 연구자들은 이에 대해서도 실험했는데, 스토리에 푹 빠진 사람은 해당 스토리를 반영하여 태도를 바꾸었고 전형적인 '검열'을 하지 않

았다(검열에 관해 더 자세한 설명은 4장을 참조하라).[4]

스토리가 있으면 저항이 사라진다. 스토리가 있으면 음식을 먹어보지 않고도 그 음식점에 가고 싶어지고, 냄새를 맡아보지 않아도 그 향수가 사고 싶어진다. 스토리는 사람들이 제품과 사랑에 빠지고, 서비스의 가치를 높이 사고, 행동해야만 할 것 같은 의무감을 느끼게 한다. 슬로베니아의 그 점원이 에잇 앤 밥의 스토리를 들려줬을 때 우리 부부는 상술에 넘어갔다거나 설득당했다는 느낌은 전혀 들지 않았다. 우리는 우리의 의지대로 스토리텔링에 참여했고 우리의 욕망대로 행동했다. 이것이야말로 다리를 만드는 훨씬 더 바람직한 방법이다.

스토리와 바꿔놓기

스토리는 청자를 스토리의 세계 속으로 데려가는 능력이 있다(주의 끌기). 관객이 스토리에 깊이 몰두할수록 스토리 내부의 관점을 수용할 가능성도 커진다(영향 미치기). 그리고 마지막으로, 연구자들은 관객이 스토리에 빠졌다가 나오면 이전과 다른 사람이 된다는 사실을 밝혀냈다(바꿔놓기).[5] 1, 2분 동안 잠시 바뀌는 게 아니었다. 이 효과는 오랫동안 지속되었다.[6]

극장을 나왔는데 영화의 스토리가 집까지 나를 따라오면서 한동안 내 옆에 붙어 있는 듯한 기분을 느껴본 적이 있는가? 친구에게서 들은 이야기가 내 존재의 일부로 녹아들었던 경험이 있는가? 나는 안타까운 익사 사고로 어린 딸을 잃은 부모의 스토리를 두 친구에게 들려준 적이 있다. 친구들은 아직까지도 그 스토리를 절대 잊지 못한다고 말하며, 집에서 아동용 풀장을 쓰고 나면 반드시 물을 비워둔다.

영화나 비극적 사건만이 이렇게 오래도록 지속되는 영향력을 갖는 것은 아니다. 잘 만든 이야기라면 모두 그런 효과가 있다. 에잇 앤 밥의 스토리는 단순히 우리의 행동만 바꿔놓은 것이 아니다. 그 스토리는 마이클과 나를 바꿔놓았다. 우리는 그 스토리를 통해 전혀 다른 사람이 되었다. 그 이야기를 들려주고 싶어서, 공유하고 싶어서 안달이 났다. 우리는 속에서부터 터져 나오듯 이야기를 들려줄 수밖에 없었던 그 점원처럼 됐다. 스토리를 공유하고 싶은 욕망은 재채기처럼 참을 수 없고 전염성 있었으며 그보다 훨씬 더 오래 지속되었다.

사람을 바꿔놓는 스토리의 힘은 수신자를 넘어서까지 영향력을 발휘할 수 있다. 때로는 스토리가 메시지 자체를 바꿔놓는다. 비즈니스에서 간극을 잇는 과제는 단순한 거래처럼 보일 수도 있다. 고객과 주주를 A지점에서 B지점으로 데려가는 게 목표인 것처럼 말이다. 우리는 일상의 업무와 책임에 허덕이느라 그 모든 것의 아래에 있는 더 크고 고귀한 목적을 잊어버리기 쉽다. 그러나 나는 아무리 삭막해 보이는 업무일지라도 그 안에는 **고귀한 목적**이 존재한다고 믿는다(나를 낙천주의자라고 불러도 좋다). 고귀한 목적을 전하는 메시지에 다시 집중한다면, 사람을 바꿔놓는 스토리의 힘을 제대로 활용할 수 있다.

한번은 운송 회사와 협업한 적이 있다. 물건을 이곳에서 저곳으로 옮기는 것이 이 회사의 유일한 목적이었다. 그러나 회사 직원들은 자신들의 업무가 고객이 약속을 지킬 수 있도록 돕는 일이라는 사실을 잘 이해하고 있었다. 이것이 바로 고귀한 목적이다.

나는 또 부동산 에스크로escrow 업체들과 협업한 적도 있다. 표면적으로 이들은 주택 담보 대출을 받고 주택을 구입하는 과정에서 영혼 없이 서류나 작성해주고 있는 것처럼 보인다. 하지만 이들이 잘 이해하고 있듯이, 그 업무가 있기에 아메리칸 드림이 가능하고 이 집이 내 집이라고 자신 있게 말할 수 있는 것이다. 이 역시 고귀한 목적이다.

비즈니스에는 늘 눈에 보이는 것 이상의 무언가가 있고 더 거대한 무언가가 작용한다. 바로 그 무언가에 관한 스토리를 들려준다면 비즈니스를 완전히 바꿔놓을 수 있다.

엑스트라도 더 큰 무언가에 관한 스토리를 들려주기로 결심했다.

마음을 훔치고 매출을 올린 엑스트라 껌의 스토리

광범위한 투자와 분석으로 소비자 조사를 실시했던 엑스트라 껌은 마트에 줄을 서서 기다리는 그 2초의 중요한 시간 동안 껌 구매가 무의식적으로 이뤄진다는 사실을 분명히 알게 됐다. 엑스트라 껌이 선택받으려면 소비자들이 마트에 가기 한참 전부터 그들과 실질적이고 본능적으로 연결되어 있어야 했다. 향이 오래 지속된다는, 비정서적이고 평범한 1차원적 특징을 강조하는 것으로는 간극을 잇기에 충분하지 않았다. 엑스트라는 더 큰 무언가를 보여주기로 했다.

엑스트라는 추가 조사로 사람들의 마음속 깊은 곳에서 껌을 구매하게 만드는 원동력은 타인과 껌을 나눠 먹는다는 사회적 측면이라는 사실을 발견했다.[7] 이는 비단 껌에만 해당하는 이야기는 아니다. 알약 형태의 민트 사탕 같은 다른 구취 제거용 제품도 남들과 나눠 먹기 좋은 디자인을 만드는 데 집중한다. 말하자면 윈윈win-win인 셈이다. 민트 사탕을 가진 사람은 인심을 베풀어서 좋고, 민트 제조 업체는 제품을 더 많이 팔 수 있으니 좋다. 사실 화물 업체가 물건 운송 이상의 업무를 하고 에스크로 업체가 서류 뭉치에 서명받는 것 이상의 일을 하는 것처럼, 껌도 그렇게 보기로 마음만 먹는다면(그리고 이를 마케팅 포인트로 삼겠다고 생각한다면) 오래 지속되는 향 이상의 의미를 가질 수 있다.

껌에서 중요한 것은 함께 한다는 사실, 친밀감, 동질감 등이다. 모두 인생에서 매우 중요한 것들이다. 엑스트라 껌이 이러한 정서를 자극하는 방법을 찾아낸다면 잠재 고객이 진열대에 줄줄이 놓인 껌을 멍하니 바라볼 때마다 더 큰 의미가 마음을 스칠 것이고, 자연스럽게 엑스트라 껌을 떠올리면서 구매하는 행위로 이어질 것이다.

2015년 엑스트라 껌은 후안과 세라라는 남녀 학생이 등장하는 2분짜리 영상을 공개했다. 사실 그들의 이름은 별로 중요하지 않았다. 심지어 껌도 그렇게 중요하지 않았다. 중요한 것은 스토리였다.

영상은 고등학교에서 시작된다. 세라의 모습이 얼핏 보인다. 세라는 옆집에 살 법한 예쁜 소녀다. 카메라가 얼굴에 초점을 맞추자 세라가 살짝 미소를 짓는다. 우리는 다음 장면에서 세라가 왜 미소를 지었는지 알게 된다. 아니, 누구에게 미소를 지었는지 알게 된다. 세라가 미소를 건넨 상대는 후안이라는 눈빛이 친절하고 잘생긴 소년이다. 후안도 세라에게 미소로 답한다.

잠시 후 세라가 사물함 앞에서 손에 들고 있던 책들을 바닥에 떨어뜨린다. 운명처럼 그곳에 후안이 있었고, 후안은 세라가 책 줍는 것을 도와준다. 세라는 감사의 표시로 후안에게 엑스트라 껌을 건넨다. 영상에 껌이 등장하는 몇 없는 장면 중 하나다.

영상이 재생되는 2분 동안 후안과 세라의 관계는 조금씩 발전한다.

두 사람은 후안의 차에서 첫 키스를 나누고, 처음으로 다투고, 평범한 고등학생처럼 사랑에 빠진다. 그리고 공항에 있는 세라가 등장한다. 세라는 어딘가로 떠난다. 알 수 없는 도시의 고층 빌딩 사무실에 세라가 서 있다. 캔자스의 도로시가 된 것처럼 갑자기 이곳은 더 이상 고등학교가 아니다. 이곳은 현실이고, 영상 초반의 반짝임은 더 이상 찾아볼 수 없다. 세라와 후안은 화상 채팅으로 관계를 이어가려 하지만 모든 게 식어버린 느낌이다.

유튜브로 이 영상을 감상하면서 화면 하단의 시간 표시 줄을 확인해보면 두 사람이 문제를 해결할 시간이 얼마 남아 있지 않다는 것을 알 수 있다. 이 부분은 조금 있다가 다시 이야기하자.

몇 초를 남겨두고 장면이 다시 바뀐다. 세라는 어느 공간에 들어선다. 문을 닫은 미술관 혹은 테이블이 없는 식당일 수도 있을 듯하다. 세라 역시 어리둥절한 모습이다.

주위를 둘러보던 세라는 벽에 작은 액자들이 걸리는 것을 알아챈다. 세라는 첫 번째 액자로 다가간다. 사물함 앞에서 책 줍는 소녀를 도와주는 소년의 모습을 그린 스케치다. 세라는 미소를 짓는다. 우리도 미소를 짓는다.

다음 액자는 자동차 앞 좌석에서 소녀에게 키스하는 소년의 모습이다. 세라가 액자를 하나씩 지나칠 때마다 우리는 그 그림이 후안과 세라의 멋진 추억을 그려놓은 스케치라는 사실을 깨닫고, 두 사람이 얼마나 아름다운 사랑을 나눴는지 되새긴다.

잠깐! 되새긴다고? 70초밖에 지나지 않았다. 뭔가를 떠올리기는커녕 무슨 일이 있었는지 생각하기조차 힘들 정도로 짧은 시간이다. 그런데도 어떤 향수가 우리의 마음을 훑고 지나간다. 후안과 세라를 향한 향수일 수도 있고, 우리 각자가 간직한 사랑에 대한 향수일 수도 있다. 두 가지가 섞인 듯하다.

마침내 세라가 마지막 액자 앞에 도착한다.

세라가 마지막 그림을 향해 다가갈 때 나는 숨을 죽였다.

세라의 눈이 커다래진다. 한쪽 무릎을 꿇은 소년이 반지를 들고 소녀에게 프러포즈를 하고 있었다.

하지만 잠깐! 이해가 되지 않는다. 후안은 아직 프러포즈를….

우리 마음속 무의식의 소리가 잦아들 때쯤 입이 떡 벌어지고 눈이 휘둥그레질 광경이 펼쳐진다. 세라가 고개를 돌린 곳에는 후안이 한쪽 무릎을 꿇고 반지를 들고 있다. 두 사람이 서로를 끌어안으면 영상은 순식간에 다시 첫 장면으로 돌아간다. 예쁜 소녀가 친절한 소년에게 엷은 미소를 짓고 있다. 그리고 여기, 두 사람이 있다.

나는 이 영상을 여러 번 보았다. 이 영상이 이 장의 중심 소재이기 때문에 책을 쓰려면 당연히 그래야 했다. 그런데도 이 영상은 볼 때마다 마음이 뭉클해졌다.

사실 나는 지금 3만 피트 상공의 비행기 안에서 이 글을 쓰고 있다. 컴퓨터로 와이파이에 접속해 영상을 틀었다. 아무 생각 없이 재생 버튼을 눌렀는데도 바로 후안과 세라의 세상에 빠져들었다. 2분 뒤 눈물이 뺨을 타고 흘러내렸고, 훌쩍임을 주체할 수 없었다(보통 때 같았으면 옆 좌석에 앉은 사람이 7A 좌석에서 훌쩍이고 있는 나를 과연 뭐라 생각할까 의식이 됐을 텐데, 이번에는 옆 좌석 남자가 지난 2시간 동안 끝없이 다리를 떨면서 우리 줄 전체를 흔들어대고 있었기 때문에 '뭐, 이 정도 쯤이야' 싶었다).

또 한 가지 중요한 점은 내가 최근에 휴대전화를 아이폰X로 바꾸는 바람에 이 비행을 할 당시에 노트북 컴퓨터와 호환되는 헤드폰을 갖고 있지 않았다는 사실이다. 나는 어쩔 수 없이 후안과 세라의 영상을 무음 상태로 봐야 했다. 굳이 이 사실을 언급하는 이유는 내가 이 스토리를 그토록 흥미진진하게 본 게 음악 덕분이라고 생각하는 사람이 있을지도 모르기 때문이다.

그러나 무성영화처럼 보았어도 이 스토리는 내 마음을 건드렸다. 후안과 세라의 이야기가 전개되는 방식에는 나를 과거로 데려가는 무언가가 있었다. 영상을 보면서 문득 고등학교 1학년으로 돌아간 듯한 기분을 느꼈고, 앤디 K가 포도 맛 웰치스를 건네며 미소를 지었을 때 그 아름답고 순수하고 짜릿했던 순간이 떠올랐다. 비록 앤디 K와 나의 이야기는 프러포즈로 끝나지 않았지만, 보는 이들이 자신의 기억을 따라 그렇게 간접 여행을 하며 감정에 북받치는 것이야말로 엑스트라가 찾던 무언가였고, 엑스트라는 이 과제를 아주 근사하게 해냈다.

이쯤에서 후안과 세라의 스토리가 실은 껌 광고라는 사실을 상기시키지 않을 수 없다. 아무 생각 없이 구매하고 무심결에 씹는 껌 말이다. 바로 그 껌의 매출을 늘리기 위해 엑스트라는 사람들의 정서를 자극해서 무의식적인 구매 습관에 개입해야 했다. 그렇다면 어떻게 해야 사람과 껌이 정서적으로 이어질 수 있을까? 스토리가 답이다. 후안과 세라의 이야기 같은 스토리가 필요하다. 제품을 스토리 속에 은근슬쩍 등장시키는 것이다. 영상의 초반에 세라가 후안에게 건네준 껌 하나가 바로 그것이다. 아, 그리고 깜박했는데(눈치채기가 쉽지 않았던 탓이다) 마지막 장면에 등장하는 모든 스케치는 엑스트라 껌의 속지에 그려져 있다. 맞다. 껌이 등장한다. 그러나 이 스토리는 그보다 훨씬 많은 의미를 담고 있다.

스토리를 들려주면 항상 더 많은 의미를 전하게 된다.

엑스트라는 이 원본 영상을 가지고 15초짜리, 30초짜리, 60초짜리 영상을 각각 만들었다. 엑스트라는 2분짜리 영상이 가장 감동적이라는 사실을 알고 있었기에 긴 버전의 영상으로 대대적인 디지털 광고 캠페인을 벌였다. 짧은 버전의 광고가 텔레비전에 나왔을 때 많은 시청자가 이미 전체 스토리를 알고 있게 하기 위해서였다.

반응은 더 바랄 나위가 없을 정도였다. 리트윗, 좋아요, 댓글 수, 거기에 세상에나! 엘런 디제너러스Ellen DeGeneres가 이 광고에 관한 트윗을 올렸다. 유튜브 시청자들은 이 광고를 '마음에 와닿는 영상Gives You the Feels' 부문에서 올해의 광고로 뽑았다.

누구나 사회적으로 사랑받고, '좋아요'나 공유, 댓글, 리트윗을 얻고 싶어한다. 하지만 엑스트라가 가장 신경 썼던 부분은 매출과의 간극을 잇는 것이었다. 이 광고 캠페인의 성공 여부를 판가름할 기준은 사람들이 실제로 엑스트라 껌을 구매하는지 여부뿐이었다. 중요한 순간에, 그러니까 간극이 이어졌는지 알 수 있는 순간에 소비자들은 과연 엑스트라 껌을 구매했을까?

구매했다.

2분짜리 영상은 1억 회 이상의 조회 수를 기록했고, 더 중요한 사실은 감소 중이던 엑스트라의 매출이 반등했다는 점이다.[8] '둘은 오래오래 행복했습니다'라는 결말이 정말로 가능하다면 바로 이런 상황이지 않을까?

이유에서 방법으로

스토리의 장점은 흥미진진하고 생생하다는 것이다. 그리고 그게 바로 이 책이 묻고 있는 질문에 대한 답이다. 스토리는 현존하는 가장 강력한 비즈니스 도구 중 하나다. 스토리는 고객과 주주, 인재의 주의를 끌고, 그들에게 영향을 미치고, 그들을 다른 사람으로 바꿔놓는다. 그리고 오랫동안 지속될 다리를 만들어서 비즈니스에 존재하는 간극을 잇는다.

그런데 어떻게 그런 일이 가능할까? 간단한 스토리가 대체 어떻게 비즈니스에서 강력한 효과를 발휘하는 것일까? 이 과정을 이해하고 나만의 스토리를 찾아내서 들려주는 일을 시작하려면 화자의 스토리가 시작되는 근원이자 청자에게 도착한 스토리가 자리 잡는 장소로 가야 한다. 그곳은 바로 뇌다.

2장

스토리는 소비자의 마음을 열고
생각을 바꾼다

"스토리는 뇌의 언어다."

리사 크론 Lisa Cron

2014년 여름 매리코파 병원Maricopa Medical Center은 곤경에 처해 있었다. 사실 특별히 새로운 문제는 아니었다. 시립·도립병원은 거의 항상 곤경에 처해 있다. 병원이라고 상황이 다 같을 수는 없다. 미국에서 시립병원을 운영한다면 먹이사슬의 가장 아래에 위치할 가능성이 크고, 따라서 곤경은 일상이다.

요약하자면 문제는 이 병원을 찾는 사람들의 구성이었다. 돈도 있고 보험도 충분히 가입되어 있거나 직장에서 치료비를 확실히 보장해준다면 보통 시립병원부터 찾지는 않는다. 반면 소득이 낮고 보험이 충분하지 않거나 아예 없는 사람은 시립병원 말고는 갈 곳이 없는 경우가 많다. 대부분의 다른 시립병원처럼 매리코파 병원도 의료 안전망 역할을 하고 있었다.

그러나 애리조나주 매리코파에 위치한 매리코파 병원은 시립병원임에도 불구하고 명성이 대단했다. 해마다 병원을 찾는 2만 명에 가까운 환자를 위해 수많은 전문가와 전문 팀이 있고, 전국에서 두 번째로 큰 화상 전문 센터의 환자 생존율은 97퍼센트를 넘었다. 애리조나에서 가장 오래된 의과대학의 부속병원인 매리코파 병원은 매년 훌륭한 의사들을 배출하는 것으로도 유명했다. 어느 모로 보나 매리코파 병원은 소규모 시립병원 같지 않았다. 늘 붐볐고, 긍정적인 기운을 주었으며, 전국적으로 훌륭한 병원이라는 소리를 들었다.

하지만 모든 시립병원이 그렇듯 매리코파 병원도 늘 자금 부족에 시달렸다. 가난한 동네의 의료 안전망 역할을 하면서 동시에 자금이 넘쳐나기는 힘든 일이다. 매리코파 의료 재단Maricopa Health Foundation을 한번 검색해보라. 병원 자체적으로도 공적 자금을 지원받기 위해 노력하고 있지만, 재단은 이를 뒷받침할 민간 자금 모집에 주력했다. 그런 맥락에서 매리코파 의료 재단은 매년 '코파 볼Copa Ball'이라는 기금 모금 만찬을 주최한다. 이 만찬은 재단의 중요한 행사인데, 2014년의 모금 실적은 우려스러울 정도였다.

기본적으로 시립병원 모금 활동은 쉽지 않다. 예술 재단이나 유명 자선단체를 위한 모금과는 달리, 시립병원에 재정 지원을 해줘야 할 시립병원을 자주 드나드는 사람들은 여유 자금이 없기 때문이다. 특정 서비스의 이용자가 그 서비스를 재정적으로 도와줄 수 없다면 기금 모금은 어려울 수밖에 없다.

2014년, 매리코파 의료 재단은 의사들이 직접 연단에 올라 본인의 업무를 설명하는 방식으로 이 문제를 해결해보려고 했다. 의사들은 자신이 하는 일이 얼마나 긴급한지, A라는 기술 혹은 B라는 중요 장비를 도입하는 것이 얼마나 중요한지 설명했다. 그리고 마지막에 재단에 기부해줄 것을 부탁했다.

그곳에 모인 사람 중에는 의료계 종사자나 전문직 종사자도 많았기 때문에 의사들이 발표를 하는 것은 좋은 시도로 보였다. 신뢰도? 확보. 공감대? 확보. 그런데 재정 지원은? 많지 않았다. 모금 행사는 효과가 없지 않았으나 재단이 목표했던 금액에 미치지는 못했다.

2015년에는 기금 모금이 더욱 난항을 겪을 것으로 예상되었다. 주 정부에서는 10억 달러에 가까운 모금 채권을 투표에 붙일 예정이었는데, 애리조나처럼 보수적인 주에서 이런 채권은 광범위한 지지를 얻지 못했다. 최고의 마케팅과 지속적인 풀뿌리 운동만이 이 채권을 통과시키는 데 필요한 표를 얻을 방법이었다. 그리고 최고의 마케팅을 펼치면서 무언가를 쉼 없이 추진하려면 당연히 많은 돈이 필요했다. 2014년 코파 볼 참석자에게는 이미 연락이 갔고, 그중 많은 이가 채권 마케팅 운동에 기부했다. 이 말은 곧 2015년 코파 볼에 참석할 600여 명의 사람들은 이미 한 차례 기부했기 때문에 비슷한 요청을 다시 받는다면 피로감을 느낄 가능성이 높다는 뜻이었다.

※

매리코파 의료 재단과 미팅을 했을 때 내가 가장 걱정했던 것은 저소득자가 대부분인 이용자와 고소득자가 대부분인 예비 기부자 사이의 간극을 잇는 문제였다. 이 캠페인의 중요성을 납득시키는 것만으로는 사람들이 기부에 동참할 만큼 설득될 것 같지 않았다. 그런 것을 '이성에 호소'하는 방법이다. 그렇게 해서는 전년도와 같은 미적지근한 결과 밖에 바랄 수 없을 듯했다.

나는 코파 볼에 참석하는 사람이라면 관심이 부족한 상태는 아닐 거라고 재단 측에 설명했다. 그리고 일반적인 생각과는 정반대로 그들은 돈이 부족하지 않다. 관심 있는 대의를 위해서라면 사람들은 언제든지 돈을 내놓을 준비가 되어 있다. 매리코파 의료 재단에 필요한 것은 병원과 기부자 사이의 간극을 잇는 일이었다. 우리는 기부자들이 나와 아무 상관없는 단체가 아니라 내가 아끼는, '내' 병원에 기부한다는 사실을 알 수 있게 해야 했다.

바로 이런 간극이야말로 스토리가 이어주기에 딱 좋다. 왜냐하면 매리코파 의료 재단도 곧 알게 되겠지만, 스토리는 인간의 뇌에서 아주 특별한 장소에 자리 잡고 있기 때문이다.

4만 피트 상공에서 오열한 이유
: 스토리는 뇌를 어떻게 움직이는가

"로맨틱 코미디는 질색이야."

6년 전 폴 잭Paul Zak이 예비 신부에게 한 말이다. 제발 그런 영화는 나 말고 여자 친구랑 보러 가. 나는 감옥 영화나 복싱 영화가 좋아. 스텔론이나 슈워제네거 말이야. 니컬러스 스파크스Nicholas Sparks*는 싫어.[1] 상황은 캘리포니아로 돌아오던 비행기 안에서 바뀌었다. 신경과학자인 잭은 이렇게 말했다. "다른 승객이 비행기에서 절대로 제 옆에 앉고 싶지는 않으실 거예요."

---

* 〈병 속에 담긴 편지〉, 〈노트북〉 등 여러 로맨스 영화의 원작을 쓴 미국의 소설가.

잭은 닷새 동안의 워싱턴 D.C. 출장으로 녹초가 되어서 노트북이며 업무며 다 치워버리고 터프가이 클린트 이스트우드Clint Eastwood 감독의 아카데미 수상작 〈밀리언 달러 베이비〉를 보기로 했다. 잭은 영화의 클라이맥스에서 울음을 터뜨렸다. 그냥 운 게 아니라, 주체할 수 없는 흐느낌 내지는 그의 표현에 따르면 "어깨를 들썩이며 껵껵거리는, 눈 뜨고는 못 봐줄 정도의 오열"이었다.[2]

잭은 옥시토신이 어머니와 자녀 사이의 유대감을 형성하는 화학물질 이상의 역할을 한다는 사실을 발견해 전공 분야에서 공로를 인정받고 있다. 옥시토신이란 포유류 뇌의 시상하부에서 만들어지는 신경화학물질이다. 잭은 옥시토신이 신뢰를 통해 뇌에서 합성되며 상호작용을 북돋운다는 사실을 밝혀냈다. 잭은 옥시토신이 기본적으로 친사회적인 화학물질이라는 사실을 증명했다. 옥시토신은 우리가 유대감을 형성하고 서로를 신뢰하며 사랑할 수 있게 도와준다. 사실 잭은 이런 업적 덕분에 '닥터 러브Dr. Love'라는 별명으로 불리고 있었다. 비행기에서 극적인 경험을 한 잭은 영화를 볼 때도 옥시토신이 분비되는지 궁금해졌다. 우리가 우는 이유는 옥시토신 때문인가?

잭은 궁금증을 해소하려고 대학원생들과 함께 실험을 하나 설계했다. 연구 팀은 실험 참가자들에게 어린이 병원에서 만든 영상을 보여주었다. 영상 속의 화자는 자신의 아들에 관해 이야기했다. 벤이라는 이름의 두 살배기 아들은 뇌종양 말기였다.

잭은 이렇게 썼다. "전형적인 드라마 서사를 따라가는 스토리다. 그 스토리에서 아버지는 아들이 겨우 몇 달밖에 더 살지 못한다는 사실을 알면서도 아들과 유대감을 쌓고 즐거운 시간을 보내려고 애쓴다. 영상은 아버지가 '아들이 마지막 숨을 거둘 때까지' 그와 정서적으로 친밀하게 지내겠다며 힘을 내보는 것으로 끝난다."[3]

두말할 것도 없이 굉장히 감성적인 스토리다.

또 다른 실험 참가자들에게는 벤과 아버지가 동물원에서 시간을 보내는 영상을 보여주었다. 이 영상 역시 나름대로 감동적이었으나 첫 번째 영상만큼 극적인 감정 몰입을 이끌어내지는 못했다. 첫 번째 영상은 스토리였지만, 두 번째 영상은 묘사에 가까웠다.

잭의 연구 팀은 영상을 보기 전과 본 후의 혈중 옥시토신 농도를 측정했다. 그랬더니 스토리가 있는 영상을 본 참가자들의 옥시토신 농도가 47퍼센트나 올랐다는 사실을 발견할 수 있었다.

비즈니스 측면에서 주목할 부분은 그 후에 벌어진 일이다. 옥시토신은 사람들의 행동을 변화시키기 시작했다. 첫 번째 영상을 본 참가자들은 타인에게 더 인심을 베풀었고, 암 치료 재단에도 더 많은 돈을 기부했다. 다시 말해 스토리는 사람들이 더 큰 공감대를 형성하고, 더 많이 신뢰하고, 더 후한 인심을 쓰게 만들었다.

먼저, 주의를 끌어야 한다

당신의 제품이 아무리 좋아도 주의를 끌지 못하면 사람들에게 아무런 영향도 미칠 수 없다. 영향력을 행사하려면 사람을 매료시켜야 한다. 애초에 아무도 나를 봐주지 않는다면 신뢰를 얻을 방법은 없다.

스토리는 이 문제도 해결해준다.

잭은 추가 실험에서 공익광고를 본 사람들의 옥시토신과 코르티솔(주의 집중과 관련 있다)이 증가했고, 자선단체 기부가 261퍼센트 늘어난 것을 발견했다.[4] 한 가지 요소만으로는 얻을 수 없는 결과였다. 주의 집중과 신뢰 모두 필요했다.

잭이 실험실에서 발견한 사실은 스토리텔러들이 오랫동안 알고 있던 내용에 신경학적 근거를 제공했다. 스토리는 주의를 끌고 신뢰를 통해 사람들 사이의 유대를 강화한다는 것이다. 요약하자면 잭의 연구는 스토리가 어떻게 사람들을 매료시키고 사람들에게 영향력을 발휘하는지 보여주었다.

약간의 코르티솔로 사람들의 주목을 끌고 옥시토신을 통해 사람들의 신뢰를 얻고 나면, 타인에게 더 많이 베풀도록 사람들의 행동을 변화시킬 수 있다. 그러나 사람들의 행동을 바꾸려고 그들을 실험실로 끌고 가서 신경화학물질을 주입할 필요는 없다. 그저 스토리를 들려주면 된다. 매리코파 의료 재단도 이 방법을 선택했다.

스토리가
기부를 이끌어낸다

코파 볼의 형식은 다른 수많은 자선 행사와 비슷했다. 연사가 짧은 연설을 마친 후 기부를 요청했다. 사람들이 수표책이나 스마트폰의 기부 앱을 꺼내면 또 다른 연사가 연단에 올랐다. 텔레비전의 자선 행사 프로그램에서 공연자가 노래를 끝내면 진행자가 기부를 부탁하는 것과 비슷했다.

기부를 이끌어내려면 연사의 연설이 아주 중요하다. 나는 연사가 어떤 대의를 지지하거나 그 대의의 중요성을 강조하는 것만으로는 충분하지 않다고 의료 재단을 설득해야 했다. 잭의 연구에서 볼 수 있듯이 기부를 더 많이 받는 핵심 열쇠는 스토리로 사람들의 마음을 바꾸고, 관심과 신뢰를 불어넣어서 넉넉한 인심을 끌어내는 것이다. 나는 논리나 신뢰성, 미사여구로는 사람들에게 이 문제를 작년보다 더 중요하게 인식시킬 수 없다고 설명했다. 그러나 스토리를 이용한다면 사람들을 근본적인 차원에서 서로 이어주어 신뢰와 인심을 끌어내는 역할을 하는 신경계 자체를 해킹할 수 있었다.

의료 재단과의 미팅 후, 나는 경력이 아니라 우리가 들려주고자 하는 이야기를 기준으로 연사를 고르자고 제안했다. 사람이 아닌 스토리를 먼저 고르자고 제안한 것이다. 매리코파 의료 재단은 스토리에 대한 몇 가지 아이디어를 바탕으로 연사를 물색하기 시작했다. 그래서 꼭 필요한 사람들을 찾아냈는데, 모두 의사는 아니었다. 2015년 코파 볼 연사에는 전직 국무장관과 이 병원에서 심각한 안면 재건술을 받았던 젊은이, 그리고 이 지역에서 유명한 명사가 포함됐다.

2014년처럼 각 연사는 신뢰할 만한 사람들이었다. 이 행사에 참석할 기부자들과 사회적, 문화적으로 잘 맞았다. 그런데 올해의 연사들은 더 좋은 것인 '스토리'를 가지고 있었다. 나는 이후 몇 주 동안 각 연사를 직접 만나서 그들이 코파 볼을 위한 자신만의 스토리를 정확히 그려내고 정교하게 다듬는 과정을 도왔다.

행사 당일 저녁 나는 무대 뒤에 초조하게 서 있었다. 연사들이 잘 해낼 수 있을지 긴장되는 한편, 그 자리를 가득 메운 사람들이 내가 들었던 이야기를 똑같이 경험하게 될 것이라는 사실에 흥분되기도 했다.

그날의 첫 번째 연사는 몇 년 전 이 병원의 환자였던 사람이었다. 그는 20대 초반에 술집에서 싸움을 말리다가 끔찍한 일을 겪었다. 심하게 구타당한 그는 얼굴이 다 으스러지고 안와眼窩가 깨졌다. 매리코파 병원에 도착한 그는 긴급 수술이 필요한 상태였지만, 문제는 그에게 보험이 없다는 사실이었다. 안면 재건 수술에는 어마어마한 비용이 든다. 이제 갓 고등학교를 졸업해 보험도 없는 그가 수술 비용을 감당한다는 것은 사실상 불가능했다. 그는 기형이 되어버린 얼굴로 평생을 살아가야 할 판이었다.

연사는 보험이 없어 수술비를 감당할 수 없다고 의사에게 전했던 당시의 상황을 회상했다. "의사 선생님이 한 손을 제 어깨에 올리시더니 이렇게 말씀하시더군요. '저희가 도울게요'."

그날 밤 무대 조명 아래에서도, 심지어 가까이에 가서도, 매리코파 병원의 의사들이 이 잘생긴 남자의 피부 밑에 조심스레 설치한 금속판을 아무도 보지 못했다. 그러나 물기를 촉촉이 머금은 그의 두 눈은 모두가 볼 수 있었다. 남자는 마법에 걸린 청중에게 평생 그 어느 때보다도 절실한 도움이 필요한 상황에서 도와줄 사람이 있다는 게 어떤 의미인지 이야기했다.

그리고 기부를 부탁하자 반응은 어마어마했다.

두 번째 연사는 벳시 베일리스Betsey Bayless였다. 애리조나주 국무장관을 지낸 베일리스는 지역사회에서 큰 신임을 얻고 있었다. 그녀는 매리코파 통합 건강 시스템MIHS의 CEO를 지내기도 했다. 베일리스는 자신에게 너무나 익숙한 미사여구에 의지하고 싶은 마음이 굴뚝같았을 것이다. 조직의 높은 사람이 매리코파 병원이 하는 일과 기부가 중요한 이유에 대하여 설명하는 식으로 말이다. 그러나 베일리스는 가보지 않은 길을 선택했다. 그녀는 전직 CEO나 전직 주 국무장관이 아닌 딸로서 겪은 스토리를 들려주기로 했다.

베일리스의 아버지는 수년 전 뇌졸중을 앓았다. 아버지는 즉각적인 처치가 필요한 상태였지만, 베일리스는 구급차를 부르지 않았다. 구급차를 부르면 아버지를 가장 가까운 병원, 어느 고급 사립 병원으로 데려갈 것임을 알고 있었기 때문이다. 대신 베일리스는 휠체어를 타고 있던 아버지를 자신의 차에 태워 매리코파 병원으로 달려왔다.

베일리스는 이렇게 회상했다. "저희가 도착했을 때, 의사 선생님이 도로 앞까지 나와서 기다리고 계셨습니다. 내가 사랑하는 사람에게 아주 절실한 도움이 필요할 때, 매리코파 병원의 누군가가 우리를 기다리고 있다는 게 얼마나 안심이 되는지 아마 모르실 겁니다."

청중은 다시 한번 크게 감동받았고, 기부로 응답했다.

마지막 연사는 매릴린 세이먼Marilyn Seymann이었다. 정부 기관과 금융 분야에서 수십 년간 경력을 쌓은 매릴린은 피닉스의 보물로 존경받는 유명 인사였다. 그러나 매릴린의 메시지는 기부를 해달라는 평범한 간청이 아니었다. 매릴린은 친구와 함께 산책하다가 차에 치였던 개인사를 털어놓았다. 구급차 안에서 아무런 의사도 표현할 수 없었던 매릴린은 자신이 선택한 병원이 아니라 가장 가까운 병원, 즉 매리코파 병원으로 이송되었다.

매릴린은 매리코파 병원의 의료진이 믿기지 않을 만큼 훌륭하게 자신을 치료해주었다고 밝혔다. 청중은 세 번째 요청에도 아낌없이 돈을 기부했다.

이날의 행사는 어마어마한 성공을 거두었다. 다 함께 울고, 웃고, 선의를 베풀었다. 잭이 4만 피트 상공에서 울음을 터뜨렸을 때와 마찬가지로, 스토리는 한마음으로 이어진 청중들에게 옥시토신이 물결치게 했다. 청중은 상실과 희망과 구원의 스토리에 매료되었다. 청중은

코파 볼 역사상 처음 느껴보는 방식으로 스토리를 들려주는 사람들과 연결된 것 같은 기분을 느꼈다.

사실 이 정도면 단순한 연결이 아니라 강력한 동기화라고 해도 손색없을 것이다. 프린스턴대학교 신경과학자 우리 하산Uri Hasson이 증명했듯, 스토리텔러의 뇌와 청자의 뇌는 동기화될 수 있다.[5] 스토리는 우리가 서로에게 호감을 가지게 하는 수준에서 그치지 않는다. 스토리는 우리를 '비슷해지게' 만든다. 잭은 이렇게 말했다. "스토리에 집중해 스토리 속의 캐릭터와 정서적으로 연결되면 마치 스토리 속으로 들어간 듯한 경험을 하게 된다. 제임스 본드가 총알을 피했을 때 우리가 손에 땀을 쥐는 것은 그 때문이다. 아기 사슴 밤비의 엄마가 죽을 때 우리가 눈물을 삼키게 되는 것도 마찬가지다."[6]

제임스 본드와 같은 액션이나 앙증맞은 밤비는 없었지만 코파 볼은 그와 동일한 뇌 작동 과정을 활용했다. 정산해보니 전년에 대비해서 두 배가 넘는 기부금이 모금되어 있었다.

스토리가 끝나도
효과는 남는다

그날 연사들이 들려준 스토리야말로 매리코파 의료 재단에게 꼭 필요했던 다리였다. 그러나 스토리텔링이 기부를 그토록 잘 이끌어낸다는 사실은 연구를 진행한 잭조차 다소 어리둥절할 정도였다. 그는 이렇게 썼다. "생각해보면 기부는 참 이상하다. … 자선단체에 기부된 돈은 이 배우들을 가상의 곤경에서 구해내지 못한다. … 그럼에도 옥시토신은 사람들이 돈을 들여가며 구체적인 방식으로 남을 돕고 싶게 만든다."[7]

잭이 말하는 것이 바로 스토리의 '지속 효과'다. 효과적인 다리를 만드는 데 필요한 세 번째 요소, 즉 뇌가 바뀌면서 생기는 변화 말이다. 스토리에 의해 뇌에서 분비되는 옥시토신은 HOME(human oxytocin-mediated empathy, 옥시토신 매개 공감)이라고 하는 또 다른 회로를 활성화한다. 이 회로는 강화 작용을 하는 신경화학물질인 도파민을 사용한다. 도파민은 눈에 띄는 무언가가 있을 때마다 우리에게 작은 충격을 주어 우리가 그 무언가를 잊지 않게 한다.

다시 말해 스토리가 지속적인 효과를 낼 수 있는 것은 우리가 스토리의 형식으로 제시된 내용을 더 잘 기억하기 때문이다. 이는 스토리의 가장 주목할 만한 특징 중 하나다. 컴퓨터에 무언가를 저장하기 이전 시대로 한번 돌아가보자. 사진과 책, 심지어 글자가 발명되기 이전으로 되돌아가보자. 그런 시대에도 스토리는 입에서 입으로 전달되었고, 세대에서 세대로 이어졌다. 왜일까? 기억하기 쉽기 때문이다. 스토리는 기억에 계속 남았다. 스토리로 교훈을 들려주면 중요할 때 기억하기 쉬웠다.

학습된 교훈은 어느 종의 진화를 판가름할 수도 있다. 병원의 운명을 결정지을 수도 있다. 왜냐하면 스토리는 뇌의 주의를 끌고 뇌에 영향을 미칠 뿐만 아니라 뇌를 영구적으로 바꿔놓기 때문이다.

잭은 이 사실을 다음과 같이 멋지게 표현했다. "스토리가 끝나도 효과는 남는다."[8]

형편없는 스토리 말고
'좋은' 스토리

그런데 문제가 하나 있다. 스토리가 신경계에 미치는 영향을 연구해본 결과, 스토리가 뇌의 주의를 끌고, 뇌에 영향을 미치고, 뇌를 영구적으로 바꿔놓는 힘을 발휘하려면 두 가지 핵심 요소가 필요했다. 첫째는 '실제로' 스토리가 있어야 한다는 점이다. 콘퍼런스나 월요일 아침 회의, 혹은 파워포인트나 수많은 텍스트가 포함된 아무 회의라도 참석해본 사람이라면 아무거나 다 스토리가 될 수는 없다는 사실을 잘 알 것이다. 둘째, 스토리라고 해서 모두 같은 것은 아니다. 형편없는 스토리도 있다.

비즈니스 및 뇌에 관한 신경학적 연구 결과에 따르면 우리는 반드시 스토리, 그중에서도 '좋은' 스토리를 활용해야 한다. 실은, 형편없는 스토리가 꽤 많다. 그렇다면 이런 질문이 남는다.

스토리란 정확히 무엇이며, 어떻게 해야 훌륭한 스토리가 되는가?

3장

마케터의 스토리 문법
: 4가지 요소 & 3단계 기본틀

"스토리텔링의 힘은 그 무엇으로도
이을 수 없는 간극을 잇는 것이다."

파울루 코엘류 Paulo Coelho

우리 할머니는 어마어마한 스포츠 팬이었다. 정신이 온전하지 않았을 때도 프로야구 미네소타 트윈스와 프로미식축구 미네소타 바이킹스에 소속된 모든 선수의 이름과 기록을 기억했다. 결국에는 손주들조차 제대로 알아보지 못하게 됐지만, 여전히 경기장에 입장하는 모습만으로 선수들을 구분해냈다.

나는 할머니와 일요일을 함께 보내면서 미식축구를 알게 되었다. 몇 년 후 마이클과 사귀게 되었는데, 이 남자 역시 일요일에는 소파에 드러누워 미식축구를 보고 싶어했다. 마이클은 내가 일요일에 다른 제안을 내지 못하도록 선수 트레이드, 앙숙 관계, 배신, 약체 팀 등 미식축구의 이면에 숨어 있는 드라마를 들려주기 시작했다. 이런 스토리를 알고 나자 나 역시 일요일에는 텔레비전 앞을 떠날 수 없었다. 심지어 마이클이 다른 일을 하고 싶어 할 때도 그랬다. 알고 보니 텔레비전에 대고 고함을 지르는 것도 아무 때나 하면 안 되고, 해도 되는 순간이 따로 있었다. "토니 로모Tony Romo, 그것밖에 못해? 제시카 심슨Jessica Simpson을 차놓고도!" "세인츠Saints*? 세인츠라고? 무슨 놈의 이름이 그래? 파브Brett Favre한테 그따위 시도를 하다니 지옥을 맛보게 될 거다." 애리조나 카디널스와 피츠버그 스틸러스가 격돌했던 2008년 슈퍼볼 때는 목이 다 쉬도록 응원하다가 하마터면 다른 사람들과 싸울 뻔했다.

훌륭한 게임의 승리와 비극에 푹 빠져버린 것을 어쩌겠는가? 나만의 이야기도 아니다. 슈퍼볼 때는 온 나라가 미식축구라는 드라마에 빠져 들썩인다. 게다가 내기를 좋아하는 사람이라면 이 드라마는 차원이 완전히 달라질 것이다.

시애틀 시호크스와 덴버 브롱코스가 맞붙은 2014년 슈퍼볼은 내기를 좋아하는 사람들에게 호락호락하지 않았던 경기다. 그날 내기에 참여한 사람 중 3분의 2가 브롱코스의 승리에 걸렸는데, 그 선택으로 비싼 대가를 치러야 했다. 도박꾼들에게는 아마도 슈퍼볼 역사상 최악의 경기였을 그날의 경기에서 시애틀은 덴버에 압승을 거두고 48회 슈퍼볼의 우승자가 되었다.[1] 슈퍼볼 역사에 남을, 약체 팀의 대단한 반란이었다. 반면 덴버는 지난 30년간 10점 미만의 점수를 기록한 유일한 팀으로 나름의 역사를 쓰게 됐다.

미국 대부분의 도박꾼에게, 그 경기는 참사였다. 하지만 도박꾼들

---

* 미식축구 팀 뉴올리언스 세인츠New Orleans Saints를 의미한다.

이 경기 결과를 완전히 잘못 예측하고 있을 때, 경기 외적인 부분을 정확하게 예측한 사람이 있었다.

그는 2014년 슈퍼볼에서 가장 인기 끌 광고가 무엇인지 알아맞혔다.

400만 달러쯤이야

슈퍼볼은 마케팅 업계에서 초미의 관심사다. 매년 미국인의 3분의 1 이상이 이 경기를 시청한다. 어마어마한 숫자다. 지켜보는 사람의 수만 생각해도 광고주에게는 꿈의 무대다. 특히 슈퍼볼에는 다른 방송 이벤트에서는 찾아볼 수 없는 특별한 매력이 있는데, 바로 사람들이 광고를 '보고 싶어' 한다는 점이다.

말도 안 되는 소리 같지만 사실이다. 혹시 슈퍼볼 파티에 가본 적이 있다면 이 이상한 현상을 직접 겪어보았을 것이다. 슈퍼볼은 광고 시간에 사람들이 더 조용해지는, 아마도 유일무이한 방송일 것이다.

광고주로서 총 시청자 수와 사람들의 집중도를 감안했을 때 이보다 더 환상적인 마케팅 기회는 없다. 슈퍼볼 광고는 다른 어떤 광고보다 많은 이목을 끌 뿐만 아니라(슈퍼볼 경기 몇 주 전부터 이미 전문가들은 그날 방영될 광고에 관한 논평을 내놓는다) 슈퍼볼 광고를 했다는 사실만으로도 브랜드 이미지가 상승하는 효과가 있다. 슈퍼볼 경기에 광고를 했다는 사실은 광고주인 기업과 그 기업이 선택한 광고회사 모두에게 돈으로 살 수 없는 하나의 훈장으로 남는다.

물론 실제로는 돈으로 살 수 '있다'. 이것이 바로 핵심이다. 2014년의 광고 비용은 사상 최고 기록을 경신했는데, 30초짜리 광고 비용이 무려 400만 달러(약 45억 원)였다.

아무리 많은 시청자가 본다고 해도 슈퍼볼 광고가 실제 매출로 이어진다는 확실한 증거가 있지 않다는 사실을 고려하면 굉장히 높은 가격이다. 폭스바겐은 다스베이더 복장의 아이를 출연시킨, 모두가 인정하는 근사한 광고로 1억 달러(약 1125억 원)의 무료 홍보 효과를 누렸다고 주장했다(맞다. 가끔은 다스베이더 복장이 브랜드 이미지에 긍정적인 효과를 줄 때도 있다).[2] 그러나 그게 실제로 어느 정도의 수익으로 이어졌는지 계산하기는 매우 까다롭다. 계산이 가능하더라도 슈퍼볼 광고를 내보내는 일은 여전히 도박과도 같다. 자칫 잘못했다가 수백만 달러를 잃을 수 있고, 정말로 잘못된 광고를 송출할 경우 수억 명 앞에서 망신당하게 된다. 슈퍼볼은 도박사들 못지않게 전 세계의 광고주에게도 큰 도박이다.

앤호이저부시Anheuser-Busch*는 당연히 이와 같은 사항을 염두에 두고 〈강아지 사랑Puppy Love〉이라는 2014년 슈퍼볼 광고를 만들었다. 앤호이저부시는 슈퍼볼 광고가 가진 일반적인 위험 외에도 지켜야 할 명성이 있었다. 클라이즈데일**을 소재로 한 버드와이저의 슈퍼볼 광고 시리즈는 해마다 큰 히트를 기록하며 지난 10년간 그 어느 브랜드보다 자주 '애드 미터스 톱 5Ad Meter's Top Five'***에 올랐기 때문이다.

이런 사실만으로도 버드와이저의 광고를 사람들이 좋아할 가능성은 충분히 높았다. 앤호이저부시는 틀림없이 엄청난 공을 들일 것이다. 그리고 이 광고를 자세히 살펴보면, 누구라도 이 광고가 최고작으

---

* 맥주 '버드와이저'의 제조사.
** 짐마차나 농사 등에 쓰이는 스코틀랜드가 원산지인 몸집이 크고 힘센 말.
*** 미국 일간지 〈USA 투데이〉에서 해마다 설문조사로 뽑는 슈퍼볼 최고의 광고다.

로 꼽힐 거라고 생각할 만한 요소들이 많다.[3]

우선, 이 광고는 말도 안 되게 귀엽다. 무려 래브라도 레트리버 강아지가 주인공으로 등장하지 않는가. 게다가 제이크 스콧Jake Scott이 감독을 맡았다. 제이크 스콧은 유명 감독인 리들리 스콧Ridley Scott의 아들인데, 흥미롭게도 1984년 슈퍼볼에서 중계된 애플의 그 유명한 〈1984〉 광고가 바로 리들리 스콧의 작품이다. 한편 광고에 출연한 사람은 수영복 모델이었던 아름다운 여자 배우와 건장하고 잘생긴 남자 배우이고, 배경으로는 영국 뮤지션 패신저Passenger의 아름다운 음악 〈렛 허 고Let Her Go〉가 깔린다.

간단히 말해서, 이 광고는 히트 칠 만한 이유가 충분했다.

그러나 존스홉킨스대학교의 키스 쿠젠베리Keith Quesenberry 마케팅학과 교수가 이 광고를 최고작으로 예측한 이유는 앞서 말한 요소들과는 무관했다. 그가 앤호이저부시의 광고를 최고작으로 예측한 이유는 귀여운 강아지나 매력적인 모델이 등장해서가 아니라 이 광고가 스토리를 활용했기 때문이다.[4]

스토리텔링 만세!

여러분이 지금 읽고 있는 이 책은 스토리에 관한 책이다. 이런 책을 구입했다면 여러분은 아마도 스토리의 힘을 믿고 있거나 적어도 그런 생각에 흥미를 느끼는 사람일 것이다. 그렇다면 여러분은 '이 광고는 스토리를 들려주었기 때문에 최고작으로 뽑힐 것'이라는 주장에도 별로 놀라지 않았을 것이다.

그러나 스토리텔링을 이렇게 자연스럽게 받아들이는 것 자체가 1장에서 말한 간극을 없애고 다리를 건설하는 게 필요한 작업이다. 이제 누구나 스토리텔링이 뭔지 알고, 마치 만병통치약처럼 되어 아무도 스토리의 효능에 이의를 제기하지 않는다. 스토리텔링은 모두가 찾던 답임에 틀림없다.

하지만 놀랍게도, 이런 기조는 그리 오래되지 않았다. 사람들이 스토리텔링을 맹목적으로 받아들이게 된 것은 정말 얼마 안 된 일이다.

✳

2014년 슈퍼볼이 열리기 10년 전인 2004년 12월, 나는 방학 한 달 동안 석사 논문 1차 발표를 준비하느라 집에도 못 가고 있었다.

생각보다 상황이 꽤 심각했다.

대학원생이 되면 처음 반년 정도는 각종 연구 결과를 수집하고 분석한다. 그런 다음 2학기가 되면 내가 연구해보고 싶은 아이디어를 주제로 20페이지 분량의 예비 논문을 쓴다. 1차 발표는 학과의 주요 교수들이 내 아이디어와 연구 방향을 놓고 1시간 넘게 나를 들들 볶는 시간이다. 1차 발표를 잘 마치면 계속해서 연구를 진행할 수 있다. 1차 발표를 망치면? 학문적으로 사망을 선고받는 것이나 마찬가지다.

내 논문은 조직 내 사회화 과정에서 스토리텔링이 하는 역할에 관한 것이었다. 나는 기업문화 형성 과정에서 스토리가 좋은 쪽으로든 나쁜 쪽이든 어떤 영향을 미치는지 알아보고 싶었다. 요즘이야 이 주제에 눈살을 찌푸릴 사람은 없다. 기업문화는 누구나 탐구하는 주제이고, 스토리텔링은 활용하고 있거나 혹은 반드시 활용되어야 할 무언가라고 일반적으로 생각하기 때문이다. 그러나 2004년의 상황은 달랐다.

그날 내가 무슨 옷을 입었는지는 기억나지 않는다. 그 자리에 참석했던 사람들도 전부 기억나지는 않는다. 그러나 내가 회의실 앞자리로 이동하는 중에 느꼈던 그 무거운 공기만큼은 절대로 잊을 수 없다. 내 논문 지도 교수가 다른 참석자들에게 감사와 환영의 인사를 건네자마자, 우리가 준비한 다과를 미처 권하기도 전에 참석 교수 중 한 명이 이렇게 말했다. "나는 자네 논문의 전제에 동의할 수 없네."

나는 인기 드라마 〈ER〉의 애청자는 아니었지만, 지금이 바로 그 삐삐거리는 오실로스코프의 다급한 알림 소리가 단조로운 한 음으로 바뀌는 불길한 순간이라는 사실은 알 수 있었다. 신호가 없어! 환자는 죽었다. 슬픈 음악, 큐!

회의실 전체가 조용했다. 모든 참석자가 다과 너머로 나를 뚫어지게 바라보았다. 그렇게 말한 교수는 내가 몇 주, 아니 평생에 걸쳐 쓴 문서의 내용을 직접 인용하면서 말을 이어갔다.

"인간은 본성적으로 스토리텔링을 하는 존재다. 아니고. 각 민족의 문화는 사람들을 납득시키고 의미를 공유하기 위해 스토리를 이용한다. 아니고." 그는 비웃었다.

이후 나는 한 시간 동안 스토리텔링을 옹호했다. 스토리텔링은 분명한 효과가 있고, 일상이나 업무에서 특정한 역할을 수행하며, 인간을 인간답게 만든다고 했다. 스토리텔링은 연구할 가치가 있는 현상이고, 노력해서 배울 만한 기술이라고 주장했다. 나는 우리가 쉽게 기억하기 위해, 서로 협력하기 위해, 즐거움을 느끼기 위해 스토리를 들려준다고 했다. 교훈을 주고, 무언가를 공유하고, 살아남기 위해 스토리텔링을 한다고 했다.

호모 사피엔스가 진화 과정의 승자가 될 수 있었던 이유는 우리가 서로에게 스토리를 들려줄 수 있었기 때문이다. 우리는 스토리텔링 능력 덕분에 "단순한 상상이 아닌 집단적 상상"을 할 수 있었다. 〈뉴욕타임스〉 선정 베스트셀러인 유발 하라리Yuval Harari의 《사피엔스》에 나오는 구절이다. 그는 스토리텔링을 이야기하기 위해 443페이지 분량의 책 중 24페이지를 할애했다.

"허구에 관해 이야기할 수 있다는 사실은 인간의 언어가 갖는 가장 독특한 특징이다. … 이런 신화 덕분에 사피엔스는 많은 사람과 융통성 있게 협력할 수 있는 유례없는 능력을 갖게 되었다." 그래서 우리는 "지극히 유연한 방식으로 수많은 낯선 이들과 협력할 수 있다."

하라리는 이렇게 인정했다. "효과적인 스토리텔링은 쉬운 일이 아니다. … 그러나 스토리텔링이 성공할 경우 사피엔스는 막대한 힘을 갖게 된다. 서로 알지 못하는 수백만 명의 사람이 공동의 목적을 향해 협업할 수 있기 때문이다. 만약 우리가 강이나 나무, 사자처럼 실제로 존재하는 것만 언급할 수 있다면 국가와 교회, 법률 시스템 같은 것을 만드는 일이 얼마나 더 어려웠을지 한번 상상해보라."[5]

나는 하라리를 만나본 적이 없다. 하지만 언젠가 그와 길거리에서 마주칠 수 있기를 바란다. 그에게 건넬 말도 준비해놓았다. "그 책 정말 대단했어요. 근데 6년만 일찍 내주지 그랬어요?"

그랬더라면 나는 《사피엔스》를 정말 유용하게 활용했을 것이다. 대학교 그 회의실에서 말 그대로 내 운명을 손에 쥔 권력 있는 교수들 사이에 혼자 앉아 있었을 때, 나는 탄알이 필요했다. 그들은 내가 연구를 계속하도록 놔둘 수도 있었고, 아예 처음부터 다시 하도록 만들 수도 있었다. 그들은 스토리텔링의 중요성을 믿지 않는다는 이유로, 그리고 내가 그들을 설득하지 못했다는 이유로, 내 인생을 무한정 지연시킬 수 있었다.

그날 내가 뭐라고 항변했는지는 정확히 기억나지 않는다. 하지만 다행스럽게도 괜찮게 말했던 것 같다. 나는 논문을 계속 진행해도 좋다는 허락을 받았고, 제때 졸업할 수 있었다.

12월의 그날 그 방에서 스토리텔링에 관한 논문이 쓸모 있다고 주장한 사람은 나뿐이었다. 하지만 21세기 초에 스토리텔링을 지지했던 사람이라면 누구든 그 시절에는 스토리텔링, 특히 비즈니스에서 스토리텔링이 가치 있다고 주장하기란 쉽지 않았다고 증언해줄 것이다. 어이없지만 그땐 그랬다. 그 시절에는 정보를 더 많이 제공하면 의사결정이 더 쉬워진다는 생각이 대세였다. 소비자나 직원, 대중에게 더 많은 선택지와 그에 관한 정보를 제공하는 것이 성공하는 비결이라고 믿던 시절이었다.

당시에는 사업이 온통 논리 중심이었다.

그러다가 갑자기 기조가 바뀌었다.

스토리 세상의
벌거벗은 임금님

몇 년 전 나는 동네 커피숍에 앉아 있었다. 테이블에 맥북 프로를 올려놓고, 이어폰을 꽂고, 일을 좀 해보려고 끙끙대고 있었다. 하지만 나도 알고 있었다. 정말로 일이 하고 싶었다면 도서관에 가든지 아니면 적어도 다른 동네에 있는 커피숍에 갔어야 했다. 그런데도 나는 거기 앉아 여기저기서 알게 된 십여 명의 지인들과 수다를 떨었고 결국 아무 일도 마치지 못했다.

아이들을 베이비시터에게 맡겨두고 나온 것에 슬슬 죄책감이 들기 시작하던 시점에, 또 다른 지인이 들어왔다. 체육관에서 스피닝을 하다가 알게 된 부동산 개발업자였다. 우리는 반갑게 대화를 나누며 그 주에 어떤 수업에 참석했는지(그의 경우, 참석 못했는지)를 이야기했다. 그가 나에게 뭘 하던 중인지 물었고, 내 입에서 스토리텔링이라는 말이 나왔다. 그는 내가 이런 일을 한다는 걸 알고 있었고, 심지어 내가 쓴 글을 읽어본 적도 있었다.

"실은, 얼마 전에 공항에서 스토리텔링에 관한 책을 한 권 샀어요. 스토리텔링을 더 잘하고 싶어서요." 그는 말했다.

그가 말한 책은 나도 아는 책이었다. 사실 그 당시에는 스토리텔링에 관한 책이 그 책밖에 없었다. 그리고 나는 그 책이 그에게 별 도움이 되지 않을 것이라는 사실도 알고 있었다. 물론 그 책에 스토리텔링이라는 단어는 많이 등장했다. 그리고 대부분의 사람들이 스토리라고 생각할 만한 사례도 일부 들어 있긴 했다. 그러나 책을 다 읽어도 25달러를 주고 그 책을 구입할 당시 가졌던 의문은 그대로 남을 것이다. 스토리가 대체 뭐야? 사업에서, 일상에서 스토리를 어떻게 활용할 수 있지?

책에 대한 감상을 물었더니 그는 어깨를 으쓱해 보였다. "뭐 괜찮았어요"라고 말했지만 그는 실망한 기색이 역력했고, 나는 놀랍지 않았다. 그 순간 사람들이 비즈니스에서 스토리텔링을 좀 더 쉽게 활용할 수 있도록 도우려면 아직 해야 할 일이 많겠다는 생각이 들었다. 더 쉬운 접근법이 필요했다.

그 후로 무엇이 바뀌었는지는 나도 잘 모르겠다. 어떻게 스토리텔링이 몇 년이라는 짧은 시간 만에 아이들을 데리고 도서관에 가야 들을 수 있는 무언가에서 사업가 게리 바이너척Gary Vaynerchuk과 리처드 브랜슨Richard Branson의 입에서 술술 흘러나오는 무언가가 되었는지 말이다. 어쩌면 하라리의 베스트셀러 전반부 24페이지와 관련이 있을지도 모르겠다. 이유가 무엇이든, 갑자기 어디서나 스토리텔링이 등장하기 시작했다! 기업들은 스토리텔링을 고민했다. 소셜 미디어에서도 스토리가 온통 화제였다. 스토리가 갑자기 핫해졌다.

페이스북 게시물도 스토리였다.

미션 선언문도 스토리였다.

태그라인도 스토리였다.

웹사이트에는 '우리 회사 스토리'라는 전용 카테고리가 생겼다.

때로는 '스토리'라는 단어를 언급하는 것만으로도 스토리가 되었다. 아무도 이의를 제기하지 않았다. 왜냐하면 스토리가 모든 것의 중심이었기 때문이다.

2018년에 내가 우리 집 아이들과 약국을 찾았던 날이었다. 일곱 살짜리 아들이 운동장 정글짐에서 너무 오래 노는 바람에 손바닥에 물집이 잡히고 터져서 엉망이 되었다.

한 시간 후 수영 수업이 있었기 때문에 방수 밴드가 꼭 필요했다. 그와중에 아들이 화장실에 가겠다고 해서 나는 하는 수 없이 화장실 밖에서 기다리고 있었다. 그때 무언가가 내 눈을 사로잡았다.

통로와 맞닿은 진열대의 마지막 칸이었다. 제품이 뭐였는지는 정확히 기억나지 않는다. 남자 화장실 문을 등지고 선 내 눈에 패널 하나가 보였다. 패널에 굵은 글씨로 쓰인 '제품 스토리'라는 문구가 유난히 눈에 띄었다. 호기심이 생긴 나는 보초 서기를 포기하고 그쪽으로 세 걸음 다가갔다. 그리고 과연 무슨 스토리인지 읽어보려고 상자를 하나 집어 들었다.

하이드라센스hydraSense®는 바닷물의 순수하고 상쾌한 에너지를 부드럽고 편안한 수분으로 바꿉니다. 우리 하이드라센스 제품에 들어 있는 바닷물은 한 방울 한 방울 모두 프랑스 생말로에서 온 것입니다. 생말로는 강한 조류와 해류의 영향으로 끊임없이 새로운 바닷물이 공급되어 천연 미네랄이 풍부합니다. 이렇게 미네랄이 풍부한 바닷물에서 염분을 제거하고 정화하여 콧속이 편안한 최적의 상태로 만들었습니다.[6]

뭐? 이게 스토리라고?!

절대 아니지.

여기서 잠깐 생각해보자. 여러분도 진짜 스토리를 들어본 경험이 분명히 있을 것이다. 잠자리에서 누군가 스토리를 읽어주었을 수도 있고, 친구들과 만나서 행복한 시간을 보내며 스토리를 교환했을 수도 있다. 또 말 많은 친척이 명절마다 똑같은 스토리를 들려주었을 수도 있다. 출장 간 배우자가 공항 검색대에서 겪은 황당한 사건을 전해주려고 전화를 걸어올 때도 있다.

이것이 스토리다.

그렇다면, 위에서 읽은 하이드라센스 제품 설명은 어떤가? 어느 한 부분이라도 여러분이 일상에서 들었던 스토리와 닮은 구석이 있는가?

절대 아니다!

사람들은 스토리를 저렇게 들려주지 않는다. 혹시라도 저런 걸 들려주는 경우가 있다 한들, 그걸 스토리라고 부르지는 않는다. 이야기를 들려주겠다며 당신을 부른 친구가 마트에서 장봐야 할 물품의 목록을 읊어주지는 않을 것이다(만약 그런다면, 새로운 친구와 사귀기를 추천한다).

문제는 바로 여기에 있다.

스토리가 사람들에게 받아들여지고, 인기를 끌고, 화제의 단어가 되는 과정에서 우리는 무엇이 좋은 스토리인지를 잊었다.

오해는 마시라. 나는 비즈니스에서 스토리가 화제의 단어로 등극한 사실이 누구보다 반갑다. 사람들이 마케팅과 세일즈, 리더십에서 스토리가 어떤 역할을 할 수 있다는 사실을 알게 된 것만으로도 감사하다. 전략적 스토리텔링이 가능하다는 전제에 반대하는 사람이 거의 없다는 사실은 근사한 일이다. 그러나 아쉬운 점도 있다.

스토리텔링에 대한 사람들의 생각이 180도 바뀌는 과정에서 우리는 다소 과한 지점에 이르렀다. 이제 우리는 무엇이든 스토리라고 부르게 되었다. '우리 회사 스토리'라고 쓰인 링크를 클릭했을 때 무엇이 나올지는 아무도 모른다. 누군가 "스토리는 다음과 같습니다"라고 말하더라도, 그 뒤에는 일정, 누군가의 경력 사항, 레시피 재료 등등 무엇이든 올 수 있다. 나는 회의실에서 세일즈맨들이 "○○○기업의 스토리를 들려드리겠습니다"라고 말한 뒤 프레젠테이션 화면에 수많은 날짜와 통계, 삽화를 띄우는 모습을 종종 목격한다. 그때마다 석사 논문 1차 발표 당시의 그 교수처럼 일어나서 이건 스토리가 아니라고 말해주고 싶은 심정이다.

그렇다. 스토리는 대단히 강력하다.

그렇다. 사업을 하려면 스토리를 들려줄 수 있어야 한다. 그리고 가끔은 실제로 스토리텔링을 활용해 사업을 한다.

그런데 그 과정에서 스토리는 마치 브랜드처럼 알려지게 되었다.

어쩌다 보니 우리는 모든 게 다 스토리가 될 수는 없다는 사실을 잊고 말았다. 전 세계의 광고나 회의, 홍보 현장, 이사회실을 잘 살펴보면 한 가지 사실을 금세 눈치챌 수 있다. 우리가 스토리텔링이라는 개념은 받아들였으나, 아직도 비즈니스에는 실질적 스토리텔링이 부족하다는 사실 말이다. 그러다 이따금 **진짜** 스토리를 듣게 되면, 그 스토리는 잊지 못할 이야기가 된다.

진짜 스토리를 만났을 때

2017년, 새 안경이 필요했다.

워비 파커Warby Parker라는 브랜드를 들어본 적이 있었다. 유행에 밝은 사람들이 다들 워비 파커를 쓰는 것 같길래 나도 한번 시도해보기로 했다. 약속을 정하고, 안경테를 결정하고, 열흘 뒤 안경이 집에 도착했다.

상자를 뜯어 케이스를 열었더니 예쁜 안경과 함께 워비 파커가 제작한 조그만 안경 닦이 천이 들어 있었다. 이 천에는 워비 파커의 로고가 찍혀 있지 않았다. 대신 그들의 스토리가 쓰여 있었다. **진짜** 스토리 말이다.

100단어로 설명하는 워비 파커

옛날 옛적에, 한 청년이 비행기에 안경을 두고 내렸습니다. 청년은 새 안경을 사고 싶었지만 새 안경은 비쌌습니다. "왜 큰돈을 쓰지 않으면 멋진 안경을 살 수 없는 걸까?" 청년은 의아했습니다. 학교로 돌아간 청년은 친구들에게 이 이야기를 전했습니다. 한 친구가 말했습니다. "우리가 회사를 차려서 근사한 안경을 합리적인 가격에 팔자." 다른 친구가 말했습니다. "안경 쇼핑을 재미난 일로 만들자." 또 다른 친구가 말했습니다. "안경이 하나 팔릴 때마다 도움이 필요한 사람에게 안경을 하나씩 기부하자." 유레카! 워비 파커가 탄생했습니다.[7]

이것이 바로 스토리다. 보기 드문 진짜 스토리 말이다.
2014년 슈퍼볼 최고의 광고도 그랬다.

중요한 건 강아지가 아니다

스포일러 경고: 앤호이저부시나 쿠젠베리나 둘 다 걱정할 필요가 없었다. 버드와이저의 〈강아지 사랑〉 광고는 대단한 성공을 거뒀다. 사실 이 광고는 그해를 넘어서 슈퍼볼 역사상 가장 인기 있는 광고로 선정되었다.[8] 그해 슈퍼볼 광고 중에서 가장 많이 공유되었고, 소비자들 사이에서 나머지 10위까지의 광고를 모두 합친 것보다도 더 많이 회자되었다.[9]

대체 이유가 뭘까? 쿠젠베리와 그의 동료인 시펜스버그대학교의 마이클 쿨슨Michael Coolsen은 바로 이 점이 궁금했다. 그 이유를 찾아서 〈강아지 사랑〉을 최고의 광고로 예측하기까지, 두 사람은 2년치의 슈퍼볼 광고를 분석했다. 그리고 광고가 진짜 스토리를 들려주느냐의 여부가 설문조사의 상위권과 하위권을 가른다는 사실을 알아냈다. 섹

시험이나 유머, 유명인의 출연, 귀여운 강아지보다 더 강력한 것은 스토리였다. 쿠젠베리는 말했다. "마케팅에 귀여운 강아지를 이용해서 나쁠 것은 없다. 그러나 60초 동안 강아지가 버드와이저 병을 갖고 놀기만 했다면 그렇게 히트 치지는 못했을 것이다."[10]

쿠젠베리의 지적은 일리가 있어 보인다. 설문조사의 상위권 10개와 하위권 10개를 비교해보면 양쪽 다 시청자의 관심을 끌 만한 요소들을 활용했다. 귀여운 캐릭터, 훌륭한 음악, 유머, 공들인 제작과정 같은 것들 말이다. 그러나 순위권에 든 광고는 하나같이 훌륭한 스토리를 담고 있었다.

그래서 바로 이 질문이 나온다. "그래서 대체 훌륭한 스토리가 뭔데?"

진짜 스토리를 들려주려고
셰익스피어가 될 필요는 없다

이 문제에 대해서는 여러 철학자와 작가, 독자, 비평가가 오랫동안 다양한 주장을 펼쳤다. 쿠젠베리는 훌륭한 스토리란 셰익스피어가 대중화시킨 5막 구조를 따르는 이야기라고 한다. 7막 형태의 모형이나 9개의 지점으로 나뉘는 '영웅의 여정'이라는 것도 있고 'W' 형태의 플롯도 있다. '프롤로그, 갈등의 전개, 대단원'의 구성도 있다. 스토리에 관한 이론은 열거하자면 끝도 없고, 점점 더 복잡해진다. 여러분의 목표가 햄릿을 쓰는 것이라면 어느 것이든 괜찮다.

하지만 내 짐작이 맞다면 나와 마찬가지로 여러분은 셰익스피어와 같은 명작을 쓰려고 시도 중이지는 않을 것이다. 아마 여러분은 후세에 길이 남을 대서사시보다는 창업하거나 고객의 손에 제품을 쥐어주는 일에 더 관심 있을 것이다. 이메일의 오탈자를 확인할 시간조차 부족한데 영웅의 복잡한 여정을 떠올릴 시간은 더더욱 없을 것이다.

그렇다면 다행이다. 훌륭한 스토리텔링이란 생각만큼 복잡하지 않기 때문이다. 사업을 더 잘하기 위해서 어떤 간극을 메우는 것이 목표라면 훨씬 간단한 모형으로도 충분하다. 셰익스피어까지 갈 필요는 전혀 없다. 우리에게 필요한 것은 모임에서 인맥을 쌓거나, SNS에 올리거나, 다음번 팀 회의에 선보일 만한 스토리다. 우리는 버드와이저나 스필버그 감독, 헤밍웨이, 셰익스피어가 아니고, 그들처럼 되고 싶은 마음도 없다. 그러나 400만 달러의 예산은 없을지라도, 우리에게도 스토리텔링은 아주 중요한 과제다.

우리에게는 스토리를 스토리로 만들어주는 네 가지의 핵심 요소가 필요하다. 그리고 그것들을 조합할 간단한 방법이 필요하다.

바로 그 작업을 해보도록 하자.

훌륭한 스토리의
4가지 요소

스텔라 컬렉티브Steller Collective는 전략적 스토리텔링을 연구하고, 만들고, 가르치는 회사다. 2018년, 스텔라 컬렉티브의 우리 팀은 스토리텔링 방법론을 실험해보기로 했다. 우리는 효과적인 스토리를 들려주는 데 무엇이 필요한지 정확히 알고 싶었다. 워비 파커가 안경 닦이 천에 써놓은 스토리와 하이드라센스 제품의 포장에 적혀 있던 괴상한 메시지의 차이는 무엇인가?

우리는 서로 다른 유형의 브랜드 메시지의 효과를 실험할 수 있는 설문조사를 만들었다. 우리는 '특정한 스토리 요소를 포함하는 메시지는 해당 요소가 없는 메시지보다 더 설득력 있을 것'이라는 전제를 세웠다. 테스트 항목은 내가 수십 년간 스토리가 있는 메시지를 만들 때 포함시켰던 요소들을 가지고 구성했다.

- 분명한 캐릭터
- 진실한 감정
- 중요한 순간
- 구체적인 디테일

위 항목들을 정확히 이해할 수 있도록 하나씩 세부적으로 파헤쳐 보자. 이 네 가지 요소를 통달하고 나면, 스토리라는 약속의 땅은 멀지 않을 것이다.

분명한 캐릭터

스토리텔링에 관한 책은 이번이 처음이라면, 아마 영웅이라는 단어를 본 적이 있을 것이다. 이 책으로 스토리텔링에 관한 책을 처음 읽어 보는 것이라면 인스타그램에서 '당신 스토리의 영웅이 되라'며 동기 부여를 해주는 메시지들은 보았을 것이다. 영웅이라는 개념은 그만큼 전형적으로 사용되지만, 그래도 나는 이 단어가 비즈니스 스토리텔링이라는 맥락에서는 다소 극단적이고, 헷갈리며, 우리를 주눅 들게 한다고 생각한다. 영웅이라고 하면 왠지 뭔가 대단한 일을 한 사람만(아니면 최소한 근사한 복장이라도 하고 물결치는 머릿결을 늘어뜨려야만) 스토리텔링을 할 수 있을 것 같은 인상을 준다.

하지만 이는 전혀 사실이 아니다. 모든 스토리의 필수 요소는 그보다 훨씬 간단하다. 영웅은 필요하지 않다. 우리에게 필요한 것은 분명한 캐릭터다. 우리의 주의를 끌고 우리가 공감대를 형성할 수 있는 캐릭터 말이다.

한 가지 분명하게 밝혀두자면, 캐릭터는 회사 이름이 아니다. 누군가가 추구하는 가치도 아니다. 다수의 혹은 소수의 사람들도 아니다. 스토리에는 단일한 캐릭터 혹은 각각 구별되는 여러 명의 캐릭터가 필요하다. 우리가 인식하고 공감할 수 있는 캐릭터가 필요하다.

〈강아지 사랑〉 광고에는 많은 캐릭터가 등장한다. 동물도 있고 사람도 있다. 강아지는 관심을 쏟기 쉬운 캐릭터다. 강아지를 좋아하는 남자는? 캐릭터가 맞다. 우리가 얼마든지 좋아할 수 있는 캐릭터다. 조그만 강아지와 친구가 된, 몸집이 거대한 힘센 말은? 역시 캐릭터다.

여러분 회사의 소프트웨어는? 캐릭터가 아니다.

여러분 회사의 비누는? 캐릭터가 아니다.

여러분 회사가 만든 기구, 서비스, 물건은? 캐릭터가 아니다.

초콜릿 과자 M&M처럼 해당 상품을 캐릭터로 만들지 않는 한, 제품은 제품일 뿐 캐릭터가 아니다. 우리에게 필요한 것은 영웅이 아니라 캐릭터다. 그것도 분명한 캐릭터 말이다.

진실한 감정

우리 팀이 필수적이라고 생각한 또 다른 요소는 진실한 감정이다. 사건을 죽 늘어놓는다고 해서 훌륭한 스토리가 되지는 않는다. 정적인 시간표는 스토리가 아니다. 이때 감정이라는 게 지나치게 극적일 필요는 없다. 좌절이나 경이로움, 호기심처럼 간단하거나 흔한 감정도 괜찮다. 하지만 어떤 감정이든, 감정이 있기는 반드시 있어야 한다.

부연 설명을 하자면, 핵심 요소로서의 감정이란 스토리를 듣는 사람이 경험하는 감정을 일컫는 게 아니다. 캐릭터가 느끼는 감정 혹은 스토리의 상황에 내재된 감정을 뜻한다. 듣는 사람은 바로 이 감정을 통해 스토리에 공감하게 된다. 감정이 없다면 공감도 없다. 공감이 없다면 메시지의 효과도 줄어든다. 아무튼 우리가 세운 가설은 그랬다.

중요한 순간

효과적인 스토리의 세 번째 요소는 '중요한 순간'이다. 시공간 및 상황 내의 구체적인 지점으로서 스토리를 우리의 일상과 구분해주는 특별한 순간 말이다. 자칫 광범위하고 포괄적인 묘사가 되어버릴 수도 있는 내용을 이렇게 클로즈업하면 관객이 상황을 더 잘 이해할 수 있다.

그림 지도를 한번 생각해보라. 지도를 보면 많은 일이 벌어지는 대도시가 삽화 몇 개로 정리되어 있다. 몇몇 장소를 확대해놓지 않았다면 지도는 그저 한없이 뻗은 공간에 불과할 것이다. 스토리에서는 의미심장한 장면이 바로 이런 역할을 한다. 끝없이 뻗어나갈 수도 있는 경험이나 생각을 특정 부분에 집중하도록 이끈다. 우리는 크고 넓게

가 아닌, 작고 자세하게 다루어야 한다.

예를 들어보면, 나는 최근 뉴욕시에 있는 어느 사립학교 경영진들과 협업할 일이 있었다. 그들은 자신들이 운영하는 학교가 세상에서 가장 경쟁력 있는 교육 환경을 제공한다는 점을 차별 포인트로 삼으려 했다(우리 집 아이들도 뉴욕시에서 학교를 다닌다. 이렇게 쓰기만 해도 온몸에 두드러기가 돋는다). 이들은 남아프리카공화국에 국제 분교를 개교했다는 사실을 중심으로 메시지를 만들고 싶다고 했다. 그들은 스토리 안에 "아이들이 다른 문화를 경험하는 모습을 지켜볼 때는 놀라움을 금할 수가 없었습니다…"라든가 "정말이지 그런 광경은 처음 보는 것이었습니다…" 같은 문구가 들어가기를 바랐다. 그러고는 끝이었다. 그게 스토리였다. '전체 지도' 말이다. 확대해서 자세히 들여다본 순간이 없었기 때문에 기억할 거리도 없었다.

우리는 문제를 해결하기 위해 그들의 표현을 바꾸고 활용할 만한 몇 개의 순간을 포착했다. 일반적인 용어로 이야기하는 대신, 경영진들이 새로운 문화에 몰입한 학생을 목격했던 여러 순간에 초점을 맞춰보았다. 어느 경영진에게는 그 순간이 카페테리아에서의 점심시간이었다. 그는 기억을 자세히 되짚어보았고, 방문 학생 중 한 명이 새로운 음식에 도전했다가 소스가 너무 매워서 아이들 모두 웃음을 터뜨렸던 일화를 설명하는 데 이르렀다. 또 다른 경영진은 미국 학생들이 운동장에서 협상하는 광경을 지켜본 일을 이야기했다. 또 다른 사람은 첫 학기 개학 날 아침 교문을 들어섰을 때 로비 냄새가 다른 곳과는 사뭇 달랐던 경험을 들려줬다. 그렇게 교문을 들어서던 순간을 확대해보면 그냥 일반적으로 '학교에 있다'고 설명하는 것과는 다른, 특별한 '순간'이 드러난다. 이 모든 순간이 우리가 한곳에 초점을 맞추는 데 도움이 되었다. 그 순간을 확대해서 일반적인 경험으로 확장할 수도 있지만, 효과적인 스토리가 되려면 생생한 '그 순간'이 꼭 필요했다.

종종 스토리를 의도했음에도 엉뚱한 결과물이 나오는 때가 있다. 그런 경우를 살펴보면 메시지가 너무 흐리멍덩하거나, 지나치게 고차원적이거나, 너무 광범위하거나 개괄적인 경우가 많다. 흥미진진한 스토리에는 구체적인 순간과 물리적인 공간이 포함되어야 한다. 그래야만 다음에 이야기할 네 번째 요소와 함께 '공동 창조 과정'을 도울 수 있다. 공동 창조 과정이란 청자가 자신의 마음속에서 하나의 스토리를 적극적으로 만들어냄으로써 스토리를 더 오래 기억하게 되는 과정을 말한다.

구체적인 디테일

구체적인 디테일이란 정확한 대상을 자세히 묘사하는 것으로 때로는 예기치 못한 디테일이나 상상력을 활용하는 것도 포함된다. 디테일은 예상 관객에게 와닿는 내용이어야 관객이 친숙한 세상 속으로 끌려 들어갈 수 있다. 디테일은 자세할수록 좋다.

강력하고 오랫동안 기억되는 스토리는 디테일을 잘 활용한다. 스토리에 구체적인 디테일을 포함하면 화자가 관객을 잘 이해하고 있음을 보여줄 수 있다. 예를 들면 1980년대의 관객에게 스토리를 들려준다면 카세트 플레이어가 하나의 디테일이 될 수 있다. 관객 중 자녀를 둔 부모가 많다면 자동차에 유모차를 싣느라 씨름했던 일이 하나의 디테일이다. 이런 디테일을 하나씩 넣을 때마다 관객은 화자가 자신을 잘 이해하고 있다는 것을 깨닫게 되고, 관객과 화자와 메시지 사이에 튼튼한 연결 고리가 형성된다.

최근 미국 공영 라디오 방송 NPR 팟캐스트에서 마케팅 천재 톰 버렐Tom Burrell의 업적과 유산을 다룬 내용이 방송됐다. 1971년 버렐은 흑인 직원으로만 구성된 광고 회사를 설립했다. 그리고 다음과 같은 슬로건으로 광고에 대한 세간의 생각을 바꿔놓았다. '흑인은 피부만 검은 백인이 아니다'.[11]

당시에는 백인 시청자용과 흑인 시청자용의 두 가지 버전으로 광고를 찍는 일이 드물지 않았다. 그런데 두 가지 버전을 제작하기 위해 새로운 대본을 개발하는 대신, 똑같은 대본에 배우만 흑인과 백인으로 바꿔서 촬영하곤 했다. 서로 이해하거나 공감할 수 없는 문화적 뉘앙스를 완전히 무시해버린 것이다. 그러니 광고들이 잠재 고객을 사로잡지 못했다.

버렐은 흑인 시청자들에게 친근하고, 와닿고, 믿음이 가는 대본을 다시 쓰는 방식으로 새로운 광고를 개척했다. 말보로맨Marlboro man은 더 이상 들판 위의 카우보이가 아니라 도심에서 스웨터를 입은 흑인 남자였다. 이 광고는 어마어마한 반응을 불러일으켰다. 버렐의 획기적인 광고는 구체적인 디테일이 친숙한 장면과 시나리오로 의도한 관객과 접점을 만들어낼 때 얼마나 중요한 역할을 하는지 보여주는 완벽한 예시다.

구체적인 디테일은 관객의 상상력을 사로잡는다. 구체적인 디테일은 관객을 스토리 속으로 더 깊이 끌어들인다. 제대로 만들어졌다면 스토리 속 세상은 관객에게 친숙한 느낌을 준다.

훌륭한 스토리텔러는 구체적인 디테일을 제대로 표현한다. 예를 들면 미셸 오바마Michelle Obama가 2016년 민주당 전당대회에서 펼친 일생일대의 연설은 구체적인 디테일의 도움을 크게 받은 경우였다. 이제는 전 영부인이 된 미셸 오바마의 연설을 그토록 강력하게 만든 것은 정치적인 내용이 아니라 스토리였다. 그녀는 구체적인 디테일을 능수능란하게 사용해서 미국인들을 몰입시키고 그들의 정신 깊숙한 곳에 자신의 메시지를 각인시켰다.

미셸 오바마는 '중요한 순간'이라는 요소를 활용해 관객을 아주 구체적인 한 지점으로 데려갔다. "저희는 워싱턴에 도착했고 그때부터가 시작이었습니다. 아이들이 처음으로 새 학교에 등교하는 날이었죠. 그 겨울 아침을 저는 절대로 잊지 못할 것입니다."

그런 다음 딸들이 첫날 등교하려고 떠나는 모습을 구체적으로 묘사했다. "아이들은 그 조그만 얼굴을 창문에 바싹 기대고 있었습니다."

바로 이 부분이다. 자녀를 처음으로 학교에 보내는 날은 감정이 복받쳐 오르는 순간이다. 부모에게 이런 순간은 뇌리에 각인되어 절대로 잊히지 않는다. 아이를 버스에 태우든, 학교까지 직접 데려다주든 아이들의 조그만 얼굴을 보면서 나 자신의 인생이 눈앞에 스쳐 지나갔을 것이다.

자녀가 없다면? 그래도 상관없다. 무언가 새로운 일을 처음으로 시작했던 순간이 분명히 기억날 테고, 이는 앞선 장면과 똑같은 감정을 불러일으키기 때문이다. 어느 경우든 미셸 오바마는 많은 관객에게 와닿는 디테일을 사용함으로써 모든 사람이 집중하고 한마음이 되게 만들었다. 미셸 오바마는 몇 가지 친숙한 디테일로 전당대회장을 장악했고, 온 나라의 이목을 사로잡았다.

스토리의 힘을
실험으로 증명하다

우리 팀은 스토리의 네 가지 필수 요소를 선정한 후 에디슨 리서치Edison Research에 의뢰해 전국의 1648명을 대상으로 온라인 설문조사를 꼼꼼히 진행했다. 모든 응답자는 자녀를 둔 부모였고, 이들에게는 두 가지 메시지가 제시되었다. 빌더닷코Builder.co라는 아동용 장난감에 관한 메시지였는데, 포괄적 메시지 하나를 대조군으로 사용하고 네 가지 요소 중 각각 하나, 둘, 셋, 네 가지를 포함하는 메시지를 임의로 하나 선택해서 제시했다. 또한 순서에 따른 편향을 상쇄하기 위해 포괄적 메시지와 스토리가 있는 메시지를 번갈아 가며 보여줬다.

응답자들은 각 메시지를 읽은 후 해당 메시지가 얼마나 몰입되는지 점수를 매겼다. 그런 다음 둘 중 더 흥미진진하고, 재미나고, 기억하기 쉬우며, 설득력 있고, 마음을 사로잡는 메시지를 선택했다.

솔직히 나는 설문조사가 시작된 후 석사 논문 1차 발표 당시로 되돌아간 듯한 초조함을 느꼈다. 우리가 세운 가정이 맞을까? 정말로 이 요소들이 훌륭한 스토리를 만들어줄까?

절대적으로 '그렇다'라는 결과가 나왔을 때는 쾌재를 불렀다. 모든 경우, 심지어 네 가지 요소 중 단 한 가지만 포함되어 있어도, 이들 요소가 전혀 포함되지 않은 메시지보다 좋은 효과를 냈다. 게다가 스토리에 더 많은 요소가 포함될수록 호소력도 커졌다. 두 가지 메시지를 전달받은 응답자 중 63퍼센트는 네 가지 요소를 모두 포함한 스토리가 아무 요소도 포함시키지 않은 스토리보다 더 흥미진진하고, 재미나고, 기억하기 쉬우며, 설득력 있고, 마음을 사로잡는다고 답했다. 반면 아무 요소도 포함시키지 않은 메시지는 익숙한 브랜드 메시지처럼 들린다고 말했다.

우리에게는 매우 고무적인 결과다. 만약 우리가 제이크 스콧을 알고, 400만 달러의 예산이 있고, 최고의 광고 회사며 강아지 트레이너와 온갖 능력자를 고용할 수 있다면 이런 결과가 딱히 중요하지 않을 수도 있다. 다른 사람에게 돈을 주고 나 대신 근사한 스토리를 만들어 달라고 하면 그만이기 때문이다.

하지만 상황이 여의치 않다면 과연 어떻게 해야 슈퍼볼 광고만큼 가치 있는 메시지를 만들어낼 수 있을까?

이제 그 답이 나왔다. 버드와이저의 광고가 그토록 좋은 효과를 낸 것은, 전문가들의 의견이나 우리의 연구 결과에 따르면 다른 무엇도 아닌 스토리 덕분이었다. 그리고 스토리에는 돈이 들지 않는다. 그저 몇 가지 요소만 있으면 된다.

이제 여러분은 스토리의 필수 요소에 대한 간단한 체크리스트를 갖게 되었다. 수백만 달러는 필요 없다. 터무니없는 갈등이나 복잡한 여정도 필요 없다(빌더닷코의 스토리는 아이들과 더 좋은 시간을 보내고 싶어 하는 아버지의 이야기였다). 우리는 그저 캐릭터, 감정, 중요한 순간, 한두 가지의 디테일로 친숙한 느낌만 조성하면 된다. 그러면 63퍼센트의 사람들이 당신의 메시지를 설득력 있게 받아들일 것이다.

이제 우리는 검증을 거친 훌륭한 스토리를 구성하는 핵심 요소를 알게 되었다. 이제 이 요소를 잘 조합하기만 하면 된다. 그 부분 역시 다음 장에서 다룰 것이다. 어렵지 않다.

스텔라 스토리텔링 기본틀

"스토리에는 시작과 중간, 끝이 있습니다." 초등학교 3학년 때 담임 선생님이었던 칼슨 선생님이 교실에서 말하는 목소리가 아직도 들리는 듯하다. 선생님이 내준 과제는 내가 기억하는 최초의 글쓰기 숙제였다. 나는 얼룩말에 관한 글을 썼고 그 노트는 아직도 어딘가에 있을 것이다. 내가 초등학교 3학년 때 배웠던 글쓰기 원리를 아직도 기억할 것이라고 과연 누가 알았을까? 칼슨 선생님은 틀리지 않았다. 모든 스토리는 시작, 중간, 끝으로 구성되어 있고 비즈니스 스토리 역시 마찬가지다. 이 세 단계를 좀 더 명확하게 설명할 수 있는 방법이 있다. 어쨌거나 우리는 초등학교 3학년이 아니다. 이제부터는 이 세 단계를 '기준, 폭발, 새로운 기준'이라고 하자.

스토리를 이런 식으로 설명하는 것을 처음 들은 것은 내가 가장 좋아하는 스토리텔러인 도널드 데이비스Donald Davis와 스토리텔링 워크숍을 갔을 때였다. 그가 이렇게 기초를 놓아주자 나는 그때까지 내가 살아온 스토리와 들어온 스토리가 단번에 모두 이해되는 기분이었다. 그는 스토리텔링과 관련해 내가 늘 마음속으로는 알고 있었으나 어떻게 설명해야 할지 몰랐던 부분을 말로 표현해주었다. 스토리텔링을 향한 과장되고 유치한 러브스토리처럼 들리겠지만 사실이다. 이 간단한 기본틀은 이후 내가 작업하거나 들려준 모든 스토리에 영향을 미쳤다. 여러분에게도 도움이 되기를 바란다.

스텔라 스토리텔링 기본틀Steller storytelling framework을 구성하는 스토리의 세 조각을 하나씩 뜯어서 좀 더 자세히 살펴보자.

기준
〜〜

형편없는 스토리에는 공통점이 하나 있다. 아무도 신경 쓰지 않는다
는 것이다. 아무리 화면이 번쩍거리고, 아무리 막대한 자본을 들이고,
아무리 귀여운 강아지를 데려와도 사람들이 관심을 보이지 않는다.
잠깐 주의를 끌 수 있을지는 몰라도 감정을 이입시키는 데에는 실패
한다. 우리의 행동을 바꾸고 우리를 딴 사람으로 만들 수는 없다. 다행
히 대부분의 경우에는 이런 단절의 근본 원인이 단 하나의 실수로 귀
결된다. 스토리의 첫 번째 조각인 기준을 빠뜨린 것이다.

한 예로 우리가 매일 저녁 소리를 지르지 않고 차분히 뉴스를 볼 수
있는 것은 바로 이 '기준' 때문이다. 뉴스는 보통 스토리의 중간부터
시작한다. 강도 사건, 화재, 자동차 사고 등 모든 사건이 눈물을 쏟을
만한 일이지만, 방송에서는 해당 인물에 관해 무언가(분명한 캐릭터)를
들려줄 시간이 없다. 우리는 사건 속의 인물이 누구인지 모른다. 사건
이 발생하기 전 그 사람들이 어떤 감정을 느끼고 바라고 생각했는지
알 길이 없다. 우리는 그들에 대해 아무것도 모르기 때문에 그들이 겪
은 사건에 특별히 신경 쓰지 않는다.

관객이 관심을 갖고 감정을 이입할 만한 훌륭한 스토리를 들려주려
면 전략적으로 시작하는 것이 중요하다. 기준을 세우는 것이다. 무언
가가 바뀌기 전의 상황은 어떠했는가? 기준을 세울 때는 시간을 들여
서라도 스토리의 핵심 요소를 포함시켜야 한다. 분명한 캐릭터와 그
들의 감정을 소개해야 한다. 그리고 약간의 디테일을 가미한다면, 관
객은 친숙함을 느끼고 이야기 속으로 끌려 들어간다. 관객은 경계심
을 늦추고 캐릭터의 입장이 되어 본다.

기준을 제대로 세웠다면 관객은 이렇게 말할 것이다. "저 사람 어떤 사람인지 알아. 그래, 무슨 얘긴지 알아. 맞아, 왜 저렇게 느끼는지 알겠어." 비행기에 안경을 놓고 내린 사람. 사랑에 빠진 커플. 멋진 프랑스 향수를 꼭 가져야 했던, 장래 미국 대통령이 될 매력적인 젊은이. 기준에 대해서는 이 책의 2부에서 자세하게 다룰 것이므로 지금은 기준이 스토리에서 가장 중요한 부분이라는 사실만 알면 된다. 기준을 세울 때는 스토리의 필수 요소들을 포함시켜야 하고, 관객이 관심을 가져야 할 이유를 제시해야 한다. 대부분의 경우 기준을 제대로 세우지 않기 때문에 스토리가 기억에 남지 않는 것이다.

폭발
~~~

사실 **폭발**이라는 단어는 다소 공격적인 표현이다. 유혈이나 부상, 불기둥 같은 것이 연상되기 때문이다. 하지만 스토리에서 폭발이 반드시 그래야 할 필요는 없다. 스토리의 폭발이란 어떤 해프닝을 의미한다. 큰일일 수도 있고 사소한 일일 수도 있으며, 좋은 일일 수도 있고 나쁜 일일 수도 있다. 가장 중요한 것은 폭발이란 어떤 변화가 일어나는 순간이라는 사실이다. 무언가를 깨달을 수도 있고 결단을 내릴 수도 있다. 아니면 실제로 어떤 사건이 일어날 수도 있다. 어떤 경우든 폭발은 스토리 속 상황이 기준대로 진행되다가 갑자기 달라지는 지점이다. 좋은 변화인지 나쁜 변화인지는 중요하지 않다.

다음의 사항만 기억하고 가자.

- **기준**: 지금의 상태.
- **폭발**: 무슨 일이 벌어진다.
- **새로운 기준**: 상황이 바뀐다.

새로운 기준

마지막 세 번째 단계는 '새로운 기준'이다. 이 지점에서 폭발 이후의 삶이 어떠한지 관객에게 털어놓는다. 내가 지금 무엇을 아는지, 내가 왜 더 현명하고 강해졌는지, 그 결과 나는 어떻게 달라졌는지(혹은 달라지고자 노력 중인지) 들려준다. 그 내용은 어떤 도덕적 교훈일 수 있다. 혹은 고객이 우리 제품이나 서비스를 이용한 후 오래오래 행복하게 살았다는 결말일 수도 있다. 행동에 나서자고 촉구할 수도 있다. 어떤 방식으로 조합했든, 스토리가 단순한 재미뿐만 아니라 메시지를 전달하고 감정을 고취할 수 있는 이유는 바로 이 새로운 기준 때문이다. 비즈니스 스토리가 가치를 갖는 것은 이 새로운 기준 덕분이다.

시작은…

귀여운 강아지와 재능 있는 감독이 있다고 훌륭한 스토리가 보장되지는 않는다. 누가 뭐라고 주장하든, 미션 선언문은 절대 스토리가 될 수 없다. 브랜드도 스토리가 아니다. 마케팅 용어는 스토리가 아니다. 스토리는 복잡할 필요가 없다. 몇몇 캐릭터를 소개하고 특정한 장면을 묘사하면서 구체적인 디테일과 그에 얽힌 감정을 전달한다면 스토리는 분명 성공할 것이다.

그렇다면 어떤 스토리를 사용해야 하는가? 스토리는 무한하다. 어디서부터 시작해야 할까?

비즈니스 현장에서 주로 사용하는 스토리 유형은 네 가지다. 이들 스토리는 회사가 제안하는 제품이나 서비스what 외에도 제안하는 이유why와 방법how을 설명한다. 여러분의 비즈니스에 존재하는 간극이 무엇이든, 이 네 가지 스토리 유형은 그 간극을 잇는 다리가 되어줄 것이다.

훌륭한 스토리를 들려주는 방법을 가장 잘 배울 수 있는 한 가지 비결은 성공한 다른 스토리들을 살펴보는 것이다. 다음에 소개할 네 가지 스토리 유형에는 각각 고유한 캐릭터와 관객, 목적이 있다. 이것들을 한꺼번에 다 만들어야 하는 것은 아니다. 그러나 들려줄 이야기가 무궁무진한 세상에서 이 네 가지 유형의 비즈니스 스토리를 익혀두면 어떤 스토리를 어떻게 들려줘야 할지 결정하는 데 도움 될 것이다.

2부에서는 이에 관해 알아보자.

STORIES

THAT

STICK

팔리는 스토리의
4가지 공식

비즈니스 현장에서 써먹는
전천후 스토리 개발법

4장

가치 스토리 공식
: 스토리로 가치를 증명한다

"마케팅의 핵심은 더 이상 당신이 만드는 물건이 아니라,
당신이 들려주는 이야기다."

세스 고딘 Seth Godin

글로벌 서비스형 소프트웨어 업체 워키바Workiva의 세일즈 팀에는
경쟁 우위가 하나 있었다. 사실상 경쟁자가 '없다'는 우위다.

워키바는 적수가 없을 만큼 고객에게 훌륭한 솔루션을 제시해왔다.
최고 수준의 정확도와 간소함, 효율성으로 〈포천〉지가 선정한 100대
기업들도 쩔쩔매는 작업을 몇 시간 심지어 며칠씩 절약할 수 있는 효
율을 제공했다. 워키바는 기업이 오류를 저질러서 망신당하는 일이
없게 했고, 수백만 달러를 절약해주었으며, 직원들의 삶이 바뀔 수 있
는 솔루션을 제공했다.

그렇다면 누구나 워키바를 환영했을까? 그렇지 않았다.

워키바는 잠재 고객이 '사겠다'고 말할 만큼 충분히 튼튼한 다리를

만들지 못해 고전했다. 워키바가 일을 못해서가 아니었다. 워키바로 플랫폼을 바꾼 기업은 수없이 많았고, 고객 만족도 역시 흠잡을 곳 없이 높았다. 그러나 워키바의 세일즈 팀이 예비 고객들 앞에서 열심히 프레젠테이션을 하고, 그들의 삶을 바꿔줄 온갖 사양을 시연해보인 후에도, 방 안에는 여전히 아무도 감히 입 밖에 내지 못하는 한 가지 문제가 도사리고 있는 경우가 많았다.

변화에 대한 두려움.

워키바의 가장 큰 경쟁 상대는 타 회사, 타 제품이 아니라 '현 상태'였다. 물론 워키바의 플랫폼이 더 효과적이고 효율적일 수도 있다. 그러나 고객들은 인간의 원초적인 본능을 극복하지 못했다. 모르는 구세주보다는 잘 아는 악마가 낫다고 생각하는 본능 말이다.

지금의 소통 방식이 충분하지 않다는 사실을 깨달은 워키바 세일즈 팀은 더 나은 방법을 찾기로 했다. 그 결과, 설명의 중심을 제품의 사양과 장점에서 스토리로 옮겼다.

워키바는 더 많은 자료를 동원하여 주장을 뒷받침하는 대신(사실 지금까지 제공해온 자료만으로도 차고 넘치게 많았다), 고객이 현재 겪고 있는 실질적인 괴로움을 파고드는 스토리를 들려주기로 했다. 비효율과 부정확성이 실제로 어떤 영향을 끼치는지 선명하게 보여주는 스토리였다. 워키바에는 이런 스토리가 많았다. 단지 들려줄 생각을 하지 못했을 뿐이다. 이제는 바뀔 예정이었다.

나는 영광스럽게도 워키바의 우수한 인재들과 함께 일할 기회를 갖게 되었다. 워키바는 스토리를 이용해 그들이 지닌 가치에 숨결을 불어넣어야 했는데, 워키바 세일즈 팀은 그들의 제품 못지않게 놀라운 스토리를 찾아냈다.

그중 한 스토리는 중요 문서의 데이터 일관성을 보장하는 워키바 제품의 특별한 사양이 얼마나 큰 가치가 있는지 잘 보여주었다. 그전에는 수작업으로 끝없이 확인하고 재확인해야 했던 부분이었다. 업무자의 기를 쏙 빼놓고 일에 대한 온갖 열정과 애정을 앗아가는 작업이어서 회계사들이 질색하는 업무였다. 기업 역시 이 작업을 싫어했는데, 적은 비용으로 빠르게 처리할 수 있을 법한 일에 큰돈을 써가며 오랜 시간 검토하고 재확인해야 했기 때문이다.

이런 상황을 고려하면 워키바가 제공하는 솔루션을 선택하는 게 지극히 당연한 결과로 보였다. 그런데 논리만으로는 그 당연한 선택을 내리게 할 수 없었다. 그래서 워키바 세일즈 팀은 스토리를 들려주는 법을 배웠다.

스토리의 주인공은 투자자 관리 담당 임원이었던 한 고객이었다. 배불뚝이 중년으로 영원히 살고 싶지 않았던 이 고객은 체력 단련에 집중하기로 했다. 체력 단련도 그냥 체력 단련이 아니었다. 목표 지향적인 이 임원은 철인 3종 경기에 도전했다.

우와, 철인 3종 경기. 얼핏 비슷한 것처럼 보이는 마라톤은 달리기만 하면 되지만 철인 3종 경기는 그야말로 체력 단련의 끝판왕이다. 수영, 사이클, 달리기 세 가지 운동 모두 각각의 준비와 장비, 계획이 필요하다. 철인 3종 경기에 도전하겠다고 마음먹는 것 자체가 어마어마한 각오다. 단순한 취미를 넘어 사실상 '부업'에 뛰는 것이나 마찬가지다. 월급은 없지만 이득은 어마어마한 부업 말이다(더불어 마음껏 뽐내도 되는 권리가 생긴다).

그 임원은 이 점을 잘 알고 있었고, 두려워 하지 않았다. 그는 끝내주는 자전거와 선수용 운동화를 구입한 후 올림픽 규정 크기의 수영장이 있는 고급 체육관에 등록했다. 그는 자료 보고가 주업무인 만큼 운동도 꼼꼼하게 관리했다. 엑셀 시트에 수영한 시간과 달린 거리, 사이클을 탄 거리를 모두 기록해나갔다. 지극히 세심한 관리였다. 출근 전 체육관에 들러 수영을 했고, 퇴근 후에는 달리기나 사이클을 했다.

그러다가 분기 마감 시즌이 되었다. 이 임원은 다른 팀에서 재무 자료를 받아 본인의 파워포인트 문서와 보고서에 합치는 작업을 책임지고 있었다. 그는 분기마다 함께 보고를 해야 하는 다른 팀과 미팅을 가졌다. 그들은 회의실에 모여 꼼꼼하게 숫자를 업데이트하며 의심의 여지가 없을 때까지 확인했고, 자료가 정확한지 마지막 순간까지 확인하고 또 확인했다.

물론 고정 업무는 따로 있었기에 이런 재무 자료 확인 미팅은 업무 시간 시작 전(수영은 글렀다)이나 끝난 후(사이클과 달리기도 안녕)에 가져야만 했다. 그가 아무리 노력하고 엑셀 시트를 완벽히 정리해도 자전거는 거치대에 그대로 놓여 있었고 수영복은 차 안에 남겨졌다. 그는 운동 대신 형광등 불빛으로 가득한 회의실에 앉아 재무 보고 팀과 미팅을 반복해야 했다.

안타깝게도 그는 그사이 운동을 너무 많이 빼먹었고 이를 만회할 시간도 부족했기 때문에 그토록 출전하고 싶었던 철인 3종 경기를 포기할 수밖에 없었다. 상심하고 좌절한 그는 자신의 목표 달성에 필요한 시간을 확보할 날이 과연 오기는 할지 의심스러웠다.

이 모든 상황이 달라진 것은 그의 회사가 워키바 플랫폼을 쓰기 시작하면서였다. 이제 그의 보고서와 파워포인트 문서는 보고 팀의 자료와 연동되었다. 즉, 언제든 숫자가 바뀔 때마다 그의 보고서도 자동으로 업데이트되었다. 더 이상 확인하고 재확인하고 또 확인할 필요가 없었다. 업무 전 미팅도, 일과 후 미팅도 더 이상 필요하지 않았다. 가장 중요한 점은 더 이상 데이터의 일치 여부를 확인하느라 스트레스받을 필요가 없다는 사실이었다. 숫자는 언제나 일치했다. 숫자는 저절로 업데이트되었고, 수작업으로 확인할 때보다 정확했다.

그 결과 회사는 투자자 보고를 더 잘하게 되었고, 직원 만족도도 높아졌다. 비효율적인 일에 시간을 낭비하고 싶은 직원이 어디 있을까? 보고 팀은 숫자를 확인하고 또 확인하느라 시간을 낭비할 필요가 없었고, 이제 우리의 임원은 출근 전 혹은 퇴근 후 본인의 소중한 시간을 수영과 사이클, 달리기에 쓸 수 있게 되었다. 그의 뱃살이 사라지기 시작했다.

분기가 두 번 더 지나고, 이 임원은 처음으로 철인 3종 경기를 완주했다. 보고 팀 직원들도 그 자리에 와서 함께 응원해주었다.

워키바의 프레젠테이션 자료에 들어간 이 스토리는 감격적인 순간을 선사했다. 회의 중 잠시 딴생각을 하던 고객에게도, 발표하는 워키바 세일즈 팀에게도 이전에는 대충 넘어갔던 부분이 이제는 매력적이고, 재미있고, (훨씬) 중요한 순간으로 변했다. 워키바의 솔루션이 실적이나 신뢰는 물론이고, 조직의 구성원에게도 얼마나 큰 가치를 전달하는지 완벽하게 보여주는 스토리였다.

'가치'를 전달하는 스토리

비즈니스에서 첫 번째 간극은 바로 가치의 간극이다.

문제와 해결책의 가치 사이에 놓인 간극.

고객이 느끼는 가치와 제품 사이에 놓인 간극.

업종을 불문하고 마케터와 세일즈맨이 메워야 할 가장 중요한 간극은 내가 제공하는 무언가와 그것을 필요로 하는 사람(필요하다는 사실을 알든 모르든) 사이의 간극이다. 바이어의 주의를 사로잡고, '맞아, 이게 바로 해결책이야'라는 생각을 하도록 설득해서, 마침내 그들을 반복적인 사용자, 고객, 바이어, 추종자로 탈바꿈시켜야 한다. 세일즈와 마케팅에서는 가치 스토리가 왕이다. 그리고 가치 스토리의 가치는 인간의 보편적인 심리에서 시작된다.

정보를 제공하고 싶은 유혹

워키바가 마주한 도전(실은 우리 모두가 직면하는 도전)은 사양이나 기능, 능력, 최신 기술 같은 것으로 그 간극을 메우고 싶은 유혹에 저항하는 일이었다. 가치의 간극을 잇는 과정을 더 복잡하게 만들기만 하는 그 유혹에서 자유로운 사람은 아무도 없다. 동네 젤라토 가게조차 그렇다.

얼마 전 우리 가족은 해변으로 휴가를 갔다. 해변에 도착했으니 우리도 당연히 저녁을 먹으러 가다가 젤라토 가게에 들렀다. 전에도 자주 갔던 곳으로, 늘 사람이 넘쳐서 문 앞 거리까지 손님들이 줄을 서서 기다리곤 했다. 그런데 마냥 신나고 정신없는 여름휴가를 보내는 와중에도 이곳에서는 살짝 다른 분위기를 감지할 수 있었다. 사람들이 뭔가 불안하고 짜증 난 것처럼 보였다. 자녀에게 딱딱하게 말하는 부모가 많았다. 주문 줄이 줄어들고 마침내 우리 차례가 되었을 때, 나는 비로소 그 이유를 알게 되었다.

젤라토 가게라면 으레 알록달록한 색색 가지 아이스크림을 나란히 진열해놓고 그 위에는 과일 조각이나 초콜릿, 사탕 같은 것으로 장식해둔다. 그런데 이곳에는 동그란 금속 뚜껑이 두 줄로 늘어서 있을 뿐이었다. 부디 그 안에 젤라토가 들어 있기를 바랄 수밖에 없었다. "갈색이요", "분홍색이요", "연두색에 피스타치오 크럼블이요"라고 말하며 맛을 고르는 사치는 누릴 수 없었고, 젤라토를 퍼주는 직원 뒤에 붙어 있는 메뉴판의 글씨를 읽는 수밖에 없었다.

알록달록한 색깔과 과일을 훑어보며 가장 맛있어 보이는 젤라토를 고르기는 쉽다. 그러나 메뉴판에 적힌 젤라토 이름을 읽으며 머릿속으로 각각을 비교하고 어느 것이 가장 맛있을지 논리적으로 가늠하는 일은 쉽지 않다.

부모들은 글을 모르는 자녀에게 젤라토 종류를 읽어주어야 했을 뿐 아니라 젤라토 이름을 계속 반복해서 말해야 했다. 세상에 어느 아이가 15가지 맛을 머릿속으로 가늠할 수 있단 말인가? 이건 정말 예삿일이 아니었다. 가게에 있던 5분 동안 나는 짜증 난 부모가 자녀에게 빨리 고르지 않으면 아무것도 사주지 않겠다고 협박하는 장면을 세 번이나 목격했다(어쩌면 나도 그중 한 명이었을지도 모른다).

정보를 더 많이 제공하면 합리적 결정을 더 쉽게 내릴 수 있을 것처럼 보이겠지만, 실제로는 그렇지 않다. 오히려 '이거야!'라고 쉽게 결정할 수 있었던 사항을 미궁 속에 빠뜨려버리는 경우가 많다. 소비자가 더 많은 데이터나 세부 사항이나 논리적 설명을 기대하는 경우도 있지만, 우리의 목표가 제품의 가치를 설득하는 일이라면 이런저런 팩트는 도움이 아니라 오히려 방해가 될 수도 있다. 왜냐? 필요 이상, 혹은 원하는 것 이상으로 뇌를 더 피곤하게 만들기 때문이다.

뇌의 2가지 시스템

2002년 노벨 경제학상을 수상한 대니얼 카너먼Daniel Kahneman은 〈뉴욕 타임스〉 선정 베스트셀러 《생각에 관한 생각》에서 그가 시스템 1과 시스템 2라고 부르는 뇌의 두 가지 시스템을 자세하게 다룬다.

시스템 1은 "내가 직접 제어한다는 느낌 없이 노력을 거의 들이지 않고 무의식적으로 빠르게 작동한다."[1] "2 더하기 2는?" 같은 질문에 무의식적으로 답하는 경우는 시스템 1에 속한다. 천둥소리나 비행기 소리가 들릴 때 땅이 아니라 하늘을 봐야 한다는 사실을 아는 것은 시스템 1 덕분이다. 시스템 1은 우리가 평생에 걸쳐 수집한 정보를 바탕으로 큰 노력을 들이지 않고 즉각 정보를 받아들여서 소화하고 판단하게 해준다. 가끔 틀릴 때도 있을까? 물론이다. 예를 들어 모세는 각 동물을 몇 마리씩 방주로 데려갔을까? 시스템 1은 '둘'이라고 답한다. 물론 틀린 답이다. 모세는 바다를 가르는 일에 열심이었고, 방주를 만든 것은 노아다.

이때 개입하는 게 시스템 2다. 시스템 2는 "복잡한 계산을 포함해 노력이 필요한 정신 활동에 주의력을 할당한다. 시스템 2의 작동은 종종 활동, 선택, 집중과 같은 주관적 경험과 관련된다."[2] 휴우. 이걸 읽기만 해도 벌써 지친다면 여러분의 시스템 2가 작동하고 있다는 의미다. 시스템 2는 집중과 노력을 필요로 한다. 시스템 2는 새로운 정보를 처리한다. 시스템 1이 현재 다루고 있는 문제가 너무 복잡하다고 판단하면 시스템 2가 개입한다.

간단히 말해서 시스템 1의 특징은 인지적 편안함이고, 시스템 2의 특징은 인지적 부담이다.

이 문장을 다시 읽어보라. '인지적 편안함 대 인지적 부담.'

워키바의 경우처럼 우리 회사 제품의 가치가 명백하다면, 우리가 제공하는 서비스나 물건이 고객에게 확실히 도움이 되고 선택을 내리는 데 크게 고민할 이유가 없다면, 대체 왜 시스템 2를 발동시켜 인지적 부담을 유발하려고 하는가?!

시스템 2를 발동시키는 전략은 자칫 고객의 근사한 경험을 망쳐버릴 수 있다. 그 운명의 날 젤라토 가게에서 내가 깨우치게 된 교훈처럼 말이다. 그날의 무지막지한 시스템 2 난입 사건이 남긴 유일한 위안은 카너먼의 책에서 인지적 편안함에 관한 부분을 읽은 지 얼마 되지 않았던 내가 무슨 일이 벌어진 것인지 즉각 알았다는 점뿐이다. 나는 여러 브랜드나 기업 혹은 사업가들이 고객을 시스템 1에 남겨두는 게 얼마나 중요한지 직접 경험했다.

카너먼은 설득력 있는 메시지를 만들어내는 것에 대해 다음과 같이 말했다. "크게 보면, 인지 부담을 줄여줄 수 있는 방법은 뭐든 다 도움이 된다."[3] 여러분이 준비한 메시지가 진실이더라도 관객이 시스템 1만으로 그 메시지를 받아들이지 못한다면 시스템 2를 소환할 것이다. 그 결과 시스템 2가 개입하면 인지 부담이 발생하고, 뒤이어 좌절과 불안이 따라올 가능성이 크다.

설명 목록은 시스템 2를 소환한다.

목차 번호는 시스템 2를 소환한다.

가격 비교는 시스템 2를 소환한다.

제품 사양은 시스템 2를 소환한다.

추가 옵션은 시스템 2를 소환한다.

물론 젤라토 가게의 경우, 가치 스토리냐 아니냐가 중요한 것은 아니었다. 여러분이 하는 일이 간식 사업이든, 호화 부동산 사업이든, 의료품 판매 사업이든, 내 제품의 가치를 전달할 때는 다음의 둘 중 하나를 택할 수 있다. 논리냐 상식이냐. 부담이냐 편안함이냐. 정보냐 스토리냐.

가치 스토리는 시스템 1을 완벽하게 작동시킨다. '흐름을 따라가면서 스토리를 있는 그대로 받아들이고, 시스템 2를 귀찮게 하지 않는다'. 시스템 2는 사람을 지치고 짜증나게 만드는 경향이 있다. 스토리는 시스템 1이 사랑하는 언어다. 가치 스토리는 팩트fact의 편에 서 있는 여러분의 고객과 이해관계자를 감정의 편으로 데려올 수 있는 완벽한 다리다. 밴더빌트대학교의 마케팅 연구자 제니퍼 에디슨 에스칼라Jeniffer Edison Escala는 메시지가 스토리의 형식으로 전달될 때 관객이 더 긍정적으로 반응하고 더 쉽게 아이디어를 받아들인다는 사실을 발견했다.[4] 스토리는 우리가 제안하는 내용을 뇌가 단순히 수용하는 것을 넘어서 마음을 더 열게 한다.

예를 들어 비행기에서 착륙 전의 신용카드 광고 시간을 경험해본 적이 있는가? 나는 비행기를 많이 타는 편인데, 매번 착륙 시간을 40분쯤 남겨두면 승무원이 '이번 비행 편에만 있는 특전'을 소개한다. 항공사와 연계된 신용카드를 홍보하는 시간이다. 승무원은 이자율이며 연회비, 수하물 혜택, 마일리지 혜택(보통 6만 마일을 주는데 이것으로 이런저런 일을 할 수 있다)을 읊어준다. 얼마 전 댈러스에서 올랜도로 가는 비행기 안이었다. 신용카드 광고 시간에 기내를 둘러보았더니 귀를 기울이기는커녕 고개를 든 사람조차 없었다.

승무원의 광고가 끝나면 나는 종종 일어나서 마이크를 넘겨달라고 부탁하고 싶은 충동을 느낀다. 일전에 그런 신용카드를 발급받은 적이 있는데 수하물 무료 추가 외에도 혜택이 아주 많았기 때문이다.

나라면 동료 승객들에게 남편과 유럽 여행을 갔을 때 이 신용카드 덕분에 비즈니스석으로 깜짝 업그레이드를 할 수 있었다는 스토리를 들려줄 것이다. 비행기에 올랐을 때 승무원이 남편에게 좌석을 안내해주었는데, 유선형 의자가 뒤로 완전히 젖혀지던 그 순간은 절대로 잊지 못할 것이다. 마이클은 믿기지 않는다는 듯한 얼굴로 나를 쳐다봤다. 우리는 그렇게 호화로운 비행을 해본 적이 한 번도 없었는데, 남편을 깜짝 놀라게 할 수 있다는 기쁨은 돈으로도 살 수 없는 것이었다. 그 신용카드와 추가 마일리지 혜택 덕분에 우리는 소중한 추억을 얻었고 잊지 못할 휴가는 더 근사한 시간이 되었다.

사람들이 이 스토리를 들었다면, 혹은 아무 스토리라도 들었다면, 항공사가 제안하는 상품에 마음을 열고 더 쉽게 '가입하겠다'고 말하며 등록했을까? 내 생각은 '그렇다'다. 사람들에게 스토리를 들려주었다면 그들은 고개를 들어 승무원을 바라보았을 것이다. 그 속에 캐릭터와 감정과 디테일이 있었다면 사람들은 자기 자신이나 사랑하는 사람이 같은 상황에 놓인 모습을 상상해보았을 것이다. 비행기에 발을 내딛는 순간처럼 중요한 순간이 있었다면 사람들은 **공동 창조 과정에**

참여했을 것이다. 그리고 이런 요소들이 '기준 – 폭발 – 새로운 기준'이라는 기본틀로 배치되었다면 스토리가 끝날 때쯤 모든 승객들은 승무원이 판매하는 상품을 거부하지 못하고 너도 나도 벨을 눌러대며 승무원을 찾았을 것이다.

제품에 담긴
진짜 가치

판매에 성공하지 못했거나 마케팅 메시지가 구매로 이어지지 않았다면, 제품의 진정한 가치를 놓친 것이 아닌지 살펴볼 필요가 있다. 메시지가 제품의 진정한 가치에 한참 미치지 못할 수 있다. 예를 들어 체중 감량 프로그램은 우리가 구입하는 다이어트 식품이나 고용해야 하는 트레이너보다 훨씬 큰 가치를 가진다. 체중 감량 프로그램의 진정한 가치는 새로운 자신감, 시들어버린 열정의 부활, 내가 좋아하는 일에 매진하게 해주는 에너지의 제공에 있다.

최신 원격 의료장비의 가치는 해당 장비를 구비하는 데 드는 비용보다 훨씬 크다. 최신 원격 의료장비의 진정한 가치는 오지에 살고 있는 자녀에게 응급 상황이 생겼는데, 최고 수준의 의사가 마치 현장에 있는 것처럼 도와줄 수 있어서 아이가 목숨을 구했을 때 가족이 느끼는 기쁨과 안도감에 있다.

클라우드 기반 IT 솔루션의 가치는 월 이용료 이상의 것이다. 이러한 솔루션의 진정한 가치는 기술로 인한 업무시간 단축에 그치지 않는다. 워키바와 같은 클라우드 기반 시스템의 가치는 그렇게 절약된 시간으로 사람들이 무얼 하는가로 측정된다. 철인 3종 경기에 참가하고, 자녀의 야구 경기를 관람하고, 꿈을 실현하는 것처럼 말이다.

여러분이 기업을 대표하거나 어떤 제품이나 서비스를 만들어낸 적이 있다면, 그 뛰어난 제품을 세상에 전파하고 싶은 열정이 있다면, 아마도 이렇게 말했거나 적어도 생각은 해보았을 것이다. "그래, 이게 바로 (제품이나 서비스 이름)야. 이건 X, Y, Z를 할 수 있지. 하지만 그보다 훨씬 큰 가치가 있어." 문제는 흔히 그 뒤에 더 많은 단어나 정보를 덧붙여서 그런 생각을 정당화하려고 한다는 점이다. 이런 상황에서 정말로 필요한 것은 가치와 유용성을 잘 보여줄 '가치 스토리'인데 말이다.

이렇게 '훨씬 더 큰 가치'를 가장 멋지게 보여주었던 것은 아마도 2014년 명절 시즌에 애플이 선보였던 〈오해Misunderstood〉라는 광고일 것이다. 광고는 감미로운 크리스마스 음악으로 시작한다. 따분한 겨울날 가족들이 차에 빽빽하게 나눠 탄다. 눈 쌓인 도로에 차를 세우고 할아버지, 할머니의 집으로 들어가 오랜만에 만난 친척들과 다정한 인사를 나눈다. 불안정해 보이는 10대 소년까지, 크리스마스 명절의 전형적인 가족 모습이다. 헝클어진 머리의 소년은 가족 모임에는 별 관심이 없는 듯하다. 소년은 무슨 일을 하든 항상 아이폰을 들고 있다. 할아버지와 포옹할 때, 눈밭에 대자로 드러누워 장난을 칠 때, 쿠키를 구울 때도 아이폰을 들고 있다. 소년은 어떤 상황에도 자신의 아이폰 외에는 큰 관심이 없는 듯하다.

크리스마스 아침이 밝았다. 거실에 가족들이 가득 모이면 파자마를 입은 채로 선물 개봉이 시작된다. 크리스마스 트리의 불이 켜지고, 거실에서는 웃음꽃이 피어난다. 헝클어진 머리의 불안정해 보이는 소년이 갑자기 일어서더니 텔레비전을 켠다. 다들 어리둥절해하며 거실이 조용해진다. 소년이 텔레비전을 향해 아이폰을 쓱 밀자 순식간에 지난 며칠간의 모습이 화면 가득 슬라이드쇼로 펼쳐진다.

소년은 게임이나 SNS 때문에 아이폰에 빠져 있었던 게 아니다. 아름다운 추억을 가족들에게 선물하기 위해 그들의 모습을 기록하고 있었던 것이다. 서로 사랑하고 행복을 나누는 모습이 화면을 스쳐 지나간다. 눈싸움을 하고 미소 짓는 그 모든 순간이 앞으로도 오랫동안 꺼내볼 수 있도록 보존되어 있다. 영상을 보고 감사한 마음이 벅차오른 가족들은 미소 지으며 행복한 눈물을 흘린다. 영상이 끝나자 가족들은 앞다퉈 소년을 끌어당기며 꼭 안아준다.

나는 이 장면을 볼 때마다 눈물이 난다. 이 포옹이야말로 수많은 사양을 나열해놓은 목록보다 더 많은 의미를 전달한다. 우리 모두와 마찬가지로, 애플에게도 선택의 여지가 있었다. 애플은 휴대전화의 사양에 집중할 수도 있었다. 만약 그랬다면 어떤 광고가 탄생했을지 상상이 갈 것이다. 왜냐하면 애플도 그런 광고를 내보낸 적이 있기 때문이다.

듣기 좋은 남자의 목소리가 "내 손 안의 모든 것"이라고 말하며 아이폰으로 동영상을 촬영할 수 있다고 직접적으로 알려주었다. 전문적인 편집도 가능하고, 뛰어난 카메라 기술 덕분에 고화질의 사진을 찍을 수 있고, 애초에 이렇게 영상을 저장할 수 있는 것은 저장 공간이 지나칠 정도로 크기 때문이라고 했다. 화면 속 아이폰은 흰색 배경에서 다양한 점프 숏을 선보이며 해당 사양을 실제로 사용하면 어떤 모습이 되는지 보여주었다. 분명 근사한 광고였지만 과연 이 광고가 스토리를 포함한 광고의 몇 분의 일만큼이라도 효과가 있었을지는 의문이다.

하지만 애플이 사양 소개 대신 스토리를 들려주기로 결정했기 때문에 우리는 이 제품이 일상에서 실제로 어떤 의미를 가지는지 알 수 있었다. 아이폰은 우리를 화합하게 했다. 우리가 소중히 간직할 순간을 창조해낼 수 있었다.

물론 모든 사람이 이 광고를 좋아하지는 않았다. 2014년 에미상 시상식에서 애플이 최고 광고상을 수상하자, 사람들은 이 광고에 빠진 것을 언급하기 바빴다. 제품 사양에 충분한 관심을 기울이지 않았다, 영상은 어느 스마트폰이나 찍을 수 있다 등등의 지적이었는데 오늘날 마케팅의 문제점이 무엇인지 정확히 보여주는 말들이었다.

스티브 잡스Steve Jobs의 광고 회사에서 광고 제작 감독을 지냈던 켄 시걸Ken Segall은 다음과 같이 말했다. "수천만 명의 사람이 이 광고를 본 후 가던 길을 멈추고 눈물을 닦았다. 그들은 애플에 좀 더 애착이 생겼을 것이다. 그게 바로 이 광고의 마케팅 목적이다."[5]

여기서 "가던 길을 멈추고", "눈물을 닦았다", "애플에 좀 더 애착이 생겼다"와 같은 핵심 어구에 주목하기 바란다. 이 광고가 방영될 당시 애플은 U2 앨범 사태로 약간의 역풍을 맞고 있었다. 애플은 주의 끌기와 바꿔놓기라는 요소에 크게 비중을 둔 다리를 건설해야 했다. 영향력 측면을 너무 강조하면 오히려 더 곤란해질 수도 있었다. 애플은 10대 소년과 한 가족의 진심어린 스토리 속에 제품 사양을 담아냄으로써 사람들의 심금을 완벽하게 울렸다.

시걸은 이렇게 결론지었다. "반응은 온통 극찬이었다. … (이 광고는) 그동안 애플이 소통해온 가치와 완벽히 일치했다. 중요한 것은 기술이 아니라 삶의 질이다."[6]

사람들은 물건을 사는 것이 아니다. 사람들은 그 물건이 나에게 해주는 것을 산다.

사람들의 지갑을 열고 싶다면 스토리를 들려줘야 한다.

그게 바로 '가치 스토리'다.

진짜 문제를 포착하는
방법

나도 〈오해〉 광고를 좋아하지만, 이건 애플 광고다. 여러분은 어떨지 몰라도 비즈니스 관련 서적과 온라인 잡지를 많이 읽는 나로서는 끝없이 애플의 예를 드는 일이 이제는 좀 지겹다. 그래, 전 세계에서 가장 큰 회사 중 하나인 애플. 애플이라면 제대로 했겠지. 그렇지만 우리가 애플이 아니라면? 무한정한 자원을 갖고 있지 않고, 잘나가는 광고 회사들이 가치 스토리를 기꺼이 만들어주겠다고 앞다퉈 달려오는 상황도 아니라면? 그렇다면 우리는 어떻게 해야 할까? 어떻게 해야 더 이상 사양에 초점을 맞추지 않고, 그 사양이 해결해주는 문제에 관한 스토리로 옮겨갈 수 있을까?

첼시 숄츠Chelsea Scholz는 바로 이 질문에 답해야 했다. 다른 선택이 없었기 때문이다.

2016년 언바운스Unbounce에서 광고 전략가로 활동하던 첼시는 두 가지 딜레마에 빠졌다. 언바운스는 디지털 마케팅 담당자들이 웹사이트 전환율* 및 광고 전환율**을 높일 수 있도록 도와주는 웹 기반의 각종 툴을 제공하는 회사였다. 쉽게 말해서 언바운스는 사람들이 회사의 웹사이트를 방문했을 때 이메일로 회원 가입을 하거나 물건을 구매하거나 제품을 시도해보는 것과 같은 행동을 더 많이 하도록 돕는 회사였다. 온라인 이용자가 '전환'되면, 그러니까 어떤 행동을 취하면, 온라인 공간에서 아이쇼핑만 하던 사람이 이제 우리 회사와 '실질적' 관계를 맺게 된다.

전환율은 매우 중요하다. 전환율 추적이 어려운 것으로 악명 높은 슈퍼볼 광고와는 달리, 웹사이트 전환율은 만족스러울 정도로 측정이 가능하다. 논란이 많은 현상이기는 하지만, 대부분의 웹사이트 방문자는 자신의 인적 사항이나 이용 행태부터 쇼핑 습관과 책 취향에 이르기까지 수많은 정보를 끌고 들어온다. 이러한 자료는 온라인 마케터에게 산소나 다름없다. 모든 방문자를 추적할 수 있고, 그들의 모든 행동이 기록되며, 모든 판매의 기원을 찾아낼 수 있다. 온라인 마케팅처럼 정량화 가능한 마케팅은 없을 것이다.

하지만 바로 이런 강점이 아킬레스건이 될 수도 있다. 시간이 흐르면서 수많은 온라인 기업들은 데이터에 집착하게 되었고 그 데이터 뒤에 진짜 인간이 있다는 사실을 잊어버리고 말았다. 이것이 첼시의 첫 번째 딜레마였다. 첼시는 이렇게 말했다. "언바운스는 지난 18개월 동안 데이터에 크게 휘둘리고 있었습니다. 우리가 만들어낸 모든 것은 KPI(핵심성과지표)와 목표치를 따랐죠. 사람과 대화를 나누는 대신 사람을 앞에 두고 혼자 떠드는 세상에 들어간 것만 같았습니다."

언바운스만의 문제는 아니었다. 마케팅계 전반에 이러한 경향이 만연했고, 2015년 9월 나도 의도치 않게 이 딜레마와 마주치고 말았다.

---

* 웹사이트 방문자가 제품을 구매하거나 회원 가입을 하는 등 기업이 의도한 행동을 하는 비율.
** 광고를 본 사람이 광고주가 원하는 행동을 하는 비율.

처음으로 온라인 마케팅 콘퍼런스에서 강연했을 때였다.

온라인 광고, 콘텐츠 마케팅, 검색 엔진 최적화 분야의 가장 뛰어난 인재 약 350명이 모인 그 자리는 이틀 동안 한 분야만을 다루는 콘퍼런스였다. 지극히 기술적인 기조연설로 가득했는데, 여러분에게 설명하기도 힘들 정도로 전문적인 내용이었다. 발표자들이 페르소나와 리타게팅retargeting*에 관해 이야기했던 것이 기억난다. … 이후로는 나도 무슨 소리인지 따라가기 힘들었다. 실은 무슨 말인지 도통 알 수가 없어서 호텔 방으로 돌아온 나는 주최 측에 집안에 큰일이 생겨 발표를 못 할 것 같다고 말할까 고민했다. 도망치고 싶은 욕구가 더 강해진 것은 첫날 마지막 순서로 주최 측이 모든 발표자를 무대 위로 불러 디지털 기기를 하나씩 나눠줬을 때였다. 우리는 무대 위에 일렬로 서 있었고 내 차례가 됐을 때 나는 사람과 스토리에 관해 뭐라 웅얼거렸다. 실내가 일시에 조용해졌고 350쌍의 눈이 나를 뚫어져라 보다가 서로를 향했다. 마치 모든 사람이 '대체 무슨 소리야?'라고 묻는 듯했다.

그 어색한 장면이 모두 내 상상이라고 말할 수 있다면 나도 정말 좋겠다. 솔직히 내가 바라는 바이기도 했다. 하지만 그게 현실이었다는 걸 첫날의 마지막을 장식한 사교 행사에서 마음씨 좋은 몇몇 참석자에게 확인받았다. "아… 괜찮으실 거예요." 그들은 하와이안 바비큐 샌드위치를 사이에 두고 나를 위로했다.

다음 날 아침, 나는 공포를 직시하고 강연을 하기로 마음먹었다. 그리고 전날 밤 사람들이 마신 술의 양을 생각해봤을 때 오프닝 강연에는 참석자가 많지 않을 것이라고 판단했다.

---

* 사용자의 검색 이력이나 방문 경로 등을 바탕으로 맞춤식 광고를 내보내는 것.

내 판단은 틀렸다.

9시 정각, 강의실은 사람으로 가득 찼다. 어쨌거나 이 학회에 참석하기 위해 큰돈을 지불한 사람들이었다. 아니면 고속도로에서 사고 현장을 지나갈 때처럼 내가 어떤 식으로 사고를 치는지 직접 보고 싶었는지도 모른다. 어느 쪽이든 나는 할 일을 해야 했다. 그래서 나는 온라인 마케팅 전문가들에게 스토리를 하나 들려줬다. 그리고 스토리텔링의 기술에 관해 알려줬다. 나도 놀랐지만, "이날 행사에서 스토리텔러가 최고의 기조연설자일 것이라고 누가 상상이나 했을까?!"라고 트윗을 올린 사람처럼 다른 사람들 역시 놀란 모양이었다. 내 강연은 참석할 가치가 충분한 시간인 것으로 밝혀졌다.

이것은 다 나의 뛰어난 강연 기술 덕분이라고 말하고 싶은 마음이 굴뚝같지만, 나는 훨씬 더 큰 무언가가 작용했음을 알고 있다. 학회 참석자들은 뛰어난 인재였기 때문에 본인 분야의 일은 아주 잘했다. 하지만 데이터의 양이 증가하고 각종 지표의 추적이 쉬워지면서 온갖 것을 분석하는 데 쉽게 매몰되었고, 그 과정에서 지표 너머에는 사람이 있다는 사실을 잊고 말았다.

고객은 어려움을 겪고 있다.

고객은 우리가 그의 문제를 해결해주길 바라고 있다.

고객은 자신을 매료시키고, 옳은 해결책을 약속하고, 자신을 추종자로 바꿔놓을 스토리를 필요로 한다.

나는 2015년 9월의 그 행사를 시작으로 수많은 온라인 마케팅 행사에서 프레젠테이션을 하게 됐다. 그리고 지표라는 것도 분명히 의미가 있는 만큼 강연자 후보 리스트의 상단에 오르게 된 일이 말도 못할 정도로 기뻤다. 몇 번의 온라인 마케팅 콘퍼런스를 더 하고 나서 당시에는 미처 몰랐지만, 나는 언바운스의 첼시와 마주쳤다.

첼시는 언바운스의 마케팅이 점점 더 걱정되었다. 이것이 첫 번째 딜레마였다. 운명이란 참 아이러니해서, 첼시는 기존 고객에게 '언바운스 컨버터블Unbounce Convertables'이라는 신제품을 소개하는 영상을 제작하는 업무를 맡았다.

언바운스 컨버터블은 언바운스의 랜딩 페이지landing-page를 제작하는 소프트웨어 내에 있는 툴로, 온라인 마케팅 담당자가 프로그래머에게 따로 부탁하지 않아도 각종 전환율 제고 툴을 만들고 실험할 수 있게 해주었다. 기술적인 지식이 전혀 없는 사람도 몇 초만에 온라인 전환율 제고 툴을 마음껏 바꾸고 그 결과를 측정할 수 있었다. 프로그래머는 필요 없었다. 21세기에 자신의 비즈니스를 성장시키고 싶은 모든 사람에게 이 툴은 마법과도 같았다.

언바운스 컨버터블은 수많은 이점이 있는 강력한 툴이었다. 그런데 문제가 하나 있었다. 언바운스는 이 제품이 '정확히' 어떤 것인지는 아직 밝히고 싶지 않았다. 출시 전까지 세부 사항을 비밀에 부치고 싶었다. 이것이 바로 두 번째 딜레마였다.

첼시는 난감했다. 대체 요점을 이야기하지 않고 무슨 수로 요점을 전달한단 말인가? 제품을 보여주지 않으면서 어떻게 제품을 소개한단 말인가? 그러나 첼시는 문제점과 해결책을 모두 의도치 않은 방식으로 발견했다. 특히나 해결책은 누구나 쓸 수 있는 방법이었다. 제품에 관해 이야기할 수 없고 아무에게도 제품을 보여줄 수 없다면, 고객에게 어떤 말을 할 것인가?

바로 이런 식으로 생각하기 시작하는 순간, 모든 것이 바뀐다.

제품은 잊어라,
무엇이 문제인가?

제품을 일단 잊으라는 말이 처음 접하는 사람에게는 엉뚱하게 느껴질 수도 있다. 그러나 이런 식으로 접근하면 중요한 한 가지를 얻을 수 있다. 어쩔 수 없이 고객에게 집중하게 만드는 것이다. 제품에 관해 이야기할 수 없을 때 남는 건 무엇일까? 정답은 **그것을 사용하는 사람들**이다.

우리 제품을 사용할 가능성이 있는 사람에는 기존 고객과 미래 고객이 있을 것이다. 이들은 데이터가 아니라 사람이다. 그렇다면 이들은 스토리에 반응할 것이다. 첼시는 딜레마와 씨름하면서 바로 이 점을 발견했다. 제품에 관해 들려줄 수 없었기 때문에 사람 말고는 들려줄 수 있는 게 없었다. 한동안 고객에게 집중하고 나니 선명해지는 것이 있었다. 바로 고객이 지닌 '문제점'이었다. 한참을 오락가락하며 별다른 성과를 내지 못하던 첼시는 마침내 돌파구를 찾아냈다.

첼시는 이렇게 말했다. "번뜩 이런 생각이 들더라고요. 고객들이 마케팅을 하면서 겪는 괴로움에 관해 한번 이야기해보자. 그 괴로움에 관해 기가 막힌 스토리를 들려주자. 우리가 하는 모든 일에는 사람들이 공감할 수 있는 스토리가 필요하다는 사실을 깨달았어요. 그렇지 않다면 우리는 그저 사이보그나 메아리를 상대로 떠들고 있는 거겠죠."

첼시는 메시지를 전달해야 하는 상황에 놓였고 그녀를 구원해줄 수 있는 것은 오직 가치 스토리뿐이었다. 정반대로 행동하고 싶은 유혹이 어마어마하게 컸지만, 첼시는 이제 고객으로 초점을 옮겼다. 이렇게 한다고 해서 첼시의 일이 조금이라도 더 쉬워지는 것은 아니었다

(스토리텔링이 더 나은 선택이기는 해도 결코 더 쉬운 선택은 아니다). 하지만 궁지에 몰린 첼시는 다른 방식으로 메시지에 접근하는 것 말고는 선택의 여지가 없었다. 그녀는 스토리를 들려주어야 했다.

언바운스의 가치 스토리

언바운스가 내놓은 〈당신은 마케터입니다You Are a Marketer〉영상은 간결하면서도 효과적이었고, 무엇보다 결과가 좋았다.

이 영상은 흑백 화면에 무표정한 두 눈이 클로즈업되면서 시작한다. 내레이터의 목소리와 함께 카메라는 뒤로 물러나고, 우리는 두 눈의 주인공이 언바운스를 대표하는 고객임을 알 수 있다. 노트북 앞에 마케터가 앉아 있다. 주인공은 표정이 없다. 카메라가 서서히 뒤로 물러나면서 무엇이 문제인지 드러난다. 그는 예산도 적고, 기술적 경험도 없으며, 무엇보다 마케팅 과정을 장악할 힘이 없다. 스텔라 스토리텔링 기본틀의 용어로 표현하자면 그게 이 불쌍한 고객의 '기준'이었고, 여기서 우리는 그가 겪는 고통을 엿볼 수 있다.

그가 눈을 깜박이는 순간, 마침내 '폭발'이 일어난다. 언바운스가 새로운 전환율 제고 툴을 출시한다는 소식이 들린다. 눈을 뜨는 순간 고객은 '새로운 기준' 속에 들어와 있다. 세상은 더 이상 흑백이 아니라 컬러다. 카메라가 다시 뒤로 빠지면 그는 다른 사람이 되어 있다. 그는 커피를 한잔 마시며 미소 짓고 있다.

간결하고, 적은 예산을 썼지만, 효과적이었다. 첼시는 이렇게 말했다. "우리는 주인공(소위 '분명한 캐릭터')을 중심에 두고 영상을 제작했습니다. 깔끔하고 간단했습니다. 이는 메시지는 물론, 우리가 바라던 광고 효과를 확산시켰을 뿐만 아니라 주의를 끌고 새로운 고객을 창출했습니다. 그리고 앞서 말했듯이, 저희가 무엇을 출시하는지도 알려주지 않았습니다!"

언바운스의 스토리는 제품을 전혀 보여주지 않았다. 사실 이 광고에는 신제품이 곧 출시된다는 것 외에는 제품에 관한 언급조차 거의 없었다. 영상 전체가 주인공(마케터)과 그가 직면한 문제(마케팅이 어려울 때 방법을 찾아내는 것), 그리고 문제가 해결된 이후의 '행복한 결말'에 집중했다.

이 스토리는 언바운스에 기대 이상의 결과를 안겨주었다. 이 영상을 보고 가입자가 1200명이나 새로 유입됐으니 첼시의 목표치보다 10배는 많은 숫자였다. 그리고 언바운스가 단언하듯 내 제품에 진정으로 관심 갖는 사람의 이메일 주소는 아주 귀중한 자원이다. 이런 사람들이 '전환'된다. 디지털 마케팅에서 전환은 '구매'와 같은 말이다.

하지만 나는
내 통계가 좋아요

여기서 잠깐, 스토리를 사랑하는 내가 데이터도 얼마나 좋아하는지 여러분도 알아둘 필요가 있다. 정말이다. 만약에 내가 데이트 애플리케이션에 올릴 이상형에 관한 프로필을 쓴다면 다음과 같은 내용이 들어갈 것이다. "강아지를 좋아하지 않아도 된다. 하지만 구체적 목표를 달성하기 위해 다양한 활동을 기록해나가는 일의 가치를 인정해주는 사람이길." 나는 내가 먹는 음식, 가족과 매주 보낸 시간, 하루에 쓴 글의 양을 기록한다. 나는 내 체중과 명상에 쏟은 시간, 그리고 아주 개인적이라 여기에는 쓰기 힘든 여러 지표를 기록한다.

그러니 이 책이 지나치게 질적인 문제를 다루느라 양적인 부분은 등한시하는 게 아닌지 여러분이 걱정하기 전에 한 가지는 확실히 말할 수 있다. 스토리에는 데이터가 필요하고, 사례에는 증거가 필요하다. 시스템 1에는 시스템 2가 필요하다. 그렇지 않으면 모세가 방주를 짓느라 고생해야 한다. 조율이 필요한 것은 정보에 대한 접근법이다.

메리 포핀스Mary Poppins*를 알 것이다. 세상에서 가장 아이들을 잘 돌보는 보모 말이다. 메리 포핀스는 아이들이 약을 먹지 않겠다고 우기면 약에 설탕을 한 숟갈 탄다. 강아지를 키우는 사람들은 강아지 약을 땅콩버터 속에 숨긴다. 우리 어머니는 타이레놀 알약을 으깨서 사과 소스에 넣으셨다(아직도 나는 사과 소스를 보면 뭔가 미심쩍은 기분이 든다). 우리도 우리의 데이터·논리·요점·정보를 스토리 속에 잘 숨겨야 한다.

공식은 아주 간단하다. 시작은 스토리다. 사람들을 끌어들여 사로잡고, 이미 사려고 마음먹었다고 시스템 1이 믿게 하라. 그 후에 정보를 끼워 넣어라. 팩트를 제시하고, 논리에 호소하고, 원하는 만큼 데이터를 집어넣어라. 하지만 그런 다음 다시 스토리로 돌아와라. '새로운 기준'으로 전체를 마무리하라. 설탕 한 숟갈처럼 메시지의 시작과 끝이 모두 스토리이기만 한다면, 사람들은 제시된 정보를 쉽게 꿀꺽 삼

* 영국의 아동문학가 패멀라 린든 트래버스Pamela Lyndon Travers의 시리즈에 등장하는 마술사 보모.

킬 것이다. 스텔라 스토리텔링 기본틀과 필수 요소를 활용해서 완벽한 가치 스토리를 만들어내는 자세한 방법은 다음과 같다.

스토리텔링 기본틀
완벽 해부하기

가치 스토리는 스토리텔링 기본틀과 가장 잘 맞는 스토리 유형이다. 스텔라 스토리텔링 기본틀을 보고 있으면 가치 스토리를 들려주고 싶어진다.

상상해보라. 기존 고객 또는 미래 고객에게 골칫거리 내지는 문제가 하나 있다. 고객은 그것을 해결하기 위해 힘겹게 애쓰고 더 나은 방법을 찾고자 한다(기준). 그때 내가 혹은 우리 회사가 나타난다. 고객은 우리 제품 혹은 솔루션 혹은 서비스를 사용해본다(폭발). 이제 삶이 개선되었다. 고통은 치유되고 문제는 해결되었다. 고객은 이전보다 훨씬 나은 삶을 살게 되었다(새로운 기준).

이를 정리하면 다음과 같다.

1. 기준

- 고객의 문제가 무엇인가?
- 고객은 어떤 고통을 겪고 있는가?
- 고객은 어떤 기분인가?
- 그 문제가 고객의 삶과 사업에 어떤 영향을 끼치고 있는가?
- 고객이 잠 못 이루는 이유가 무엇인가?

2. 폭발

- 우리 제품/서비스가 그 고통이나 문제를 어떻게 해결하는가?
- 우리 제품/서비스가 고객의 삶을 어떻게 더 편안하게 만드는가?
- 고객은 우리 제품/서비스를 어떻게 느끼는가?
- 우리 제품/서비스는 무엇이 다른가?

3. 새로운 기준

- 고객의 삶이 어떻게 달라졌는가?
- 무엇이 개선되었는가?
- 고객은 어떤 기분을 느끼는가?
- 어떤 골칫거리가 사라졌는가?

이 기본틀을 지침으로 작성한 가치 스토리가 정말로 고객의 심금을 울리려면 네 가지 스토리 요소를 포함해야 한다.

가치 스토리
요소 해부하기

3장에서 보았듯이 훌륭한 스토리가 되려면 몇 가지 핵심 요소가 필요하다. 스트레스받을 필요는 없다. 이 요소는 정말로 간단하며 누구든 찾아낼 수 있는 것이다. 하지만 여러분이 가치 스토리에 대해 다시는 의문을 품지 않도록, 각 요소가 가치 스토리 속에서 어떤 역할을 하는지 자세히 설명해보겠다.

분명한 캐릭터

가치 스토리가 될 뻔했던 이야기는 대부분 여기서 탈선한다. 이해는 간다. 헷갈리기 쉽기 때문이다. 사람들에게 제품의 가치를 이해시키고 싶다면 당연히 해당 제품이 스토리의 주인공이 되어야 한다고 생각할 것이다. "우리 제품은 이걸 할 수 있어요! 저것도 할 수 있어요! 아, 그리고 혹시 알고 계셨나요? 우리 제품은 저 제품보다 더 좋아요. 바로 이것 때문에, 이것 때문에, 그리고 이것 때문에요!"

기억해야 할 사실은 스토리텔링을 잘하려면, 각종 연구 결과가 증명하듯 스토리에 관객이 공감할 수 있는 실제 캐릭터가 있어야 한다는 것이다. 이게 바로 핵심이다.

분명한 캐릭터의 유무는 확실한 스토리와 흐지부지한 스토리를 가르는 중대한 차이점이다. 마케팅에서 가장 큰 실수는 제품을 사용하는 사람 대신 제품을 모든 것의 중심에 놓는 것이다. 소프트웨어를 사용하고, 버거를 먹고, 화장을 하고, 차를 몰고, 위젯을 사용하는 사람이 아니라 소프트웨어 자체, 버거 자체, 화장품 자체, 자동차 자체, 위젯 자체에 초점을 맞추는 것이다. 픽사Pixar에서 일하는 게 아닌 이상 자동차는 캐릭터가 아니다. 사람이 캐릭터다. 제품이 소녀의 마음을 사로잡고, 난관을 극복하고, 용을 죽이는 게 아니다. 사람이 하는 것이다. 번쩍이는 갑옷을 입은 기사가 캐릭터다. 그가 손에 쥔 칼이 제품이고 용은 문제점이다. 물론 기사는 칼을 사용한다. 하지만 용을 무찌르는 것은 기사이지, 칼이 아니다. 칼은 그저 문제를 해결하기 위해 사용하는 도구일 뿐이다. 기사를 없애버리면 스토리도 없다. 남는 것은 바위에 꽂힌 금속 조각에 불과하다.

가치 스토리를 만들 때는 반드시 그 속에 캐릭터가 있어야 한다. 사람 또는 버드와이저의 광고에 나오는 사랑스러운 동물 같은 것이 캐릭터다. 캐릭터에는 몇 가지 디테일이 포함되어 있어야 한다. 나이나 성격 혹은 외모의 특징, 직업, 걸치고 있는 장신구처럼 간단한 것이라도 괜찮다. 한두 가지 사소한 디테일은 관객이 마음속에서 캐릭터의 이미지를 구축하는 데 도움이 된다. 관객은 캐릭터를 더 선명하게 상상할수록 스토리에 더 많이 공감할 것이다.

앞서 말한 애플 광고에서 혼자 다른 세상에 있는 것처럼 보였던 10대 소년은 누구나 쉽게 이해할 수 있는 캐릭터다. 사람들은 워키바의 스토리에서 업무에 시달리며 회사에서 벗어나고 싶어 하는 중년 임원에게 공감한다. 다시 한 번 강조하지만, 가치 스토리가 제대로 효과를 발휘하려면 반드시 캐릭터가 있어야 한다. '제품' 말고. 여러분의 공장이나 사무실, 기술, 코드, 위젯 말고. 여러분의 로고나 브랜드, 홍보 문구, 계획 말고. 관심을 기울일 캐릭터가 없다면 가치 스토리는 아무것도 아니다.

그렇다면 제품은? 가치 스토리가 정말로 근사한 이유는 첼시나 언바운스의 경우처럼 제품에 관해 말을 꺼낼 필요조차 없기 때문이다. 우리가 제품을 실제로 보거나 완전히 이해하고 있어야 할 필요는 없다. 우리가 알아두어야 할 것은 해당 제품이 캐릭터의 삶을 바꿔놓았고, 따라서 내 삶도 바꿀 수 있다는 사실뿐이다.

진실한 감정

세일즈 분야의 어느 권위자가 이렇게 말하는 것을 들은 적이 있다.

"잠재 고객의 니즈를 완전히 알고 싶다면 그와 함께 잠자리에 들어야 한다."

맞는 말이다. 하지만 소름 끼치는 말이다. 논란의 소지가 있지만, 지금 생각해보니 그는 그걸 바랐던 것 같기도 하다. 아무튼 그는 고객이 진정으로 관심을 가지는 무언가를 알아내려면 고객이 하루를 어떻게 마무리할지 상상해봐야 한다는 것을 강조하고 싶었던 것 같다. 고객은 가족과 저녁을 먹을 수도 있고, 어쩌면 너무 늦게까지 일하느라 가족을 보지 못할 수도 있다. 고지서를 납부하고, 이메일을 몇 통 보내고, 텔레비전 심야 프로그램을 보다가, 불을 끄고 잠이 들려고 하는 순간…

그가 잠 못 드는 이유는 무엇인가?

그가 천장을 노려보며 해결하려고 애쓰지만 해결되지 않는 문제는 무엇인가? 그가 걱정하고, 신경 쓰고, 스트레스받는 원인은 무엇인가? 이 부분을 알았다면 그 다음 단계는 어떻게 하면 '우리가' 그 기분을 해결해줄 수 있을지 방법을 찾아내는 것이다.

나는 다른 사람의 침대보다 내 침대가 훨씬 좋지만, 가치 스토리에 담길 감정은 바로 이렇게 고객의 침대에서 시작된다. 제품에 대한 '나의' 감정을 말하고 싶은 마음이 굴뚝같을 수도 있다. 그러나 가치 스토리에서 중요한 감정은 오직 고객의 감정, 분명한 캐릭터의 감정이다.

여러분이 핵심 고객이라고 파악한 사람들에 관해 여러분이 알고 있는 모든 것, 여러분의 페르소나, 여러분의 데이터가 빛을 발하는 것은 바로 이 지점이다. 이제 여러분이 공들여 얻게 된 분석과 통찰을 본격 활용하라. 고객이 가장 관심을 가지는 그 한 가지, 고객을 잠 못 들게 하는 바로 그 이유를 공략하라. 그 감정을 포함하는 스토리, 그것을 십분 활용하는 스토리를 들려줘라.

또 하나, 기존 고객 및 미래 고객과 직접 나누는 대화를 과소평가하지 마라. 온라인 설문조사나 투표 결과가 아닌 실제로 나누는 대화는 다른 방법으로는 놓치기 쉬운 미묘한 감정을 알려준다. 실제로 대화를 나눠보면 고객을 더 깊이 이해할 수 있을 뿐만 아니라 나머지 두 가지 스토리 요소에 무엇을 포함해야 할지에 대한 통찰을 얻을 수 있다.

중요한 순간

가치 스토리의 장점 중 하나는 우리 제품의 특징과 장점을 특정한 맥락 속에서 보여줄 수 있다는 것이다. 캐릭터와 감정도 관객을 해당 장면으로 끌어들이지만, 관객에게 구체적이고 생생한 느낌을 주는 것은 중요한 순간이다.

'중요한 순간'을 집어넣는 방법은 다양하고, 메시지를 담는 매체에 따라 달라질 수 있다. 빌더닷코는 구체적인 날짜와 시간을 제시하여 관객이 언제 이 일이 일어났는지 정확히 알 수 있게 했다. 메시지가 1차원적일 경우(참여자가 메시지를 읽는 경우는 보거나 듣는 경우와 다르다) 이 방법은 특히 유용하다. 애플 광고에서는 소년이 텔레비전을 켜는 순간 눈에 띄게 조용해지면서 변화가 일어났기 때문에 무언가가 바뀌었다는 신호를 줄 수 있었다.

가치 스토리에서 중요한 순간에 관해 기억해야 할 마지막 사항은 이 순간이 종종 폭발과 관련된다는 점이다. 상황은 '기준'에 따라 흘러가다가 중요한 순간에서 갑자기 바뀐다. 해결책이 발견되거나 제품이나 서비스의 진정한 가치가 실현되는 순간이다.

구체적인 디테일

나는 대형 상장 기술기업인 잭 헨리 앤 어소시에이츠Jack Henry and Associates에서 주최한 학회에서 강연하고 있었다. 잭 헨리는 우리가 금융기관과 관련해 알고 있는 모든 것을 가능하게 하는 기술 제품 및 서비스를 은행 및 신용조합에 제공한다. 온라인으로 계좌를 조회 중인가? 그 시스템을 만든 게 잭 헨리다. 휴대전화로 입금했는가? 그것도 잭 헨리가 만들었다. 2018년 잭 헨리는 사상 최고의 실적을 달성했는데, 나는 그 이유를 쉽게 알 수 있었다. 잭 헨리는 흩어져 있으면서도 서로 연결되어 있었다. 잭 헨리는 집중하면서도 흥이 나 있었다. 그리고 무엇보다도, 잭 헨리는 고객을 제대로 아는 게 가장 중요하다는 사실을 알고 있었다. 이 부분은 판매가 이뤄진 후에만 중요한 것이 아니라 애초에 그 판매를 성사시키는 데도 중요하다.

그날 세일즈 및 마케팅 총괄 매니저인 스티브 톰슨Steve Tomson은 500명에 가까운 직원에게 이렇게 말했다. '첫 미팅 장소에 들어서기도 전에 이미 해당 고객을 얼마나 잘 알고 있느냐가 성공을 좌우한다. 여러분은 고객이 무엇을 필요로 하는지, 무엇 때문에 어려움을 겪고 있는지, 잭 헨리가 어떻게 도울 수 있는지 알고 있어야 한다.'

고객에 대한 지식은 세일즈와 스토리텔링, 그리고 특히 가치 스토리에 있어서 매우 중요하다. 잠재 고객에게 스토리를 들려줄 때는 구체적으로 표현하는 것을 주저하지 마라. 영화 〈뛰는 백수 나는 건달〉에 나오는 빨간색 스테이플러를 생각해보라.* 구체적인 디테일을 포

---

* 영화 속에서 지루한 사무실의 스트레스에 찌든 주인공은 빨간색 스테이플러에 집착한다.

함하면 고객을 1장에서 논의한 '공동 창조 과정'을 통해 끌어들일 수 있을 뿐만 아니라 여러분의 공감 근육을 뽐낼 수도 있다. 고객이 야근 중 피자를 자주 주문한다는 사실을 안다면 그 부분을 집어넣어라. 고객이 세일즈맨이 주는 로고가 찍힌 펜을 수집한다는 사실을 안다면 그 부분을 집어넣어라. 구체적인 디테일을 하나씩 넣을 때마다 고객은 해당 장면이 더 친숙하게 느껴질 테고 이렇게 되뇌일 것이다. "이 사람들 나를 잘 아네."

하지만 주의할 사항이 있다. 이 단계에서 절대로 고객을 속이면 안 된다. 잭 헨리의 세일즈 팀장이 말한 것처럼 여러분은 잠재 고객을 실제로 알아야 한다. 시간을 투자하든, 조사나 경험을 해보든, 당신의 고객이 어떤 사람인지 알아내라. 그런 후 스토리 속 장면을 친숙하게 구성하고 여러분이 고객을 정말로 잘 알고 있다는 사실을 보여주는 디테일을 스토리에 포함하라.

가치 스토리의
진정한 가치

가치 스토리의 가장 중요한 특징은 효과적이라는 점이다. 지금까지의 세일즈나 마케팅이 형편없었다고 해도 괜찮다. 가치 스토리를 활용하는 순간 사람들의 주의를 끌고, 그들에게 영향력을 미치고, 그들을 바꿔놓을 수 있다. 가치 스토리가 있으면 잠재 고객이나 미래 고객이 우리 제품이나 서비스가 얼마나 훌륭한지 이해하기 쉽다. 내가 어떤 사람이고 내가 파는 물건이 무엇이든, 제품이나 서비스를 제공하여 돕고자 하는 사람에게 초점을 맞춘다면 더 이상 김빠지고 비효과적인 마케팅으로 고민할 일은 없을 것이다. 내 제품, 내 서비스에 대한 가치 스토리를 만든다면 바로 결과를 눈으로 확인할 수 있다.

인물 사진작가 세라의 경우가 그랬다. 수많은 다른 사진작가들처럼 세라의 서비스도 단순했다. 세라는 사람들의 사진을 찍어주었다. 주로 나이 든 사람의 초상이나 증명사진을 찍었고, 종종 가족사진을 찍었으며, 결혼사진은 아주 가끔 있었다. 세라는 사람들이 그저 그런 사진이 아니라 '좋은' 사진을 원해야만 돈을 벌 수 있었다. 좋은 사진을 찍는 데는 당연히 비용이 들었으나, 요즘은 대부분 스마트폰 사진으로도 만족하기 때문에 세라는 이 가치의 간극을 메우려고 끊임없이 애쓰고 있었다.

어느 봄, 세라는 어버이날 기념 사진 촬영 이벤트를 마련하기로 했다. 하지만 어머니와 어린아이가 함께 찍는 흔한 사진이 아니라, 성인이 된 자녀가 부모 및 조부모가 함께하는 사진을 찍고 싶었다. 전형적인 이벤트와는 좀 달랐다. 세라는 늘 하듯이 마케팅을 했다. 프로모션 내용과 가격, 시기, 장소, 혜택, 예약 방법 등을 소개한 평범한 광고를 소셜 미디어에 올렸다.

조용했다.

단 한 건의 예약도 잡히지 않았다.

말할 것도 없이 세라는 실망했다. 하지만 세라는 포기하지 않았다. 세라에게 이 촬영은 정말로 중요했기 때문이다.

어버이날이 있기 몇 달 전, 세라는 할머니를 잃었다. 세라는 할머니를 정말 좋아했다. 어른이 된 후에도 10년 동안 함께 산 할머니였다. 그 10년 덕분에 세라는 어린 시절 뿐만 아니라 어른이 되어서도 할머니를 10년간 알아가는, 보기 드문 경험을 했다. 세라는 할머니가 돌아가신 후 그 마지막 10년 동안 함께 찍은 사진을 찾으려고 예전에 사용했던 휴대전화며 오래된 신발 상자를 죄다 뒤져보았다. 적당한 조명에 그런대로 미소를 짓고 있는 평범한 사진이면 충분했다.

하지만 그런 사진은 존재하지 않았다.

세라와 할머니가 단 한 번도 함께 사진을 찍은 적이 없기 때문이다.

지금 세라는 사랑하는 할머니와 30분 정도 나란히 앉아서 몇 순간이라도 필름에 담을 수만 있다면 모든 것을 내줄 수 있었다.

이 촬영의 의미가 바로 그런 것임을 사람들이 알 수만 있다면….

바로 그때 번뜩 아이디어가 떠올랐다. '이 스토리를 들려줘야겠어'.

그래서 세라는 스토리를 들려주었다.

세라는 어버이날 사진 촬영 이벤트 광고를 다시 내보냈다. 하지만 이번에는 비용이나 예약 방법에 초점을 맞추지 않고 자신과 할머니의 스토리를 들려주었다. 반응은 어마어마했다. 비용을 물어보는 사람은 아무도 없었다. 오히려 사람들은 자신의 스토리를 털어놓으며 세라의 스토리에 얼마나 깊이 공감했는지 전해주었다.

커다란 실패가 될 수도 있었던 이벤트는 결국 세라의 가장 큰 성공작이 되었다. 이전에 가장 성공적이었던 이벤트보다도 두 배 많은 예약이 몰렸고, 이 모든 것은 세라가 스토리를 공유한 덕분이었다.

가치 스토리란 바로 이런 것이다. 그 무엇도 할 수 없는 방식으로 가치를 그려내는 것 말이다. 사업체가 크든 작든 더 많은 매출을 올리고 더 좋은 마케팅을 펼치고 싶다면, 가치 스토리로 시작해보라. 그리고 불현듯 어머니나 할머니와 어버이날 사진을 찍고 싶어졌다면, 내 뒤로 줄을 서야 할 것이다.

5장

창업자 스토리 공식
: 비즈니스 뒤에 사람 있다

"투자를 권하는 사람 자신도 본인의 스토리를 믿지 않는데,
우리가 그를 왜 믿겠는가?"

에이미 커디 Amy Cuddy

2013년 나는 라스베이거스에서 개최된 수공예 장인을 위한 박람회에서 강연을 하게 됐다. 전국에서 모여든 수백 명의 공예가들은 자신이 만든 귀하고 섬세한 작품을 상자며 통에 담아서 트럭 가득 싣고 왔다. 그리고 미식축구 경기장 크기의 전시장에 각자 부스를 차렸다. 공예가들은 박람회의 공식 개회일이 되어 유명 바이어들이 물밀듯이 밀려올 때 자신의 부스가 눈에 띄어서 그들의 관심을 끌고 판매로 이어지기를 바라고 있었다.

나는 행사 전날 현장에 도착했다. 교육 세션 강연자였던 나는 준비 중인 박람회 현장을 둘러보는 투어를 하게 되었다. 끝없이 늘어선 부스에는 섬세한 구슬 공예와 그림부터 고철 조각상과 염료 공예, 유리

제품에 이르기까지 온갖 제품이 전시되어 있었다. 각각의 부스는 분명 조금씩 달랐지만 많은 부스가 사실상 비슷한 것을 팔고 있었다. 얼마 지나지 않아 나는 데자뷔 같은 기분을 느꼈다. 마지막 줄에 다가갔을 때 직접 불어서 만든 아름다운 유리 제품이 가득한 부스를 만났다. 강렬한 색상이 소용돌이치는 접시며 유리잔, 볼, 서빙 접시가 있었다. 유리 제품 부스를 처음 보는 건 아니었지만, 분명 내 눈길을 사로잡는 곳이었다. 나는 부스에 있는 사람에게 다가가 인사를 건넸다. 반쯤은 호기심이었고, 나머지 반쯤은 그가 나에게 스토리를 들려주는지 실험해보고 싶은 마음이었다.

"직접 만드신 건가요? 아름답네요."

"네. 제 작품입니다. 고맙습니다."

"이야기를 좀 들려주세요…." 나는 말을 멈추고 미소를 지었다. "작품에 대해서 좀 더 듣고 싶네요. 어디서 영감을 얻으시나요?"

그는 나를 보며 말했다. "이것들은 장식용 접시예요."

내가 기대한 답은 아니었다. 특히나 행사에 참여한 다른 30명의 유리공예가와 다르게 보이기를 원하는 유리공예 사업가의 답이라면 말이다. 그래서 나는 다시 시도해보았다.

"얼마간 이 일을 해오신 거예요? 어떻게 시작하게 되셨나요?"

"1987년이요."

그를 위해 변명을 하자면 행사가 시작되기 전이었기 때문에 공예가는 아직 마음의 준비가 온전히 되지 않았을 것이다. 이유가 무엇이든 스토리를 들을 수 없다는 사실은 분명했다. 바로 그때 주최 측 사람이 다가와 나를 그에게 소개해주었다. "내일 교육 세션에서 발표할 스토리텔링 전문가 킨드라 홀 씨예요. 브랜드 차별화를 위한 스토리텔링 방법을 알려주실 예정입니다."

갑자기 무언가를 알아챈 듯한 표정이 공예가의 얼굴을 스치고 지나갔다. 마치 누군가가 그에게 스토리를 들려줘야 한다고 일러준 것 같은 표정이었다. 그러나 그가 입을 떼기도 전에 주최 측 사람이 나를 잡아끌었다. 내가 그녀와 함께 이동하려고 몸을 돌리자 공예가는 이렇게 외쳤다. "잠깐만요! 잠깐만요!" 내가 다시 고개를 돌리자 그가 말했다. "괜찮으시다면 돌아오세요. 정말로 멋진 스토리를 들려드릴 수 있어요."

물론 그랬을 것이다.

기회가 있을 때 스토리를 들려주었다면 말이다.

모든 비즈니스에는 스토리가 있다

모든 비즈니스에는 창업자의 스토리가 있다.

모든 비즈니스의 배후에는 '누가', '어떻게' 그 모든 것을 시작했는지에 관한 스토리가 있다. 창업자의 눈에서 사업이 '반짝'하기도 전부터 시작된 스토리가 있다. 처음 아이디어가 떠올랐던 순간에 관한 스토리, '이게 정말로 사업이 될 수 있겠구나'하고 창업자가 깨달았던 순간에 대한 스토리가 있다.

당신이 어느 회사의 직원이든 아니면 창업자이든 창업자 스토리는 분명히 존재한다. 아무리 크든, 작든, 오래되었든, 오래되지 않았든, 단 하나의 실수도 없었던 예외적인 창업이 아닌 이상, 기업이나 제품이 있다면 그 모든 것이 시작된 스토리도 있다. 예외는 없다.

이는 굉장한 희소식이다.

라스베이거스의 수공예 박람회장처럼 똑같은 물건을 파는 경쟁자가 끝도 없이 늘어선 세상에서 창업자 스토리는 내가 돋보일 수 있고 나와 잠재 고객 사이의 간극을 이을 가장 좋은 방법 중 하나다.

투자자의 자금을 확보하려는 단계에 있거나, 이미 과포화된 시장에서 차별화를 꾀하고 있거나, 사업 확장을 위해 인재를 확보하려는 중이거나, 그 어느 경우이든 창업자 스토리는 각각의 이유와 방법으로 그 간극을 이어줄 것이다.

투자자 간극을 잇는
창업자 스토리

오래전에 대학을 함께 다녔던 두 남자가 샌프란시스코에서 룸메이트가 되었다. 혹시 샌프란시스코 인근에 거주한 경험이 있거나 그런 사람을 알고 있는지 모르겠지만, 이 지역은 주거 비용이 만만치 않다. 샌프란시스코의 특징 중 하나는 절대로 예산에 우호적이지 않다는 것이다. 그러니 집세를 지불할 때가 됐을 때 이 청년들이 얼마나 힘들었을지 상상할 수 있을 것이다.

청년들이 집세를 마련하려 애쓰고 있을 때 인근에서 대규모 디자인 콘퍼런스가 열렸다. 이 콘퍼런스는 굉장히 큰 행사여서 주최 측에서 마련한 리스트에 있는, 묵을 만한 숙소는 모두 예약이 차버렸다. 샌프란시스코에는 더 이상 디자이너들이 머무를 곳이 없었다. 대체 방문객들은 어쩌란 말인가? 길거리에서 자야 하나? 모르는 사람의 집 바닥에서 자야 하나?

잠깐, 혹시…?

샌프란시스코의 숙소란 숙소는 모두 예약이 차버렸고, 사람들은 아직도 묵을 곳을 찾고 있다는 이야기를 들은 두 청년은 기막힌 생각을 해냈다. 행사 참가자들에게 우리 방을 빌려주면 어떨까? 그러면 방문객들은 묵을 곳이 생기고, 청년들은 그들에게 돈을 받아 집세를 낼 수 있을 것이다.

완벽한 계획처럼 들렸다. 한 가지 큰 문제만 제외한다면 말이다. 청년들에게는 빌려줄 수 있는 여분의 방이 없었고, 여분의 침대는 더더욱 없었다. 대신 에어매트리스 두어 개와 거실 바닥이라는 남는 공간이 있었다. 청년들은 이 정도면 됐다고 생각했다. 이것들을 빌려주자.

청년들이 에어매트리스를 광고했더니 세 명이 묵겠다고 했다. 전혀 모르는 사람들이었다. 대단히 신기한 경험이기도 했다. 손님들은 청년들과 함께 묵으면서 좋은 시간을 보냈고, 청년들은 손님들을 대접하며 멋진 시간을 보냈다.

그 순간 청년들에게 아이디어가 하나 떠올랐다. 이 경험을 한 번으로 끝내지 않는다면 어떨까? 한 달만 집을 빌려주는 게 아니라 이 아이디어를 확장해서 매달 집을 빌려준다면, 누구라도 본인의 공간을 낯선 사람에게 빌려주고 근사한 경험을 선사한다면, 에어매트리스 두세 장 값으로 창업을 할 수도 있지 않을까?

이게 오늘날 우리가 알고 있는 에어비앤비Airbnb의 시작이다.[1]

물론 이는 스토리의 일부에 불과하다. 그 과정에는 다음과 같은 수많은 반전과 창의적인 승리가 있었다.

- 초창기 자금 마련에 난항을 겪으면서 신용카드로 비용을 감당하다가 수만 달러의 빚을 졌다.
- 그 빚을 갚고 하루를 더 버티기 위해 '오바마 오스Obama O's'와 '캡틴 매케인Cap'n McCain'이라는 이름으로 시리얼을 재포장해서 팔았다.
- 조금이라도 입소문을 더 내기 위해 구독자가 거의 없는 블로거들에게까지 홍보 활동을 벌였다.[2]

이제 이들의 스토리는 전설이 되었다. 하지만 종종 간과되는 사실은 에어비앤비의 고객이 수백만이 아닌 두 명뿐이었을 때, 그래서 살아남기도 힘들었던 초창기 시절에, 스토리텔링이 에어비앤비에 얼마나 중요한 역할을 했나 하는 점이다.

#스타트업_창업자의_삶

스타트업은 늘 난관에 직면한다. 하지만 에어비앤비는 남들보다 몇 가지 장애물을 더 뛰어넘어야 했다. 소위 공유 경제를 이용하여 집 안의 남는 공간을 사업으로 바꾸는 아이디어가 지금은 당연해 보이지만 당시에는 그렇지 않았다. 한번 생각해보라. 누가 당신에게 이렇게 말한다. "이번 주에 낯선 사람 몇 명을 집 안에 들여보지 그래요? … 친구도 아니고 친구의 친구도 아니에요. 그냥 인터넷에서 당신을 발견한, 모르는 사람이에요. 당신이 그 사람들한테 아침 식사를 만들어줄 수도 있겠네요."

많은 사람이 즉각 싫다고 대답할 일이다. 이 아이디어에 대해 많은 투자자가 보인 반응도 마찬가지였다. 제프 조던Jeff Jordan은 10년 전부터 유니콘 기업을 찾아내는 벤처 캐피털 앤드리슨 호로위츠Andreessen Horowitz의 제너럴 파트너다. 스카이프, 페이스북, 트위터는 앤드리슨 호로위츠의 성공작 중 일부에 불과하다.

그러니 조던이 이렇게 말했을 때 얼마나 낯뜨거웠을지 한번 상상해 보라. "에어비앤비에 관한 아이디어를 처음 들었을 때는 그때까지 들어본 아이디어 중 가장 바보 같다고 생각했죠."[3] 브라이언 체스키Brian Chesky를 포함한 그 어떤 기업가라도 이런 말을 들었다면 영혼이 털리는 기분이었을 것이다. 에어비앤비의 설립자 중 한 명인 체스키가 사업 초창기에 이런 말을 듣고도 조금이라도 덜 힘들었다면, 그것은 '바보 같은 아이디어'라는 감상이 이미 많이 들어본 소리였기 때문일 것이다.

사업 첫해 체스키가 찾아간 모든 벤처 캐피털리스트들이 그를 거절했다. 그는 비즈니스 잡지 〈패스트 컴퍼니Fast Company〉에 이렇게 말했다. "사람들은 우리가 미쳤다고 생각했어요. 모르는 사람과 같이 집을 사용할 일은 없을 거라고 하더군요. 끔찍한 일이 벌어질 거라고요."[4]

나는 체스키가 무언가를 발견했다(실제로도 그랬다)고 뼛속 깊이 믿고 있는 동시에, 계속해서 거절당하는 사람만이 느낄 수 있는 종류의 분노와 좌절도 경험했을 것이라고 생각한다. 그래미상을 다섯 차례 받은 그룹 레이디 앤터벨룸의 스타 힐러리 스콧이 차트 1위를 차지하는 가수가 되기 전 〈아메리칸 아이돌〉에서 두 번이나 거절당했을 때나 J.K. 롤링이 해리포터 시리즈의 첫 번째 책을 열두 군데 출판사에서 거절당했을 때 느꼈을 그런 분노와 좌절 말이다.

이 모든 경우, 인재와 기회는 이미 그곳에 있었다. 문제는 투자자에게 그 잠재적 가능성을 효과적으로 보여줄 방법이었다. 나에게 일생일대의 기회를 줄 수 있고 내 꿈에 사망 선고를 내릴 수도 있는 힘을 양손에 쥔 투자자에게 말이다. 내 사업이 투자할 가치가 있다는 것을 성공한 증거도 없이 어떻게 투자자에게 설득할 수 있을까? 아무것도 장담할 수 없으면서 어떻게 투자자에게 위험을 감수하라고 설득할까? 내 아이디어를 실현시켜줄 만큼 폭넓은 믿음과 충분한 자본을 가진 누군가의 앞에 설 기회가 생겼다면 여러분은 뭐라고 말하겠는가?

기업가라면 누구나 스스로에게 해볼 만한 질문이다. 이런 질문을 한 사람은 에어비앤비의 설립자들이 처음도 아니었고 마지막도 아닐 것이다. 그런데 이러한 기업가의 딜레마가 수백만 명 앞에서 펼쳐지는 경우도 있다.

당신을 홍보하라

매주 수백만 명의 시청자가 ABC 방송의 〈샤크 탱크〉에 채널을 고정한다. 그리고 매주 희망을 품은 여러 기업가가 무시무시한 판정단 앞에 서서 자신의 아이디어나 비즈니스 혹은 제품이나 서비스를 설명한다. 이 '상어들', 즉 판정단 중 한 명이 투자에 나서주기를 바라면서 말이다. 이 프로그램은 아주 재미있을 뿐만 아니라 다리를 지어야 하는 기업가가 직면한 어려움을 잘 보여준다(실은 조명 팀 전체가 동원된 것처럼 너무 잘 보여준다).

비록 방송용으로 만들어진 것이기는 하지만, 이들의 고군분투는 진짜다. 극적인 음악이 흘러나오면 희망을 품은 기업가는 자신의 운명과 마주하기 위해 무시무시한 복도를 천천히 걸어 나온다. 그는 일생일대의 기회를 잡거나 꿈이 박살날 것이다.

기업가의 설명은 대게 똑같은 방식으로 시작된다. 기업가는 자신이 누구인지 소개한 후 어떤 투자를 바라고 있는지 말한다. 자신의 제품이나 비즈니스를 짧게 설명하고 나면 몇 가지의 선택지가 있다.

가장 뻔한 선택은 수학적으로 말하는 것이다. 기업가는 투자자가 돈을 벌고 싶어 한다는 사실(종종 그것이 전부다)을 잘 알고 있기 때문에 수치를 동원하여 투자자를 설득하려 한다. 누군가를 확실한 팩트로 설득하는 것보다 더 좋은 방법이 어디 있겠는가? 논리 정연함은 늘 최고의 정책이다. 숫자에 의지해라. 시장 규모, 전환율, ROI(투자수익률), 한계 비용 같은 것들을 들먹여라. 이렇게 하면 기업가는 마음에 안심이 되고, 의사 결정자에게는 뭔가 형식이 아주 잘 갖춰진 것처럼 들린다.

여기서 잠깐 숫자를 솔직하게 제시하는 것이 중요하다고 지적하고 싶지만, 우리가 앞서 본대로 숫자만으로 충분한 경우는 거의 없다.

인생을 바꿔줄 계약을 따내는 비법은 과연 무엇일까?

창업자 스토리가 적지 않은 역할을 할 수 있을 것으로 보인다.

우리 팀은 〈샤크 탱크〉가 한창 인기 있던 시즌 6에 등장한 116건의 사례를 모두 우리가 세운 스토리의 기준으로 분석해보았는데, 76.7퍼센트가 스토리를 들려주었다. 그리고 스토리를 들려준 사람들은 그렇지 않은 경우보다 계약을 성사시킬 가능성이 높았다. 아마도 새로운 제품이나 아이디어를 홍보할 때, 사실상 우리가 홍보하는 것은 다름 아닌 나 자신이라는 사실이 작용했을 것이다.

스토리는 의심을
믿음으로 바꾼다

체스키가 투자자를 유치하려고 노력한 과정이 전국적으로 중계되지는 않았다. 그러나 체스키와 에어비앤비 역시 투자자를 찾고 있을 당시에는 그들만의 '상어'와 함께 헤엄치고 있는 것이나 마찬가지였다. 그들은 에어비앤비가 어마어마한 기업이 될 것이라는 사실을 직감하고 있었다.

그러나 세상의 모든 수학을 동원해도 기업가와 투자자 사이의 간극을 이을 수는 없었다. 아이디어에 대한 확신이 너무나 부족했고, 투자자들은 당최 이게 어떻게 사업이 된다는 것인지 이해할 수가 없었다. 논리로는 아무것도 하지 못할 때, 이 신생 회사는 스토리의 힘에 기대 투자자들을 설득하는 것 외에는 다른 선택지가 없었다. 그 스토리를 들려줄 수 있는 사람은 창업자뿐이었고, 그가 가진 스토리라고는 자기 자신에 대한 것 뿐이었다.

앞서 말했듯이 조던은 에어비앤비를 자신이 들어본 최악의 아이디어라고 확신하고 있었다. 계속 그렇게 생각할 수도 있었던 조던은 체스키와의 미팅 후 그에게 완전히 설득되고 말았다.[5] 조던은 체스키를 만나고 나서 "29분만에 철저한 회의론자에서 열렬한 추종자로 바뀌었다"[6]고 말한다. 그 이유가 뭘까? 체스키가 스토리텔러였기 때문이다. "위대한 창업가들은 다들 하나같이 위대한 스토리를 들려줄 줄 알더라고요." 조던은 〈비즈니스 인사이더〉에서 다음과 같이 말했다. "창업자의 핵심 능력 중 하나지요. 사람들이 믿음을 가질 수 있도록 설득하는 능력 말이에요."[7]

체스키는 간단한 이야기 하나, 즉 자신의 창업자 스토리로 조던이 '창업자-제품 궁합'이라고 부르는 것을 보여주었다. 아이디어의 탄생을 보여주는 스토리, 다른 사람은 절대로 지금 이 순간 이런 방식으로 이 아이디어를 생각해내지 못했을 거라고 말해주는 스토리였다. 〈샤크 탱크〉 애청자라면 누구나 알겠지만, 아이디어에 필요한 자금을 확보하는 일은 아이디어 자체를 개발하는 일과는 차원이 다르다. 투자자가 어느 회사에 베팅할 때는 달리는 말뿐만 아니라 그 말을 모는 기수騎手에게도 돈을 거는 것이다. 아무리 힘든 과정이 뒤따르더라도 회사를 최고의 위치에 올려놓을 만한 열정을 가진 사람에게 투자하는 것이다. 창업자 스토리가 있다면, 그리고 그걸 들려준다면, 창업자의 진심을 투자자에게 확신시킬 수 있다. 창업자 스토리는 이 창업자가 어떤 사람이고, 앞으로 어디를 향할 것이며, 왜 투자할 가치가 있는 사람인지 보여준다. 숫자를 넘어선 신념을 만들어내고, 의문에 대해 답을 제시하며, 퍼즐에서 빠진 조각을 채워 넣는다.

할리우드의 억만장자들 앞에서 설득하든, 실리콘밸리의 회의실에서 발표하든, 여러분을 뚫어지게 바라보던 잠재 투자자의 눈이 가늘어지면서 날카롭게 바뀐다면 이는 그들이 말 없는 대화를 시도하고 있기 때문이다.

투자자 이 창업자가 역경을 극복할 수 있을까?

창업자 네.

투자자 이 창업자가 결심이 확고한가?

창업자 뼈를 묻을 겁니다.

투자자 이 창업자가 온 마음을 실었을까?

창업자   배우자한테는 비밀이지만, 제 인생에서 가장 행복했던 날은 결혼식 날이 아니라 우리 회사를 설립했던 날입니다.

입에서 나오는 대답으로는 부족하다. 대답은 투자자에게 '느낌'으로 와닿아야 한다. 지금까지 보았던 스토리텔링의 효과를 고려한다면, 창업자 스토리를 잘 들려줄 경우 바로 그 '느낌'을 제대로 전달할 수 있다.

그 운명의 날, 체스키는 기업가가 경험할 수 있는 가장 긴장된 순간 중 하나와 마주했고, 그의 스토리는 회의론자들을 추종자로 바꿔놓았다. 그의 스토리는 그 어떤 반대도 극복하기에 충분했으며, 신념을 만들어냈고, 궁극적으로 '예스'를 받아냈다. 1억 1200만 달러(약 1250억 원)짜리 '예스'였다.[8]

창업자 스토리는
고객과의 간극을 잇는다

여러분의 사업 계획에 투자 유치가 포함되어 있는지 나는 모른다. 많은 창업자가 투자를 받지 않기 때문에 창업자 스토리로 자금을 확보하지도 않는다. 많은 기업가는 본인의 돈을 이용하여 매출을 올리고 이윤을 재투자하여 성장을 견인한다. 여기서 '많은'이란 정말로 많다는 뜻이다.

코프먼 인덱스Kaufman Index에 따르면 매달 54만 명의 새로운 사업가가 창업의 길로 들어선다.[9] 그렇다. 무려 54만 명이다! 인튜이트Intuit에서 조사한 바에 따르면 소규모 자영업자의 64퍼센트는 1만 달러(약 1000만 원) 이하의 자본으로 시작하고, 그중 75퍼센트는 개인 저축에 의존하여 사업을 시작한다.[10]

이 말은 곧 54만 명의 잠재 경쟁자, 54만 명의 창업자가 똑같이 굶주려 있고 자신의 돈을 기꺼이 던질 의향이 있으며, 여러분 못지않게 필요하다면 무슨 일이든 할 거라는 뜻이다. 심장박동 수가 조금이라도 올라갔다면 충분히 이해한다.

종종 내 친구나 지인들은 나를 응원하려는 좋은 의도로 다른 스토리텔링 전문가나 기업, 행사에 관한 발표 내용, 블로그, 기사 등을 보내준다. 나는 스토리텔링의 중요성을 더 많은 사람이 홍보하고 알려주기를 누구보다 바라지만, 그런 내용을 하나씩 받을 때마다 잠시 움찔하게 된다. 이는 경쟁을 뜻하기 때문이다. 기업가라면 누구나 그렇게 믿고 싶겠지만, 내가 이 일에 종사하는 유일한 사람은 아니다.

여러분이 지금 시리즈 B의 투자자를 모집 중이든, 아니면 나처럼 검색을 해보고서야 이게 무슨 뜻인지 알았든, 여러분 앞에는 경쟁자와 모방자가 등장할 것이다. 그때가 오면 창업자 스토리를 활용하여 남들과 차별화하라.

차별화를 가로막는
치명적인 실수

2015년 데저트 스타 컨스트럭션Desert Star Construction의 창업자 제리 미크Jerry Meek는 여한이 없었다. 3대째 건축업을 해온 집안 출신의 제리가 어린 시절 가장 좋아한 장난감은 못이 잔뜩 들어 있는 커피 캔과

(아버지가 사용을 허락할 경우) 망치였다. 제리의 포트폴리오를 보면 누구라도 고급 주택의 카탈로그를 넘길 때마다 품었던 오랜 의문에 대한 답을 얻을 것이다. '이런 집이 진짜 있어?'라는 의문 말이다. 그렇다. 맞다. 있다. 제리가 바로 그런 집을 짓는다.

사실 그런 집을 짓는 사람이 제리밖에 없었다면 별 이야깃거리가 되지 않았을 것이다. 그러나 당연하게도 고급 주택 건설사가 데저트 스타 컨스트럭션만 있지는 않았다. 제리가 사업을 하고 있고 세금이 낮은 애리조나만 해도 고급 주택 건설 시장은 경쟁이 치열하다.

에어비앤비의 창업자들과 마찬가지로 제리도 자신의 사업에 확신이 있었다. 그는 자신의 방법이 더 우수하고, 자신이 고용한 직원이 더 유능하고, 기나긴 건축 기간 동안 자신이 고객에게 더 헌신할 것이라는 사실을 알고 있었다. 그럼에도 불구하고 제리도 다른 많은 사업가들처럼 건축에 대한 자신의 애정이나 이 애정이 꿈에 그리던 집을 지으려는 잠재 고객에게 어떤 의미를 갖는지 소통하는 데는 어려움을 겪고 있었다. 노력은 해보았지만 그 어느 건축업자도 할 수 있는 말처럼 들릴 뿐이었다. 그는 자신을 차별화할 방법이 필요했다.

그는 자신의 스토리를 들려주어야 했다.

제리가 직면한 문제는 소규모 자영업자들이 겪는 전형적인 난제였다. 기업은 태동기를 벗어났다. 주문이 들어왔고 이행도 잘했다. 기업의 제품과 서비스를 사용할 뿐만 아니라 사랑해주는 고객들이 있다. 시스템과 조직도 갖춰졌다. 이제는 사업 출범이 아니라 꾸준한 성장을 위해 고객을 찾아야 했다. 앞으로 중요한 것은 기반 확립이 아닌 차별화였다.

안타깝게도 차별화는 우리 생각보다 훨씬 더 어려운 과제다. 똑같은 방식으로 '난 다르다'고 말하는 사람들 사이에서 나는 그들과 다르다는 사실을 도대체 어떻게 보여주면 좋을까?

남편과 처음 데이트하던 시절이 생각난다. 남편에게 좋은 인상을 주려고 무엇이든 할 때였다. 나는 미식축구를 보고(앞서 이야기했다), 남자들이 좋아하는 코미디 프로그램 〈다 알리 지 쇼Da Ali G Show〉를 봤다. 정말이지 제목만큼이나 우스꽝스러운 프로그램이었다. 거기에 나왔던 에피소드가 하나 있다. 코미디언 사챠 바론 코헨Sacha Baron Cohen이 연기한 주인공이 마트의 유제품 코너에서 직원을 인터뷰한다. 코헨은 다양한 체다 치즈가 놓인 선반을 가리키며 이렇게 묻는다. "이게 뭔가요?" 직원이 대답한다. "치즈입니다." 코헨은 두 걸음 더 가서 또 다른 치즈, 아마도 스위스 치즈가 놓인 선반을 가리키며 묻는다. "그러면 이건 뭔가요?" 직원이 대답한다. "치즈입니다." 코헨은 다시 또 몇 걸음을 가서 묻는다. "그러면 이건요?" 또 다른 치즈 선반이다. "치즈입니다." 이 대화가 웃긴 이유는 선반에 있는 치즈는 100가지도 넘는데 설명하는 사람의 말이 다 똑같기 때문이다.

남들처럼 달라요

2012년 비즈니스계의 걸작 《에센셜리즘》이 출판되기 2년 전 그렉 매커운Greg McKeown은 〈하버드 비즈니스 리뷰〉에 다음과 같은 제목의 글을 한 편 썼다. "뻔한 말만 가득한 미션 선언문을 하나만 더 읽었다가는 비명을 지를 것 같다If I Read One More Platitude-Filled Mission Statement, I'll Scream."[11]

그의 글은 일종의 퀴즈로 시작된다. 3곳의 회사와 3개의 미션 선언문이 있는데, 독자는 각각의 미션 선언문이 어느 회사의 것인지 짝을 지어야 한다. 간단한 것처럼 보인다. 문제는? 미션 선언문이 사실상 구분이 안 되는, 서로 바꿔 써도 무관한 단어로 가득하다는 점이다. '수익성 있는 성장', '우수한 고객 서비스', '고객 및 주주에게 도움이 되는', '높은 윤리적 기준'. 차별성을 부여하려고 넣은 요소가 실제로는 회사를 평범하게 만들어버린 것이다.

나도 동종 업계의 여러 회사가 모이는 기업 행사에 가면 비슷한 실험을 하곤 한다. "'탁월함의 추구'를 차별화 지점으로 삼는 회사가 있나요?" 모든 관객이 손을 든다. "'고객 서비스'가 남다르다고 주장하는 회사는요?" 모든 관객이 다시 또 손을 든다. "남들과 '열정'에서 차이가 나는 회사는요?"

당시 반응이 상상이 갈 것이다.

다행히 내가 질문하는 자리에서는 웃음이 터져 나온다(초조한 웃음이긴 하다). 다들 '차별화' 지점이 '똑같다'는 사실을 인정하기 때문이다. 적어도 지금 우리가 소통하는 방식은 그렇다.

이렇듯 차별화의 어려움이 치즈 진열대와 기업 행사에만 해당하는 것은 아니다. 이는 모든 제품, 서비스, 기업의 운명이 될 수 있다. 그렇다면 최고의 해결책은? 창업자 스토리다.

스토리는 차별화의
최종 병기다

내가 몸매가 드러나는 원피스 안에 입을 속옷이 필요할 때, 마트 선반에 진열된 아무 속옷이나 사는 게 아니라, 보정 속옷 전문점 스팽스Spanx로 직행하는 데에는 이유가 있다. 세라 블레이클리Sara Blakely의 스토리를 들었기 때문이다.

블레이클리는 자신이 어떻게 기회를 쟁취해서 회사를 차렸는지 들려주었다. 그녀는 거대 백화점의 바이어와 일생일대의 약속을 잡으려고 발에 땀이 나도록 뛰어다녔다. 그리고 마침내 바이어와 약속 장소에서 만났는데, 바이어인 여성은 블레이클리의 제품을 잘 이해하지 못하는 것처럼 보였다. 블레이클리는 바이어를 화장실로 데려가 자신이 실제 착용하고 있는 제품을 보여줬다. 엑스트라 껌의 경우와 마찬가지로 사실상 똑같은 기능을 약속하는 수많은 보정 속옷이 진열되어 있을 때, 나는 스토리가 마음에 드는 제품에 손이 간다.

돈을 좀 들여서 머리를 다듬을 때도 마찬가지다. 커트나 염색이 아닌, 드라이와 스타일링을 할 때 말이다. 나는 지난 10년간 6주마다 방문하고 있는 미용실을 포함해서 거리의 아무 미용실이나 들어가도 똑같은 서비스를 받을 수 있다. 하지만 나는 드라이바Drybar로 간다. 창업자의 스토리를 들었기 때문이다. 알리 웹Alli Webb은 각종 잡지와 온라인 인터뷰, 팟캐스트, 여성 행사 등에서 본인의 창업자 스토리를 들려준 바 있다. 어느 플랫폼이나 매체든 찾아보면 알리의 스토리를 쉽게 찾을 수 있을 것이다. 나도 조금씩 다른 방식으로 이 스토리를 여러 번 들었는데, 들을 때마다 얼마든지 다시 읽거나 듣고 싶어지는 스토리였다.

웹은 어린 시절 자신이 곱슬머리 때문에 느껴야 했던 기분을 들려준다(나도 어릴 때 늘 어색하고 난처한 기분이었다. 머리카락 때문은 아니었지만 웹의 이야기에 충분히 공감할 수 있었다). 당시의 드라이 비용은 너무 비쌌다(나도 언젠가 통장 잔고가 마이너스가 된 적이 있는데, 미용실에서 가격을 모르는 채로 한 병에 100달러짜리 샴푸를 사는 바람에 벌어진 일이었다). 웹은 친구들이 저렴한 비용으로 드라이를 받을 수 있도록 차를 타고 온 로스앤젤레스를 헤매기도 했다(내가 친구들의 자기 소개서나 혼인 서약문, 수상 연설문 등을 써주느라 몇 시간씩 걸렸던 일이 생각났다). 웹의 오빠는 웹에게 사업을 해보라고 격려했다(내 남편도 나에게 다니던 직장을 그만두고 스토리텔링을 전문으로 할 방법을 찾아보라고 격려했다). 그렇게 온갖 역경을 딛고, 수많은 위험을 감수하면서도, 그녀는 굳은 믿음으로 도약하여 결국 성공한다! 이보다 더 멋진 스토리가 있을까?

잘 구성된 창업자 스토리를 들을 때마다 나는 우리 딸이 인어공주가 언제 사람이 되어 왕자님과 결혼할지 궁금해 할 때와 같은 미소를 짓게 된다. 꿈이 실현되는 것이다! 공주님은 해낼 수 있다! 인어공주가 사람이 되고 나무 인형 피노키오가 진짜 소년으로 바뀌는 것처럼 말도 안 되는 소리처럼 들리더라도, 실제로 가능한 일이다. 창업자 스토리가 나의 이야기와 겹쳐지는 순간, 나는 충성 고객이 된다.

제대로 들려주는 창업자 스토리는 모든 인간의 핵심 욕망을 파고들 수 있다. 창업자가 지금 얼마만큼 성공했는지와는 상관없이 초창기의 스토리는 동화처럼 들리는 경우가 많다. 여러분도 창업자 스토리를 들려주어야 하며, 절대로 멈추지 말아야 한다.

물론 창업자 스토리가 없어도 충성 고객이 모여드는 브랜드나 기업도 많다. 그러나 여러분이 차별화에 애를 먹고 있는 소규모 자영업자라면 창업자 스토리의 힘을 절대 과소평가해서는 안 된다. 디즈니 영화처럼 극적이지 않아서 그동안 이야기하기를 망설여왔다고 하더라도 말이다. 창업자 스토리에서 중요한 것은 스토리의 규모가 아니라 스토리를 들려주겠다는 결심 자체다.

그래서 데저트 스타 컨스트럭션의 제리도 자신의 스토리를 들려주기로 결심했다. 그의 스토리는 대단한 내용은 아니었다. 눈물을 쏙 빼는 이야기도 아니었다. 조만간 할리우드에서 영화화될 일은 없을 것이다. 하지만 제리는 할리우드에 관심없었다. 그에게 중요한 것은 오직 건축에 대한 자신의 열정을 더 분명하게 보여주고, 누군가 꿈에 그리던 집을 짓기로 마음 먹었을 때 왜 데저트 스타 컨스트럭션이 최고의 파트너인지 분명하게 알려주는 일이었다. 그러려면 제리는 과거로, 한참 과거로 거슬러 올라가야 했다.

제리는 어린 시절까지 거슬러 올라갔다. 친구들이 운동을 하고 군인 놀이를 할 때 제리는 이것저것을 만들었다. 지붕이 있는 요새를 지었다. 망치와 못과 나무가 필요한 진짜 요새였다. 뒷마당의 절반을 차지할 만큼 큰 요새를 지은 적도 있다. 제리는 요새의 지붕에 걸터앉아 다음에는 뭘 만들까 공상에 잠기곤 했다.

이 대목에서 눈물이 나는가? 아마도 아닐 것이다. 이 스토리가 여러분의 인생을 바꿔놓았는가? 아닐 것이다. 그래도 괜찮다. 왜냐하면 제리가 바라는 것은 그런 게 아니기 때문이다. 제리는 그저 자신이 우연히 건축가가 된 게 아니라는 사실을 고객이 알아주기를 바랐다. 제리는 태어날 때부터 건축가였다. '꿈의 집'을 짓고 싶어 하는 고객이 있다면 제리와 직원들은 제리가 어린 시절 가졌던 것과 같은 경이로움을 마음에 품고 그 일을 시작할 것이다. 수십 년간 축적된 건설 경험은 덤이다.

제리는 이 스토리를 영상으로 들려준다면 가장 좋겠다고 판단했다. 영상 팀을 고용해서 직접 카메라에 대고 이야기하고, 건설 현장 한 곳에서 따로 영상을 찍어 배경 화면으로 사용할 계획이었다. 대본을 쓰고, 계획을 세우고, 완벽하게 준비하기까지 몇 주가 걸렸다. 계획은 착착 진행되는 듯했다. 갑자기 그 일이 생기기 전까지는.

이 무슨 운명의 장난인지 촬영을 시작하기로 한 날, 굉장히 중요한 예비 고객이 퍼스널 리조트Personal Resort®와 관련한 미팅을 갖자고 했다. 퍼스널 리조트는 미국에서 가장 큰 주택 중 하나가 될 예정이었고, 데저트 스타 컨스트럭션은 그 일을 맡을 건설사 후보의 최종 명단에 올라가 있었다. 제리는 엄청난 기회에 흥분했다. 그는 오후에 있을 프레젠테이션을 준비했다. 이 말은 곧 영상을 촬영할 시간이 아주 조금밖에 없다는 뜻이었다. 제리는 그토록 참여하고 싶었던 프로젝트의 최종 프레젠테이션을 위해 비행기를 타야 했다.

결국 그들은 해냈다. 영상 팀은 원하던 화면을 얻었고, 제리는 그의 스토리를 들려주었고, 촬영 팀의 누군가가 "다 됐습니다!"라고 말하자마자 일생일대의 발표를 위해 출발했다. 그리고 진짜 스토리는 바로 그곳에서 일어났다. 고객들 앞에서 평소처럼 프레젠테이션을 하려던 제리는 문득 그날 촬영장에서 들려주었던 요새 스토리를 떠올렸다.

마지막 순간에 생각을 바꾼 제리는 평소처럼 경쟁자들과 똑같이 들릴 회사 소개로 발표를 시작하는 대신, 어린 시절 요새를 만들었던 이야기를 들려주었다. 매일 건설 현장을 떠날 때면 자신이 처음 만들었던 그 요새를 떠올리고, 다음에는 또 어떤 집을 짓게 될지 상상한다고 말했다.

데저트 스타 컨스트럭션은 수주를 따냈다.

그 정말, 정말 큰 프로젝트를 말이다.

물론 〈샤크 탱크〉에 나오는 출연자들처럼 데저트 스타 컨스트럭션도 그들이 하는 일을 잘 알아야 했고, 고객의 편에서 최고의 가격으로 협상하겠다는 점을 분명히 전달했다. 비교 상대가 없을 만큼 경쟁력 있고 정말로 유능하다는 증거와 자료, 숫자도 필요했다.

그러나 최종 단계에서는, 똑같은 것을 할 수 있다고 주장하는 다른 고급 주택 건설사와 붙었을 때는 스토리가 승패를 갈랐다. 프로젝트를 의뢰한 고객은 어린 시절 요새를 지었다는 제리의 스토리에 특별한 무언가가 있었다고 콕 집어서 말했다. 고객은 그 스토리를 듣고 제리의 열정을 느꼈고 그가 이 일을 해낼 수 있겠다고 신뢰하게 되었다.

종종 간단한 스토리 하나로 충분할 때가 있다. 모든 게 시작된 순간의 스토리 혹은 첫 번째 성공, 첫 번째 실패 스토리가 그렇다. 한 기업의 시작은 온갖 스토리로 가득하다. 그곳에는 여러분의 기업을 남들과 구분해줄 만큼 독특한 스토리가 얼마든지 있다. 다른 요소가 모두 똑같을 때 창업자 스토리가 '예스'를 받아내도록 이끌어줄 것이다.

창업자 스토리는
인재의 간극을 잇는다

투자자와의 간극, 고객과의 간극에 더하여 창업자가 반드시 이어야 할 세 번째 간극은 다리의 저편에 있는 사람을 우리 팀의 일원으로 만드는 것이다. 혼자서 할 수 있는 사업도 있지만, 사업이 성장하고 모든 잠재력을 발휘하려면 타인을 합류시켜야 한다. 그러나 아무나 합류시킬 수는 없다. 최고의 인재를 합류시켜야 한다. 꿈을 함께 나누고, 사업의 결과를 자기 일처럼 생각하고, 험한 길도 함께 헤쳐나갈 의지가 있는 사람이 필요하다.

이런 비유를 들어보았을 것이다. 짐수레를 끄는 말은 혼자 8000파운드를 끌지만, 두 마리가 힘을 합하면 2만 4000파운드를 끌 수 있다고 한다. 두 마리는 한 마리씩의 힘을 합친 것보다 훨씬 큰 힘을 발휘한다. 이게 사실이든 아니든(인터넷에서는 의견이 나뉜다), 원칙은 동일하다. 제대로 된 팀을 갖춘다면 단순한 산술 계산을 뛰어넘는 훨씬 큰 성공을 거두게 될 것이다.

문제는 훌륭한 인재를 찾는 일이 쉽지만은 않다는 점이다. 그리고 실제로 찾아낸다고 해도 다른 경쟁자 역시 그 사람을 찾아냈을 가능성이 크다. 2017년 나는 회원제로 운영되는 어느 단체의 의뢰를 받아 전국 여러 도시를 돌아다니며 수백 개 기업의 리더와 CEO를 대상으로 강연을 했다. 다양한 업종의 크고 작은 기업을 대표하는 수천 명의 경영진이 하루 동안 모여서 인맥도 쌓고 기조연설도 듣는 행사였다. 경영자들은 귀담아들을 만한 성공 사례나 본인들의 문제를 해결해줄 새로운 방법을 모색하고 있었다.

2017년의 설문조사 결과에 따르면 샌디에이고부터 시카고, 피츠버그, 시애틀에 이르기까지 어느 도시를 막론하고 경영자를 괴롭히는 가장 큰 문제는 인재 확보였다. 사업 호황기에는 인재들이 주도권을 쥐게 된다. 그 방에 있던 모든 리더들은 어떻게 하면 인재의 관심을 끌 수 있는지 알고 싶어 했다. 그리고 인재를 자신의 회사에 합류하도록 설득하고 단순한 직원이 아닌 추종자로 바꿔놓을 최고의 방법이 무엇인지 궁금해 했다.

창업자 스토리는 인재가 바로 이 간극을 뛰어넘게 만드는 아주 훌륭한 첫걸음이다.

창업자 스토리는
어디서 찾을 것인가?

물론 모든 사업체가 에어비앤비도 아니고 이를 꿈꾸지도 않는다. 그러나 착각하지 말아야 할 점이 있다. 사업을 시작했다면 당신은 창업자다. 나에게 창업자 스토리가 없다고 생각할지도 모르겠지만 찾아보면 분명히 있다. 장담한다. 그래도 확신이 들지 않는다면 킥스타터 Kickstarter의 스토리를 한번 시청해보라. 실존 인물이 자신의 창업자 스토리를 들려주는 모습을 보라.

자신의 창업자 스토리를 찾아내는 다양한 전략에 대해서는 8장에서 더 자세히 살펴볼 것이다. 여기서는 창업자 스토리를 발굴하기 좋은 몇몇 시점을 알아보고 가자.

한참 전으로 거슬러 올라가라

나는 자기 분야에서 내로라하는 자산관리사들과 협업 중이었다. 그들은 한 사람, 한 사람이 모두 기업가였다. 자신의 고객을 스스로 개척하고 관리해야 하는 책임을 지고 있었다. 그들이 헌신하는 업무는 고객이 가장 소중하게 생각하는 소유물, 즉 돈을 관리하고 늘리는 일이었다. 그들 모두 이 분야의 경쟁이 치열하며 잠재 고객은 늘 조금씩 불안을 느낀다는 사실을 잘 알고 있었다. 자산관리사의 성공 여부는 자신이 얼마나 열정적이고 신뢰할 만한 사람인지 보여주고 효과적으로 소통할 수 있는지에 전적으로 달려 있었다. 동시에 똑같은 일을 하는 25만 명과 자신을 차별화해야 했다.[12]

해결책은? 자신만의 창업자 스토리를 찾아내는 것이었다.

자산관리사들은 한참 전으로 거슬러 올라가 자신이 처음으로 돈에 대한 열정을 발견했던 순간을 찾았다. 예컨대 첫 통장을 개설했던 날이나 처음으로 장난감을 사려고 저축했던 때처럼 말이다.

그중 한 사람은 처음부터 돈을 사랑했다고 밝혔다. 어린 시절 그녀가 가장 좋아한 장난감은 돈이었다. 돼지 저금통이 있었지만, 그 안에 돈이 들어 있는 경우는 거의 없었다. 소녀는 돈을 손에 쥐고 있는 게 좋았다. 돈을 분류하고, 쌓고, 들고 다녔다. 기회만 있으면 돈으로 장난을 쳤고, 어머니는 그걸 못마땅하게 여겼다.

"돈으로 장난치지 마!" 어머니는 소리를 빽 지르곤 했다.

"왜요?" 소녀는 물었다.

"왜냐면!" 어머니는 다른 어머니들처럼 그렇게 말하면서 어린 딸이 납득할 만한 이유를 머릿속으로는 얼른 찾아냈다. "더러우니까! 돈은 더러워. 그러니까 가지고 놀면 안 돼." 어머니가 말했다.

소녀는 낙담했다. 소녀는 돈이 너무 좋아서 도저히 돈을 멀리할 수가 없었다. 그렇지만 어머니를 화나게 하고 싶지는 않았다. 단단히 결심한 소녀는 두 사람이 모두 만족할 만한 해결책을 찾았다. 소녀는 뒷마당으로 가서 작은 양동이에 주방 세제와 따뜻한 물을 가득 담았다. 그리고 동전을 하나씩, 지폐도 하나씩 부드럽게 닦아서 마침내 가지고 있던 돈을 전부 씻었다.

그때 뒷문 현관에 어머니가 나타났다. 어머니가 소리를 질렀다. "뭐 하는 거니? 돈 가지고 놀지 말랬잖아!"

"돈이 더럽다고 하셨잖아요. 보세요. 제가 씻었어요!"

이제 어른이 된 자산관리사는 이야기를 마치며 이렇게 말했다. "물론 저는 이제 돈 세탁이 나쁜 일이라는 걸 잘 압니다. 그렇지만 돈에 대한 저의 사랑은 변하지 않았어요. 제가 고객님의 돈을 마땅한 사랑과 존중으로 대할 거라고 확신하셔도 좋습니다."

어린 시절까지 거슬러 올라가서 찾아낸 완벽한 창업자 스토리였다. 데저트 스타 컨스트럭션과 같은 전략이고, 여러분이 창업자 스토리를 모색할 때도 사용할 수 있는 전략이다.

더 좋은 방법을 찾던 순간을 떠올려라

비행기에 안경을 두고 내린 청년이 기절할 정도로 비싼 안경 가격에 놀라서 좌절했던 날, 워비 파커의 공동 설립자는 자신에게 이렇게 말했다. "더 좋은 방법이 있어야 해!"

똑같은 자각을 해본 경험이 있다면, 지금까지 해왔던 방식이 최선이 아니라는 사실을 깨달았던 그 순간 당신의 창업자 스토리가 시작되었을 수도 있다.

시간을 좀 가지고 그 생각이 처음 떠올랐던 날의 기억을 더듬어보라. '더 좋은 방법'이 과연 무엇일지 탐색해보기 시작했던 순간 말이다. 당신은 어떤 기분이었는가? 거기 누가 있었는가? 사건이 어떻게 벌어졌는가? 그 경이로움, 그 믿기지 않던 기분을 포함해라. 나중에 생각해보니 웃겼거나 미친 줄 알았거나 사랑스러웠던 부분을 집어넣어라.

'시간을 좀 가지고'라고 말한 것은 정말로 시간을 좀 내라는 의미다. 창업자는 회사가 처한 당장의 상황에 매몰되어 혹은 회사의 향방에 집중한 나머지, 그 모든 게 시작된 순간을 잊기 쉽다. 그러나 최고의 창업자 스토리는 종종 "더 좋은 방법이 있어야 해!"라고 생각한 바로 그 순간에서 탄생한다.

피, 땀, 눈물

〈샤크 탱크〉 시즌 5에서 한 어머니가 투자자들 앞에 섰다. 아기용 모카신*을 홍보하기 위해 나온 어머니였다. 이 어머니는 자신의 제품을 잘 이해하고 있었다. 판정단이 던지는 난감한 사업적인 질문에도 전부 답했다. 이윤, 고객 유치 비용 등 투자자들이 묻는 모든 질문에 답을 가지고 있었다.

그런데도 판정단의 반응은 아직 미적지근했다.

크게 관심 있는 투자자가 아무도 없는 것 같았다. 바로 그때 이 어머니에게 자신의 창업자 스토리를 들려줄 기회가 생겼다. 신발에 관한 스토리라기보다는 그녀가 홍보하고자 애쓰고 있는 또 다른 제품, 즉 그녀 자신에 관한 스토리였다.

그녀는 회사를 창업하기까지 얼마나 험난한 길을 걸었는지 이야기했다. 아이디어는 있었지만 아이디어를 실현하려면 돈이 필요했고, 그녀는 돈이 많지 않았다. 그녀는 자신의 첫 번째 제품을 제작할 자금을 구하려고 여름 내내 알루미늄 창틀의 유리를 깨는 일을 했다. 고되

---

* 부드러운 가죽으로 만드는 낮은 구두.

고, 땀나고, 피도 흘리는 일이었다.

그렇게 말끔해진 창틀을 고철상에 가지고 가서 200달러를 받았다. 그녀는 이 200달러로 모카신 몇 개를 만들 원단을 샀다.

그녀의 이야기가 끝나자마자 미적지근하던 판정단의 분위기는 갑자기 먹이를 향해 달려드는 상어 떼처럼 변했다. 사실 아무리 모카신이어도 아기용 신발이 새로운 아이디어는 아니다. 투자자 중 누구도 아기용 모카신에 관심을 두지는 않았다. 그들이 높이 산 것은 이 어머니가 들려준 '무엇이든 하겠다', '여름 땡볕에 땀을 흘렸다', '육체노동도 두렵지 않다', '200달러를 반드시 수백만 달러로 바꾸어놓겠다'는 스토리였다. 그녀가 피, 땀, 눈물의 스토리를 들려준 덕분이었다.

창업자 스토리를 모색할 때 곧장 양지바른 곳부터 찾아가지 마라. 자신의 성공을 뽐내고 싶은 유혹이 들 수도 있지만, 그늘진 곳에 서 있는 모습을 보이는 편이 당신에게 더 이롭다. 온통 무지개와 유니콘만은 아니었던 순간들을 보여줘라. 에어비앤비의 창업자 스토리만 봐도 그렇다. 그들의 스토리는 '훌륭한 아이디어가 있어서 열심히 노력했고, 우리가 정말 유능하고 똑똑해서 지금 수십억 달러 규모의 기업을 소유하게 되었다'가 아니다. 실제 에어비앤비 스토리는 그보다 덜 빛났지만, 에어비앤비를 위대한 회사로 만들어주었다.

사업이 온통 엇나가던 시절을 기억하는가? 일이 계속 꼬이기만 하던 때를 기억하는가? 친구들, 가족들이 온통 같은 말을 반복하는 바람에 주먹으로 한 대 쳐주고 싶었던 시기가 기억나는가? "모든 일에는 그럴 만한 이유가 있는 거야⋯."

기억나는가?

좋다.

당신의 스토리는 바로 그 고군분투 속에 있다. 피와 땀을 흘리며 대성통곡할 만큼 힘든 시간을 지나 결국 승리를 쟁취했던 순간, 바로 그곳에 창업자 스토리의 씨앗이 있을 것이다.

창업자 스토리의 함정 4가지
(와 이를 피하는 방법)

창업자 스토리를 만드는 일이 아주 쉬워 보일지도 모른다. 그러나 인스타그램을 보면, 너무나 쉬워 보였던 레시피였는데 그대로 따라 했더니 웃지도 못할 실패작이 나온 사례가 끝도 없이 많다. 창업자 스토리가 잘못되는 방법이나 함정, 난관은 아주 많다.

함정 #1: 창업자 스토리와 가치 스토리를 헷갈린다

이야기를 이어가기 전에 먼저 구분해야 할 것이 있다. 창업자 스토리는 가치 스토리가 아니다. 창업자 스토리는 말 그대로 창업자에 관한 것이다. 가치 스토리와 겹칠 수도 있고 제품이나 서비스를 보여주는 내용이 될 수도 있지만, 오직 제품에 관한 것이 되어버리면 그 이야기는 창업자 스토리라고 할 수 없다. 창업자는 당연히 가치 스토리를 들려줄 수도 있다. 그러나 두 가지가 다르다는 점은 분명히 알아두길 바란다. 제품에 대한 이야기만 하고 있다면 당신이 홍보하는 것은 그 제품이지, 당신 자신이 아니다. 창업자 스토리를 들려줄 때 당신은 그 무엇보다 당신 자신을 홍보해야 한다.

함정 #2: 매번 같은 이야기를 하는 데 지쳐버리다

지난 몇 년 동안 저녁에 뉴욕시의 웨스트 46번가 인근을 걸어본 적이 있다면 집단 히스테리와 마주쳤을 것이다. 맞다. 이 지역을 안다면 웨스트 46번가에는 타임스스퀘어가 있고, 밤낮 구분 없는 혼돈이 펼쳐진다는 사실도 잘 알 것이다. 그러나 웨스트 46번가에는 특별한 점이 있다.

바로 리처드 로저스 극장Richard Rogers Theater이 이곳에 있다. 그리고 브로드웨이에서 〈해밀턴〉을 보고 싶다면 리처드 로저스 극장에 가야 한다.

밖은 아수라장이다. 입장하려고 줄을 선 사람들이 건물을 에워싼 채 초조하게 기다린다. 스터브허브StubHub에서 구매한 500달러가 넘는 티켓이 부디 진짜이기를 바라면서 말이다. 극장 안은 더 심하다. '조직적으로 완벽한 혼돈'이라는 말은 아주 좋게 표현한 것이다. 그러나 화장실 줄에 100명이 서 있고 플라스틱 컵에 담긴 와인 한 잔이 18달러여도 아무도 개의치 않는 듯하다.

1319명이 저가 항공 좌석보다 좁은 자리를 기쁘게 찾아가면서 평생에 남을 경험에 들떠 어쩔 줄 몰라 한다.

한편 무대 뒤에서는 출연자들이 쇼를 준비한다. 나는 브로드웨이의 백스테이지를 본 적은 없지만, 장담하건대 그곳의 에너지가 관객의 에너지만큼 초조하지는 않을 것이다. 한번 생각해보라. 배우들은 일주일에 6일씩 웨스트 46번가 극장으로 출근하며 때로는 하루에 두 번 공연한다. 매번 똑같은 무대의상을 입고, 똑같은 가사와 똑같은 음의 똑같은 노래를 부르며, 똑같은 무대 위의 똑같은 지점까지 똑같은 방식으로 걸어나간다.

여러분은 어떨지 모르겠지만 나는 어른으로 사는 삶의 자연스러운 단조로움이 조금은 걱정될 때가 있다. 매일매일 똑같은 일을 하며 사는 삶 말이다. 그런데 그게 여러분의 직업이라고 상상해보라! 약간은 미쳐버릴 지경이 될 때가 있지 않을까? 이 모든 일이 대체 무슨 의미인가 싶을 때가 있지 않을까? 다른 노래를 부르고 다른 이야기를 들려주고 싶을 때가 있지 않을까?

창업자 스토리도 그럴 수 있다. 브로드웨이와 아주 비슷한 것이다. 시간이 지나면 똑같은 음정으로 똑같은 스토리를 들려주는 일이 지겨워질 것이다. 그리고 여러분은 배우 조합에 가입해 있지도, 다음 캐릭터의 대사가 내 대사와 연결되어 있지도 않기 때문에, 그것을 바꾸고 싶은 유혹을 느낄 것이다. 똑같은 스토리는 그만두고 대신 새롭고 신나는 상황이나 숫자를 말하고 싶을 수 있다.

그런 순간이 찾아오면 브로드웨이 배우들을 생각하라. 배우들은 매번 똑같은 대사를 하지만 이 연극이 자신을 위한 게 아니라는 사실을 알고 있다. 연극은 배우를 위한 것이 아니다. 배우들은 매일 밤 리처드 로저스 극장에 앉아 있는 새로운 1319명에게 제대로 된 스토리를 들려주려고 무대에 오른다. 생애 처음으로 〈해밀턴〉을 보려고 목이 빠져라 기다리고 있는 새로운 관객을 위해 공연한다.

브로드웨이 배우처럼, 혹은 2700년 된 소재로 똑같은 이야기를 해야 하는 연단 위의 전도사처럼, 여러분의 스토리도 가끔은 지루하게 느껴질 수 있다. 그럴 때는 생각의 중심을 여러분 자신에서 관객으로 옮겨라.

그렇다. 그 스토리는 여러분에 관한 것이지만, 그것을 들려주는 일은 여러분을 위한 것이 아니다. 여러분에게는 오래된 이야기일지 몰라도 듣는 사람에게는 처음이다. 그 일이 일어났던 날처럼 완전히 새로운 이야기다. 관객은 기꺼이 듣고 싶어 할 것이다.

함정 #3: 저는 창업자가 아닌데요?

이번 장은 회사를 창업한 사람이나 사업주, 즉 비즈니스를 시작한 사람을 염두에 두고 썼다. 그래서 창업자가 아닌 사람들은 '나랑은 상관없는 이야기'라고 생각할지도 모르겠다. 하지만 평범한 직원이나 중간 관리자 역시 창업자 스토리와 관련 있으며 이 스토리를 들려주는 일은 여전히 중요하다.

그런 분들을 위해 이렇게 이야기하겠다. "창업자 스토리는 누구나 들려줄 수 있다. 그리고 누구나 들려준다면 더 좋다!" 여러분이 기업을 일군 창업자가 아니고 3304번째 직원이더라도 창업자 스토리를 알고 있다면 그 이야기를 들려주어도 괜찮다. 비결은 이것이다. 똑같은 이야기를 도입부만 살짝 바꾸면 된다.

"이 회사를 설립했던 그날을 결코 잊지 못할 겁니다"(창업자 스토리를 시작하기에는 너무 허술하지만 그냥 이렇다고 치자)라고 말하면서 스토리를 시작하는 게 아니라, "우리 회사가 어떻게 시작되었는지 그 이야기를 들었던 날이 생각납니다"라고 말하면 된다. 그런 다음 여러분이 해당 스토리를 들었을 때의 상황을 조금 설명하라. 입사 면접 때였는가? 아니면 온라인에서 읽었는가?

그런 다음 이렇게 말하라. "제가 들은 바에 따르면 그 이야기는 이렇게 시작됩니다…" 그 후 늘 하던 식으로 창업자 스토리를 들려주면 된다. 대신에 1인칭(저는 이렇게 했습니다)을 3인칭(○○○는 이렇게 했습니다)으로 바꾸어라.

창업자 스토리가 끝나면 여러분의 경험을 한두 줄 덧붙이는 것으로 이야기를 마무리하라. "이 이야기를 들었을 때 저는 (이 자리에 중요하고 의미 있는 통찰을 넣어라)라는 것을 깨달았습니다. 여러분도 그렇게 느끼신다면 좋겠네요." 끝!

창업자 스토리는 최대한 많은 사람의 목소리로 이야기되는 것이 좋다. 여러분이 회사를 창업한 사람이 아니라고 해서 그 모든 것이 시작된 이야기를 들려주지 않을 이유는 없다.

함정 #4: 창업자 스토리를 말하지 못하게 하는 창업자

어느 학회에서 강연을 마친 후, 이메일을 한 통 받았다. 그녀는 훌륭한 창업자 스토리를 가진 어느 회사의 마케팅 부서에서 일하고 있었는데, 그 스토리를 몹시 들려주고 싶어 했다.

그런데 문제는? 창업자가 허락을 해주지 않는다고 했다.

혹시 익숙한 소리로 들린다면 먼저 이렇게 말해주고 싶다. "안타까운 일이군요."

내가 창업자가 아닌데 훌륭한 창업자 스토리가 있다는 사실을 알고 있다면 힘든 일이 될 수도 있다. 앞선 경우와 달리 이때는 어떻게 들려줄지 알아내는 일이 문제가 아니라 스토리 자체를 들려줘서는 안 된다는 상황이 문제가 된다.

드문 일은 아니다. 창업자들, 특히 X세대 이전 창업자들은 본인의 스토리를 공유하기를 망설이는 경우가 자주 있다. 이유는 다양하다.

기업의 수장이 창업담을 들려주는 게 구시대적이거나 자화자찬으로 보인다고 믿는 것부터(맞다. 잘못 이야기할 경우에는 창업자 스토리가 폼 잡고, 장황하고, 심지어 유치한 스토리로 보일 수도 있다) 중요한 것은 자신의 스토리가 아니라 '직원과 기업 그리고 고객'의 스토리라고 주장하는 경우도 있다.

위의 마지막 문장을 쓰면서 나는 실제로 움찔했다.

창업자가 여러분에게 본인의 이야기를 하지 말아야 할 이유로 앞선 이유를 제시한다면 어떤 경우든 절대로 받아들이지 마라. 왜냐하면 저런 말은 듣기에는 고상해 보일지 몰라도, 실제로는 전혀 중요하지 않기 때문이다.

먼저, 이 책에 제시된 스토리텔링 기본틀을 따르고 필수 요소를 모두 포함한다면, 여러분의 스토리는 결코 자화자찬으로 들리지 않고 사랑스럽게 느껴질 것이다. 사람들은 사람과 비즈니스를 하고 싶어 한다. 그런데 창업자 스토리를 들으면 웹사이트나 마케팅 저 너머에, 실시간으로 변하는 주가株價 너머에, 그 모든 일을 시작한 사람이 실제로 있다는 사실을 상기할 수 있다.

시간이 걸리고 설득이 필요할 수도 있다. 흔하고 뻔한 "저희는 탁월함을 추구하고 성실과 정직을… 어쩌고저쩌고" 이상의 말을 하도록 창업자의 마음을 움직이려면 몇 번을 부탁하고 상당한 노력을 기울여야 할 수도 있다. 하지만 계속 노력해보라고 권하고 싶다. 스토리 속의 '폭발'과 같은 역할을 할 순간을 계속 찾아보라. 그리고 그런 순간을 찾게 되면 창업자를 대신하여 스토리를 작성해보라. 나를 주제로 한 이야기는 내 귀에 스토리처럼 들리지 않는다는 사실을 기억하라. 나에 관한 얘기는 그냥 평범한 일상생활처럼 들리게 마련이다. 여러분이 만든 창업자 스토리도 그들에게는 스토리처럼 들리지 않을 것이다. 여러분이 그들에게 스토리를 들려준다면 그들은 그 안에 정말로 아름다운 무언가가 있다는 사실을 깨닫게 될 것이다.

그리고 이는 타인을 위한 스토리텔러가 됐을 때 느끼는 가장 큰 영광 중 하나다. 상대에게 그 사람의 스토리를 들려주었는데 정작 당사자는 자신에게 그런 스토리가 있다는 사실조차 몰랐을 때, 스토리텔러는 무엇과도 바꿀 수 없는 보람을 얻는다.

창업자 스토리
요소 해부하기

투자금을 모집할 예정이거나, 더 많은 고객이나 의뢰인을 확보할 요량이거나, 혹은 드림 팀이 되어줄 직원을 모으는 중이라면 여러분의 해결책은 스토리를 들려주는 것이다.

그냥 스토리가 아니다. 창업자 스토리다.

다행스럽게도 스토리텔링의 필수 요소를 포함하기만 한다면 창업자 스토리는 거의 저절로 써진다. 창업자 스토리라는 맥락에서 네 가지 필수 요소가 어떻게 구현되는지 한번 살펴보자.

분명한 캐릭터

핵심을 말하자면, 짐작이 가겠지만 창업자 스토리는 창업자를 중심으로 한다. 창업자 스토리를 구성하고 들려주는 이유는 기업가를 '이 아이디어'라는 배에 알맞은 선장으로 묘사하기 위해서다. 그렇다면 분명한 캐릭터는 당연히 창업자가 되어야 하는 것 아닌가? 창업자를 제일 앞에, 중심에 놓지 않는다면 우리가 어떻게 당신을 알고, 당신을 믿고, 당신을 응원하겠는가?

당연한 것처럼 보인다.

그리고 바로 이런 생각은 수많은 창업자 스토리를 꼬이게 만드는 시작점이 되기도 한다.

몇 해 전 우리 팀을 찾아온 창업자가 있었다. 그는 본인 회사의 스토리를 들려주고 싶어 했다. 그의 회사는 모든 것을 갖추고 있었다. 직원들은 열정이 있었고, 뛰어난 제품과 서비스를 만드는 일에 진정으로 헌신했다. 그런데도 그들이 좌절했던 이유는 다른 기업이 그들보다 못한 제품으로 더 높은 매출을 기록하며 자신들과 같은 대접을 받기 때문이었다.

이 프로젝트는 여러 가지 이유에서 우리에게도 흥미진진했다. 우리는 시장의 소음을 뚫고 나와 우뚝 선 위대한 창업자 스토리 하나를 만들 수 있겠다고 생각했다. 경쟁자가 많은 시장에서는 모두가 사실상 똑같은 소리를 반복할 때, 잘 만든 창업자 스토리 하나로 브랜드의 위상을 강화시킬 수 있기 때문이다.

아쉽게도 이 스토리는 행복한 결말로 끝맺지 못했다.

몇 주간의 인터뷰와 초안 작성, 수정 등을 거친 후 우리는 더 나아가지 못했다. 무엇이 문제였을까? 창업자가 스토리 안에 사람이 들어가는 것을 원하지 않았기 때문이다.

스토리의 초안은 창업자 본인을 분명한 캐릭터로 설정한 전형적인 창업자 스토리였다. 그는 창업자 스토리를 본인에 관한 이야기로 만들고 싶지 않다며 이 초안을 거절했다. 또 다른 버전에서 우리는 이 문제를 창의적으로 극복하기 위해 다른 캐릭터를 중심으로 설득력 있는 창업자 스토리를 만들고자 했다. 그는 이 버전도 싫다고 했다. 궁극적으로 그는 창업자 스토리에 사람이 들어가는 것을 원하지 않았다. 그는 '탁월함 추구'와 '더 좋은 재료'를 중심으로 창업자 스토리를 쓰고 싶어 했다. 짐작이 가겠지만, 그렇게 되면 창업자 스토리는 그의 경쟁자가 말하는 것과 똑같은 내용이 될 수밖에 없었다.

창업자 스토리의 강점은 분명한 캐릭터가 스토리의 성공을 보장한다는 점이다. 사람들(투자자, 고객, 잠재 인재)은 얼굴 없는 어느 회사가 아닌 다른 '사람'과 함께 일하고 싶어 하기 때문에, 스토리 속에 창업자와 같은 캐릭터를 넣는 것은 윈윈 전략이다.

그러나 안타깝게도 우리는 그 부분에서 합의에 도달하지 못했고, 서로 각자의 길을 가기로 했다. 이 회사의 이름을 말해줄 수도 있지만 그건 중요하지 않다. 왜냐하면 어차피 여러분은 들어보지 못했을 것이기 때문이다.

진실한 감정
~~~~~~~~~~~

스토리에 감정이 들어가야 하는 이유는 관객에게 와닿고, 흥미진진하고, 기억에 오래 남기 때문이다. 사건을 일어난 순서대로 서술하기만 한다면 관객은 공감대를 형성하지 못한다.

창업자 스토리에 감정을 넣는 첫 단계는 각각의 관객이 무엇을 중시할지 생각해보는 것이다. 몇 가지 예를 제시하면 다음과 같다.

투자자가 가장 관심을 갖는 것은 당신이 회사를 차리는 데 따라오는 온갖 시련과 고난을 이겨낼 수 있을까 하는 점이다. 투자자는 당신에게 역경을 이겨낼 능력이 있는지, 실속 없는 몽상가는 아닌지, 실패의 아픔을 딛고 확고한 의지를 보여줄 수 있는지 알고 싶어 한다. 투자자에게 들려줄 스토리를 준비할 때는 당신이 경험한 좌절이나 배신, 의심 같은 부정적 감정도 일부 포함해라. 투자자는 당신이 그런 감정을 느껴보았고 이겨냈는지 알고 싶어 한다.

투자자를 위한 창업자 스토리의 핵심은 그런 부정적 감정과 결의나 안도감, 자부심 같은 긍정적 감정이 균형을 이루는 것이다. 이런 감정의 대조가 창업자 스토리를 훌륭하게 만든다.

고객은 당신이 제품이나 서비스를 제대로 아는지, 자신의 삶을 개선해줄 것인지에 가장 관심이 있다. 고객들에게는 당신이 '사람'이라는 게 중요하다. 로고와 가격표 뒤에는 꿈이나 해결책을 가진 '사람'이 있어야 한다. 투자자에게 스토리를 들려줄 때와 다르지 않다. 창업에 수반되는 풍파를 이겨낸 소감을 스토리에 포함해라.

그러나 잠재 고객에게 들려주는 스토리는 투자자를 위한 스토리와 조금 다르다. 애초에 어떤 감정을 느끼고 나서 이 솔루션을 창안하게 됐는지 이야기하라. 당신은 왜 좌절했는가? 당신은 어떤 문제를 겪었는가? 에어비앤비 설립자들은 집세를 내지 못했기 때문에 돈을 마련할 방법을 찾고 있었다. 고지서에 청구된 비용을 낼 수 없다는 공포는 집세를 걱정하는 다수의 에어비앤비 고객에게 생생히 와닿는다. 창업 과정의 스토리 중에 이 부분을 포함하면 내 집의 남는 공간으로 추가 소득을 얻을 수 있다는 사실을 몰랐던 고객에게 깊은 울림을 줄 수 있다.

새로운 인재가 가장 관심을 갖는 부분은 일에 대한 당신의 열정이다. 그들은 헌신적이고, 열정적이고, 자신의 업무를 사랑하는 창업자를 원한다. 열정은 전염된다. 창업자 스토리를 새로운 직원들에게 들려줄 때는 그 안에 사랑의 감정이 담겨야 한다. 이제 막 자녀를 얻은 엄마나 아빠의 눈에서 반짝거리는 것과 같은 그런 사랑 말이다. '소년은 소녀를 만났습니다' 대신에 '창업자는 기업을 만났습니다'가 되는 셈이다.

하지만 관객에 맞춰 정해진 감정만 보여줘야 하는 것은 아니다. 투자자와 고객도 당신이 일에 얼마나 열정적인지 알고 싶어 한다. 새로운 인재도 당신이 역경을 만나서 살아남았는지 알고 싶어 한다. 창업자 스토리는 일관되어야 하며, 관객이 누구이든 당신의 감정이 스토리의 일부로 남아 있어야 한다. 그러나 스토리를 구분해서 들려줄 수 있다면 더할 나위 없이 전문적일 것이다.

중요한 순간

창업자 스토리에서 가장 쉬우면서 자주 간과되는 요소는 중요한 순간이다. 많은 사람은 구체적인 지점, 장소, 순간을 콕 집어내는 일을 등한시하고 두루뭉술하게 암시한다. 이런 실수를 피하려면 스토리를 만들 때 구체적인 순간을 포함해라.

처음으로 내 책상에 앉았다든지, 첫 주문이 들어오는 것을 지켜보았다든지, 현관 팻말을 '영업 종료'에서 '영업 중'으로 돌려놓았다든지 말이다. "그날을 절대로 잊지 못할 겁니다…"라든가 "절대로 잊지 못할 첫…" 혹은 "기억나는 순간이 있는데요…" 등의 말로 자연스럽게 그 순간으로 넘어가라. 날짜나 요일, 날씨처럼 간단한 것으로도 중요한 순간에 대한 관객의 필요를 충족시킬 수 있을 것이다.

구체적인 디테일

앞서 이야기했듯 디테일은 관객에 따라 달라진다. 지금 내 창업자 스토리를 듣고 있는 관객에 대한 정보를 바탕으로 서로 공유할 수 있는 경험을 포함시켜야 한다. 관객들이 보편적으로 알 만한 디테일을 활용하라. 고객에게 자녀가 있다면 부모들이 공감할 수 있는 구체적인 디테일을 포함하라. 새로운 인재 앞이라면 내가 정말로 관심 있는 무언가의 일부가 된다는 게 어떤 일인지 보여주는 구체적인 디테일을 포함해라.

궁극적으로 창업자 스토리를 친숙하게 만들어주는 것은 인간적인 요소다. 중요한 것은 시장 점유율 같은 숫자가 아니다. 로고도, 소셜 미디어 전략도 아니다. 기업의 설립이란 어느 한 인간이 길을 가는 것이다. 그 길을 직접 만들었든 선택했든, 아니면 우연히 그때 그 자리에 있었든, 그 길을 헤쳐나가는 게 바로 인간의 삶이다.

두 번째 기회는
없다

창업자 스토리의 궁극적인 힘은 창업자가 시작한 사업을 인간적으로 보이게 하는 데서 나온다. 어떤 기업의 건물이나 로고, 입출금 내역의 뒤에 그 모든 일을 시작한 사람이 존재한다는 사실을 상기시켜야 한다. 여러분이 창업자이든 혹은 놀라운 창업자 스토리를 가진 회사에서 일하든, 나는 여러분이 어떤 스토리를 들려줄 때 창업자 스토리로 포문을 열었으면 좋겠다. 그리고 그 스토리는 팩트나 숫자, 정보 같은 것이 아니라 회사 뒤에 숨어 있는 **사람들**로부터 시작해야 한다.

무엇보다 처음에 창업자 스토리를 들려주지 않는다면 다시는 창업자 스토리를 들려줄 기회가 없을지도 모른다. 그런데 2013년 라스베이거스에서 열린 수공예 박람회에서 만났던 그 유리공예 장인에게는 자신의 창업자 스토리를 들려줄 기회가 한 번 더 있었다. 이야기를 들려달라고 했더니 회사의 설립 연도를 말해주고 유리그릇을 유리그릇이라고 알려주었던 그 사람 말이다. 내가 떠날 때쯤 내가 스토리텔러라는 사실을 알게 된 그는 나를 돌려세우려 했다. 나에게 들려줄 훌륭한 스토리가 있었기 때문이다.

이 사건이 스토리텔링에 관한 스토리가 될 수도 있겠다고 생각한 나는 다음날 그 부스를 다시 방문했다. 이번에는 그가 나에게 스토리를 들려주었다.

그의 부모는 그가 변호사가 되길 바랐다. 노골적이지는 않았지만, 법조계라는 커리어와 그에 따른 명성, 안정, 돈을 추구하라는 미묘한 압박이 늘 있었다. 그러나 남자는 자신에게 예술가의 기질이 있다는 사실을 늘 알고 있었다. 그는 무언가를 만들 때 가장 행복했고, 예술적인 것을 추구할 때 항상 결실이 있었다. 그러나 부모를 실망시키고 싶지 않던 그는(전형적인 이야기라는 것을 안다는 듯 남자는 어깨를 으쓱해 보였다) 로스쿨에 입학했고 그 지역 변호사 사무실에 취업했다. 일도 괜찮게 했다. 실은 썩 잘했다. 남자는 변호사 업무에도 상당한 소질이 있었다. 그러나 남자는 그 일을 싫어했다. 늘 야근을 했고, 재미라고는 찾아볼 수 없는 일이었다. 그는 매 순간 그 일이 싫었다. 그 비참함을 상쇄하고자 남자는 범죄로 눈을 돌렸다.

그는 이 마지막 문장을 말하면서 씩 웃어 보였다. 물론 사람을 겉모습만 보고 판단하면 안 되지만, 이렇게 부드러운 말투로 말하고 곱슬거리는 은발에 안경을 쓰고 친절한 미소를 짓는 중년의 사내가 상습 범죄를 저질렀을 것 같지는 않았다.

그가 선택한 범죄는 버려진 유리 조각을 훔치는 일이었다. 매일 밤 변호사 사무실에서 집으로 돌아오는 길에 남자는 유리 공장의 창고를 지나쳤다. 그가 워낙 장시간 일하다 보니 퇴근할 때면 일과시간이 한참 지난 시각이었고 유리 공장은 항상 닫혀 있었다. 그래서 쓰레기장을 지키는 사람도 없었다. 남자는 매일 밤 그곳에 들러 쓰레기통을 뒤져서 공장에서 버린 유리 조각을 꺼냈다. 그리고 그것을 자신의 창고로 가져가 꼭두새벽까지 작업하며 내가 지금 보고 있는 작품을 만드는 방법을 독학했다.

"그래서 지금은 이 일을 하고 있지요." 남자는 부스를 둘러보았다. 그의 얼굴을 스치는 미묘한 표정은 흡사 자식을 소개할 때 아버지의 얼굴에 드러나는 다정한 자부심과 뿌듯함을 연상시켰다. 남자의 아버지가 단 한 번이라도 저런 표정을 지었을까 싶은, 그러나 사실이 무엇이든 전혀 중요하지 않게 만드는, 그런 표정이었다.

내가 말했다. "감사합니다. 그 스토리를 들려주셔서 고마워요."

"다시 들으러 와주셔서 감사합니다. 이 스토리를 잊고 있었어요."

들려주는 것을 잊어버리기 쉬운 스토리 중 하나가 바로 창업자 스토리다. 회사를 이륙시키는 데 필요한 온갖 극적인 상황 속에 그냥 묻혀버리기 쉽기 때문이다. 사업과 관련된 스토리는 그럴듯하게 들리지 않는 경우가 많다. 사업과 관련된 스토리는 그냥 새롭게 시작하는 인생의 일부로 들린다. 그러나 창업자 스토리를 간과한다면 투자자와 공감대를 형성하고, 나를 경쟁자와 차별화하고, 궁극적으로 경쟁력 있는 팀을 구성할 인재를 확보할 수 있는 강력한 기회를 놓치게 될 것이다. 유리공예 장인은 돌아와서 자신의 이야기를 들어달라고 했고 나는 그의 말을 따랐다. 그러나 창업자 스토리를 다시 들려줄 기회가 없는 경우가 더 많다.

❋

에어비앤비 설립자들처럼 성공한 창업자는 결국 그 이상의 무언가가 된다. 이제 막 시작한 사업은 점점 성장해서 더 큰 무언가, 자체적인 생명력을 가진 무언가가 된다. 더 많은 고객이 생기고, 직원이 생긴다. 창고에서 시작한 두 사람은 첨단 기업계의 거물이 된다. 바닥에 펼쳐놓았던 매트리스 세 개는 전 세계 수십만 개의 침대가 된다. 한때는 작고, 민첩하고, 예측 불가능했던 스타트업은 거대한 조직이 된다.

그런 일이 일어나면 창업자도 변한다. 그렇다. 그들은 여전히 창업자일 것이다. 그러나 이제는 다른 무언가, 즉 리더가 된다. 그리고 사람들이 말하는 것처럼 리더란 차원이 다른 무언가다.

6장

목적 스토리 공식
: 우리는 누구고 왜 이 일을 하는가

"스토리는 리더의 무기 창고에 있는 가장 강력한 무기다."

하워드 가드너Howard Gardner

2008년 7월이었다.

200명이 넘는 전 세계의 세일즈맨이 호텔 대연회장에 모였다. 새로운 제품에 대해 듣고, 세일즈에 관한 새로운 통찰을 얻고, 그들의 성공을 축하하기 위한 자리였다. 이 행사는 한 해의 하이라이트였다. 성대한 파티를 열어서 수없이 함성을 지르고 회사 이름을 연호하며 응원을 쏟아냈다. 2008년의 행사도 다를 바는 없었다. 한 가지 사실만 빼고 말이다.

첫 줄을 다시 한 번 읽어보라.

2008년 7월이었다.

세일즈, 특히나 미국에서 100퍼센트 커미션으로 세일즈를 하는 사람이라면 그 누구에게도 2008년은 축하할 해가 아니었다. 위로가 되는 해? 맞다. 삭감을 위한 해? 맞다. 그런데 축하하는 해? 장례식장에서 구호를 외치면 어떨 것 같은가? 그렇다. 그게 2008년이었다.

2008년의 현실은 모두에게 고통스러웠지만 특히 경영진 중 한 사람은 복잡한 현실에 처해 있었다. 여러분이 이미 아는 젊은이이자 지금은 내 남편이 된 마이클이다. 마이클은 2002년부터 이 회사의 재무 팀 직원으로 일했다. 재무 팀 직원들이 그렇듯 마이클도 회사 장부를 올바르게 기재하고, 현금흐름을 원만하게 유지하고, 사업주의 전략적 파트너로서 다소 파란만장한 재무 환경을 잘 헤쳐나가기 위해 쉼 없이 일했다. 마이클은 본인의 일을 잘했다. 실은 일을 워낙 잘해서 사업주들은 마이클에게 좀 더 전면에 나서는 역할을 맡기기로 했다. 이 비밀 병기를 묻어둘 이유가 없지 않은가?

2007년이 지나고 2008년이 시작될 때 결정은 내려졌고, 마이클의 직무가 바뀌었다. 그리고 마이클이 공식적으로 발표하는 자리가 바로 2008년 7월 연례 세일즈 행사로 잡혔다. 그는 그 자리에서 주어진 30분 동안 자신을 새로운 리더로 소개하는 동시에 대통령의 연두교서와 비슷한 연설을 해야 했다.

사업주들에게 이 행사는 직원들이 새로운 리더를 주목하고 다가올 한 해의 세일즈 인력을 결집시키는 자리였다. 그러나 마이클에게는 여러 문제가 산재한, 무시무시한 지뢰밭 같았다.

상황이 좋을 때 이런 종류의 연설은 어렵지 않다. 직원들의 사기도 높고 위험 요소가 별로 없기 때문이다. 경기가 호황일 때 잘나가는 회사의 선장이라면 일어나서 확성기에 대고 뭐 대충 이렇게 말하면 된다. "이 자리에 서게 돼서 말도 못 할 정도로 기쁘네요! 여러분이 최고예요! 작년에도 끝내주셨고, 올해는 두 배로 끝내주시겠죠!" 두 주먹을 불끈 쥐었다가 하이파이브하는 것 같은 기조연설을 한 다음, 무대를 걸어 내려오면 박수갈채가 쏟아질 것이다.

하지만 마이클은 사정이 아주 달랐다. 시장이 망가지고 하늘이 무너져내리는 상황에서 가라앉고 있는 배의 선원들 내지는 적어도 아주 적대적이고 불안한 관중을 상대로 연설을 해야 했다. 여기서 주먹을 불끈 쥐었다가는 박수갈채가 아니라 주먹다짐이 벌어질 수도 있었다.

마이클은 세일즈 팀이 마주한 문제를 그 누구보다 잘 알고 있었다. 그는 숫자를 다루는 사람이었다. 마이클은 "가서 해봐." 식의 연설은 공허하게 들릴 뿐만 아니라 오히려 마이너스가 될 수도 있다고 이미 결론을 내렸다. 회사가 심각한 난관에 직면한 상황에서 그는 불확실하고 회의적인 관객과 소통해야 했다.

이 사람들에게 필요한 것은 늘 하던 식의 연두교서도 치어리딩도 아닌 스토리였다.

생생하고 진실한 날것 그대로의 스토리가 필요했다. 주변의 모든 신호가 배에서 뛰어내리라고 외쳐대는 상황에서 이 회사에 남아야 할 이유, 하던 일을 계속하며 그만두지 말아야 할 이유를 알려주는 스토리가 필요했다.

마이클에게는 '목적 스토리'가 필요했다.

현명한 리더는
목적 스토리를 들려준다

잠깐 복습해보자. 사업의 성공을 견인하는 네 가지의 핵심 스토리가 있다. 처음으로 살펴본 것은 가치 스토리였다. 여러분의 제품이나 서비스가 사용자에게 어떤 가치가 있는지 설명하는 스토리다. 두 번째는 창업자 스토리다. 창업자 스토리는 이해관계자가 회사를 세운 사람을 신뢰하게 한다. 이 두 가지 스토리는 사업을 할 때 항상 가장 먼저 이야기해야 한다. 비즈니스에서는 이 두 가지가 먼저 존재하기 때문이다. 사업이라는 긴 여정에서 기업가와 그가 세상에 선보이려 하는 가치는 항상 가장 먼저 거쳐 가는 정거장이다.

사업이 확장되면서 반드시 벌어지는 일이 있다. 바로 새로운 사람들이 합류하는 일이다. 직원, 하청 업체, 임시직, 프리랜서가 성장하는 벤처기업의 자리를 채우기 시작한다. 이렇게 새로 합류한 사람은 회사를 키우는 데 매우 중요하다. 어느 정도의 규모가 되면 더 많은 사람의 합류 없이는 회사가 성장하지 못한다. 그런데 새로 합류한 사람들에게는 한 가지 문제가 있다. 그들은 '창업자가 아니다'라는 사실이다. 그들은 똑같은 능력을 갖고 있지도, 똑같이 동기 부여가 되어 있지도 않다. 회사가 하는 일이나 그 일을 하는 이유를 분명하게 이해하지 못하는 경우도 자주 발생한다.

결국에 가면 작은 군대만큼 커질 수도 있는 집단의 구성원들을 다 잡아서 매일 동기를 부여하는 일은 버겁지만, 매우 중요한 과제다. 리더들은 이 과제를 해결하기 위해 스토리텔링을 활용하는 편이 현명할 것이다. 목적 스토리는 조직 구성원들에게 매일 회사에 출근해야 할 이유를 부여한다. 헌신하고, 협조하고, 무언가를 함께 성취하는 일의 이유를 제시한다.

이익보다 목적이다

폴 잭을 기억할 것이다. 우리에게 신뢰와 상호작용의 중요성을 알려주었던 옥시토신 전문가 말이다. 그는 이렇게 말했다. "우리는 사람들이 조직의 거래 목적(제품과 서비스 판매)보다는 초월적 목적(회사가 사람들의 삶을 개선하는 것)에서 훨씬 큰 동기를 부여받는다는 사실을 알고 있다."[1]

초월적 목적 대 거래 목적. 조직의 구성원은 내가 파는 물건보다 그 물건을 파는 이유에 훨씬 더 흥분하는지도 모른다. 그것이 목적 스토리의 핵심이고, 리더가 직원과의 간극을 잇는 방법이다.

연구 결과도 이러한 견해를 뒷받침한다. 이윤 외의 목적을 제시하고 이를 합심의 원동력으로 삼는 기업은 시간이 흐르면 오히려 더 많은 이윤을 창출한다. 언뜻 이해가 가지 않을 수도 있는데, 목적이 없으면 그 빈 공간은 이윤이 메꾸게 된다.[2]

신발 브랜드 탐스Toms의 '1켤레 구매 시 1켤레 기부' 정책을 생각해보라. 똑같은 정책을 펼치는 양말 브랜드 봄바스Bombas도 있다. 워비파커 역시 판매된 만큼 안경을 기부한다. 생각해보라. 양말 회사, 신발 회사, 안경 회사가 한 번 판매될 때마다 누군가의 발이나 시력을 하나씩 구하는 세상을 만들 수 있다면 이것이 인간과 비즈니스에 어떤 의미가 될까?

우리에게는 삶의 이유가 필요하다.

어쩌면 우리 안에 목적을 향한 욕망이 이미 각인되어 있을 수도 있다. 우리는 인간으로서 사물에 의미를 부여하고자 하는, 벗어나기 힘든 본능을 갖고 있다. 진화라는 관점에서도 목표 지향적이고 목적에 좌우되는 편이 유리하다. 예컨대 정처 없이 돌아다니는 것과 사냥이나, 채집을 하는 것은 전혀 다른 결과를 낳을 것이다. 양쪽 다 기본적으로 걸어 다니는 것이지만 전자는 굶어 죽을 것이기 때문이다.

인간은 목적을 원하고 사물에 의미를 부여하도록 만들어졌다. 그렇기 때문에 스토리가 중요하고, 직장에서도 목적이 그토록 중요하다. 우리는 존재하지 않는 무언가에도 의미를 부여한다. 직장에서도 마찬가지다. 사람은 목적이 필요하다. 회사가 목적을 주지 않는다면 직원은 스스로 목적을 만들어낼 것이다. 그런데 그 목적은 회사의 목적과 다를 수 있다. 내 스토리를 먼저 꺼내라. 그렇지 않으면 다른 누군가가 나 대신 내 스토리를 들려줄지 모르고, 그 스토리는 내 마음에 들지 않을 수도 있다.

목적 스토리의 목적

네 가지 스토리 유형 중 가장 다양하게 활용할 수 있는 목적 스토리는 기업 내부의 온갖 간극을 이어준다. 핵심적으로 목적 스토리에서 가장 중요한 것은 합심과 영감이다. 조직의 규모가 커질수록 이 두 가지는 더 중요해진다. 조직에 목적이 생기려면 합심과 영감 모두 필요하고, 두 가지가 다 있어야 발전할 수 있다. 다행히도 목적 스토리는 다양한 방식과 다양한 이유로 직원들을 합심시킨다.

하나의 명확한 목표가 있을 때

연구자들은 사람들이 소통하고 조직화하고 세상을 이해하는 데 스토리텔링이 미치는 효과를 오랫동안 연구해왔다. 최근 연구자들은 직장의 팀 내에서 스토리텔링이 미치는 영향력을 알아보려고 했다. 특히 스토리가 팀원들이 중요 정보를 이해하는 방식과 팀의 정신에 미치는 영향이 궁금했다. 팀원들이 더 잘 합심한다는 것은 팀 프로세스가 향상되고 성과가 좋아진다는 뜻이다.[3] 간단히 말하면 연구자들은 준비 과정에 스토리가 포함되어 있을 경우, 팀이 더 잘 기능하고 문제를 더 응집력 있게 해결하며 더 효과적으로 협업하는지 알아보고자 했다.

이 주제와 기타 다양한 가설을 실험하기 위해 연구자들은 참가자를 세 팀으로 나눠 팀별로 온라인 시뮬레이션에 참여하게 했다. 팀원들은 시뮬레이션에서 경찰이나 소방관, 위험 물질 처리반 같은 역할을 배정받았다. '캠퍼스에 공기 중으로 전파되는 유독성 화학물질이 퍼진' 가상의 위기 상황을 처리하라는 과제를 받았다.[4] 팀원들은 효율적이고 효과적으로 협업해서 문제를 해결해야 했다.

참가자 그룹의 절반은 스토리가 담긴 교육용 비디오를 시청했다. 화학 실험실에서 사고가 났는데 대응 팀이 제대로 협력하지 못해서 한 학생이 심한 부상을 당하게 되는 내용이었다. 대조군이 시청한 비디오는 협업과 타이밍의 중요성만 설명하고, 스토리는 들어 있지 않았다.

결과적으로 스토리를 시청한 팀은 "스토리가 없는 형식으로 동일한 메시지를 전달받은 팀에 비해 서로 비슷한 관점으로 사건을 해결하고자 했다."[5] 모든 사람이 합심하기를 원한다면 스토리가 더 효과적인 방법이다.

이 같은 연구 결과는 놀랍지 않다. 집단 구성원에게 동기를 부여하고, 명확한 내용을 전달하고, 그들을 결속시키는 방법으로서 스토리텔링은 비즈니스 안팎에서 다양한 목표와 운동을 위해 오랫동안 사용되어왔기 때문이다.

✳

2018년 미국 중간선거가 있었던 화요일 저녁, 나는 필라델피아의 어느 호텔 방에 있었다. 룸서비스를 시키고 침대에 앉은 나는 단순한 호기심에 양대 정당에 각각 친화적인 두 채널을 오가며 뉴스를 시청하고 있었다. 당선자가 결정될 때마다 결과가 붉은색인지 푸른색인지에 따라 방송 해설은 정반대가 되었지만 한 가지 측면에서는 양쪽이 동일했다. 양쪽 채널 모두 다양한 후보들이 선거 운동 기간 동안 들려준 스토리를 반복해서 언급했다. 양쪽 채널 다 스토리의 힘을 인식했고 스토리가 없을 때 얼마나 허전해지는지 잘 알고 있었다.

물론 선거 운동은 스토리를 이용해 사람들을 합심시키고 동기를 부여하는 여러 활동 중 하나에 불과하다. 하프타임 휴식 때 몇 점을 뒤지고 있는 상황에서 라커룸에 들어갔다면 코치가 과연 어떤 스토리를 들려주어야 선수들이 승리할 수 있다고 믿을까. 고펀드미GoFundMe에서 내가 읽었던 수백 개의 프로필은 꿈을 실현하기 위해 기부를 독려하고자 작성된 것이었다. 나는 직원들이 안전 규칙을 따르는 것이 회사의 최고 목표인 어느 기업의 워크숍을 진행한 적이 있다. 안전 규칙을 지키지 않아서 처참한 결과가 발생한 스토리를 공유하는 것은 직원들이 회사의 목표를 철저히 따르게 하는 데 도움이 되었다.

결속시켜야 할 팀이 있다면, 그리고 무슨 이유에서든 결속에 어려움을 겪고 있다면, 목적 스토리가 바로 당신이 찾던 다리를 건설해줄 것이다.

민감한 상황일 때

나는 어느 대형 기술 기업의 전국 세일즈 콘퍼런스에서 강연한 적이 있다. 내 순서는 오전 일정의 중간쯤이었는데, 나는 다른 기조연설자, 즉 회사 경영자의 강연을 들어보려고 일부러 그곳에 더 일찍 도착했다. 사람들로 가득한 대연회장의 마지막 몇 개 남은 자리 중 하나를 찾아서 앉고 보니 마침 세일즈 담당 부사장이 연단에 오를 차례였다. 그는 존경받는 인물인 것이 분명했고 스토리로 연설의 문을 열었다.

그는 큰딸이 곧 고등학교를 졸업한다고 했다. 그는 아버지로서 딸에게 지혜를 나눠줄 시간이 빠르게 줄어들고 있다고 뼈저리게 느끼는 중이었다. 그래서 딸과 둘만의 특별한 데이트를 하기로 했다. 그리고 벌어진 일을 설명했는데 관객은 폭소를 터뜨렸다. 딸은 동네에서 가장 비싼 레스토랑을 골랐다. 딸이 옷을 입고 1층으로 내려왔을 때 그는 딸에게 옷을 갈아입으라고 했다. 딸의 옷차림이 레스토랑에 어울리지 않았기 때문이다. 딸은 식당에서도 바구니에 담긴 빵을 비웃으며 식사에는 거의 손도 대지 않았다. 졸업 파티에서 입을 드레스가 맞지 않을까 봐 걱정된다는 말을 웅얼거리면서 말이다.

그는 굴하지 않고 지혜를 나눠주기로 한 자신의 계획을 밀고 나갔다. "그래도 약간 계획을 수정하긴 했어요. 제가 가진 '모든' 지혜 대신 딱 하나만 나눠주기로 한 거죠." 아무것도 모르는 불쌍한 아빠에게 공감한 관객들은 그와 함께 웃었다. 식당 직원이 애피타이저를 치우자마자 그는 딸에게 작은 것에 주의를 기울이는 게 얼마나 중요한지 이야기했다. 그는 이렇게 말했다. "매사에, 수업에서도, 스터디에서도, 친구들과의 관계에서도, 연애할 때도." 딸을 쳐다보았더니 딸은 무관심을 숨기려고 하지도 않았다. 그래도 그는 계속 말을 이어갔다.

'작은 것들에 주의를 기울이라'는 설교를 20분째 했는데도 딸은 아무 반응이 없었다. 마침내 그는 폭발하고 말았다. 그는 이렇게 말했다. "애야, 내가 문제인 거니? 아니면 네가 내 말을 귓등으로도 듣지 않는 거니?" 딸은 그를 진지하게 바라봤다. "내가 지금…" 그는 말을 잠시 멈췄다가 이어나갔다. "내가 지금 작은 것들이 얼마나 중요한지 가르쳐주고 있잖니? 작은 것들이 정말로 중요하다고!" 그는 속상한 마음에 결국 소리를 버럭 질렀다. "그런데 너는 신경도 쓰지 않는 것 같구나!"

그는 말을 멈췄다.

딸은 아빠를 쳐다보았다.

그는 눈썹을 끌어올리며 신호를 보냈다. "흠, 뭐라도 말해보렴."

딸은 어이없다는 표정으로 이렇게 말했다. "아빠 말을 진지하게 듣기가 정말 어려워요. 작은 것들에 주의를 기울이는 일이 그렇게 중요하다고 하시면서 아빠는 지금 양말 두 짝도 서로 다른 걸 신고 계세요." 딸은 말을 멈췄다. "그냥 그렇다고요."

연회장이 조용해졌다. 관객들은 나만 옳다는 생각이 무너진 순간에 느끼는 괴로움을 공유했다. 부사장은 멋쩍게 웃으며 딸이 옳았다고 인정했다. 그리고 회사도 그동안 비슷한 잘못을 저질렀다고 인정했다. 말과 행동이 서로 달랐다고 말이다. 말과 행동이 다르다는 것이다. "때때로 우리가 다른 편에 있다고 생각할 수도 있을 것입니다. 경영진은 본사 사무실에 있고 반대쪽에 여러분, 우리 헌신적인 세일즈 대표들이 있다고 말이죠. 그리고 본사에서는 종종 여러분에게 헷갈리는 메시지를 전달합니다. 기존 고객과 더 깊은 관계를 맺어야 한다고 말하면서, 새로운 고객을 유치했을 때만 보상을 주죠." 어두운 연회장에서도 세일즈 대표들이 눈짓을 주고받는 모습이 보였다.

부사장이 말했다. "그 점을 사과드리고 싶습니다. 그리고 앞으로는 좀 더 일관된 모습을 보여드리겠다고 약속드립니다. 말한 대로 지키겠습니다."

부사장은 미소를 지으며 말했다. "그리고 제 딸은 왠지 대학에서도 잘 지낼 것 같다는 확신이 들더군요. 저의 지혜가 없더라도 말이죠."

믿을 수 없었다. 완벽한 목적 스토리였다. 지나치게 극적이지도 않고 전적으로 공감할 수 있으면서도, 요점을 완벽하게 보여주는 스토리였다. 무대에 선 부사장은 회사가 펼치고 있는 캠페인을 설명하거나 "현장의 목소리에 좀 더 귀를 기울이겠다"고 말할 수도 있었다. 그러나 6장의 도입에서 언급했던 마이클의 사례와 마찬가지로, 그런 말들은 공허하고 진부하게 들렸을 것이다.

그래서 이 경영자는 그 대신 난감했던 자신의 대화를 스토리의 소재로 골랐다. 그가 본인의 실수를 깨달았던 경험을 들려주었기 때문에 관객은 그의 메시지에 마음을 열 수 있었다.

진짜 중요한 사항을 알려야 할 때

소덱소Sodexo는 음식을 사랑했다.

대형 식품 서비스 기업 소덱소의 요리부는 그 점을 알려주고 싶었다. 모든 사람, 특히 그들의 고객과 잠재 고객들에게 그 점을 알리고 싶었다. 소덱소는 기업 사무실에서 병원, 관광 명소에 이르기까지 전 세계에 주방을 보유하고 있었다. 소덱소는 이들 주방에서 요리할 셰 프를 모집할 때 회사가 음식에 대해 사랑과 열정을 갖고 있음을 셰프 들이 알아주기를 바랐다.

문제는 '저희는 음식에 열정적입니다'라거나 '저희는 음식을 사랑 해요'라고 말하는 것만으로는 충분하지 않다는 점이었다. 소덱소는 이 사랑을 사람들이 느낄 수 있기를 바랐다. 사람들에게 감동을 주기 를 바랐다. 음식에 관한 한 소덱소에 중요한 것은 단순한 손익계산서 가 아니라는 사실을 사람들이 분명히 알 수 있기를 바랐다. 소덱소는 음식을 사랑했다.

소덱소는 이 목적을 대체 어떻게 전달하면 좋을까? 짐작이 갈 것이 다. 소덱소는 목적 스토리를 들려줘야 했다.

우리가 이 스토리를 생각해낸 것은 2016년 스토리텔링 워크숍에서 였다. 이후 개발과 대본 작업을 거쳐 최종적으로 시애틀 소재의 영화 사 리틀필름스LittleFilms의 유능한 팀이 2017년에 이 스토리를 짧은 영 상으로 만들었다.

해당 워크숍에서는 100명의 관객을 소규모 그룹으로 나눠서 뛰어 난 요리부가 어떤 것인지와 관련해 중요한 메시지를 잘 표현할 수 있 는 스토리를 찾아내고 만들게 했다. 그중 한 그룹에게는 음식에 대한 사랑이라는 개념을 공략하는 과제를 주었다. 다양한 아이디어가 오간 후, 셰프였던 한 참가자가 음식에 대한 자신의 사랑을 보여주는 스토 리를 들려주었다.

뉴델리에 살던 여덟 살 소년 시절, 그의 집에는 가족이 많았다고 한 다. 부모님, 삼촌, 숙모, 사촌들까지. 그렇게 많은 사람이 제각각 움직였다. 시끄럽고 혼란스럽고 기쁨으로 가득했다. 매일 저녁 그들은 식사하려고 다 함께 식탁에 둘러앉았다. 저녁마다 그 시간이면 다들 그날 있었던 각자의 이야기를 들려주었고, 음식을 나누고, 꿈을 공유했다.

그는 돌이켜보면 그런 경험, 가족과 함께 했던 그때의 식사가 자신을 셰프로 만든 이유일 수도 있겠지만, 우리의 생각과는 다르다고 했다.

그가 열세 살이 됐을 무렵 다들 이사를 나가기 시작했다. 식사 시간도, 이야기도, 모든 게 바뀌었다. 그로부터 한참 후 그는 그 시절의 레시피를 배우는 데 집착했다. 어린 시절 뉴델리의 저녁 식탁에서 먹었던 음식 말이다. 그런데 다시 만든 음식들은 절대로 똑같은 맛이 나지 않았다. 그는 그 이유를 이제서야 알게 되었다고 했다.

소텍소에서 일하는 지금, 요리를 하다 잠시 숨을 돌리려고 고개를 들면 익숙한 광경을 보게 되기 때문이다. 너무나 많은 사람이 제각각 움직이는데 모두 그의 음식을 먹으려고 식당으로 들어온다. 셰프들은 웃음꽃을 피우며, 일하고, 요리한다. 시끄럽고 혼란스러운 현장에는 기쁨이 가득하다. 그는 한순간 뉴델리로 돌아와 다시 그 식탁에 앉아 가족들과 저녁을 먹고 있는 것 같은 기분을 느꼈다.

바로 그때 그는 깨달았다. 수많은 시도에도 불구하고 왜 혼자서는 그 추억의 맛을 재현하지 못했는지. 음식은 단순한 식재료 이상이기 때문이다. 음식에 대한 사랑은 함께 하는 시간에서 비롯된다. 사람들이 이야기와 꿈을 공유하는 데서 나온다. 셰프는 음식을 만드는 사람이라고 생각한 적도 있었다. 그러나 지금은 셰프란 경험을 만들어내는 사람임을 안다. 그는 매일 소텍소에서 바로 그 일을 하고 있다.

셰프 라지Raj가 이 이야기를 들려주었을 때 나를 비롯해 눈가가 촉촉해지지 않은 사람이 아무도 없었다. 그날의 분위기는 하루 종일 긍정적이고 활기찼는데, 그가 그 스토리를 들려준 후 분위기가 눈에 띄게 바뀌었다. 자신이 소텍소에서 하는 일에 대해 더 깊은 자부심과 더 큰 의미를 느끼는 모습이 보였다.

그렇다. 소텍소가 음식을 사랑한다는 사실을 모두 머리로는 알고 있었다. 그러나 라지의 스토리를 들은 후에야 비로소 그게 무슨 뜻인지 느낌으로 와닿았다. 다들 라지의 스토리에 공감했다. 그 이야기에서 힘을 얻었다. 워크숍이 끝난 후 나는 그 방에 있던 사람들에게 많은 칭찬과 찬사를 받았다. 그러나 나는 그날의 워크숍이 그렇게 만족스럽고 목적으로 가득한 행사로 끝날 수 있었던 이유는 우리가 전달한 6시간 분량의 콘텐츠 때문이 아니라 라지를 비롯해 그들이 들려준 여러 스토리 덕분이라는 사실을 알고 있었다.

하나의 목적 스토리로도 모든 팀원을 단합시키고 자신이 하는 일의 더 깊은 의미를 다시금 깨닫게 할 수 있다.

목적 스토리를 이끄는
북극성

성공적인 목적 스토리를 만들고 싶다면 어떤 디테일이나 요소를 포함하는 것보다 중요한 일이 하나 있다. 목적 스토리는 해당 스토리가 메시지를 얼마나 잘, 강력하게 뒷받침하는지에 따라 운명이 좌우된다. 목적 스토리는 첫째 '메시지의 명료성'과 둘째 '스토리가 해당 메시지를 얼마나 명료하게 보여주느냐'에 좌우된다.

모든 목적 스토리는 다음과 같은 필수 질문으로 시작된다. 나는 어떤 점을 강조해야 하는가? 다시 말해, 나는 관객이 이 스토리를 듣고 무엇을 생각하거나, 느끼거나, 알거나, 하기를 바라는가?

이 질문에 대한 답이 여러분의 북극성이다. 어떤 스토리를 개발할지 결정할 때 그 답이 길잡이 별이 되어줄 것이다. 시간적 여유에 따라 혹은 중요도에 따라 스토리 중에서 어느 부분을 남기고 어느 부분은 잘라내야 할지 알려주는 것이다.

※

2장에 나왔던 매리코파 병원을 기억할 것이다. 매리코파 재단은 기금 모집을 위한 기부를 독려하려고 진심 어린 실제 스토리에 의존했었다. 그날 저녁 식사 전 기부가 시작되기 전에 새로 취임한 CEO가 연설을 해야 하는 시간이 있었다. 주지사의 시정 보고 같은 연설 말이다. 그러나 당시 조직은 약간의 혼란을 겪고 있었고 새로운 CEO의 연설은 단순한 시정 보고 이상의 역할을 해주어야 했다. 그는 목적 스토리가 필요했다. 그 방에는 가장 중요한 이해관계자들이 있을 테고 CEO로서는 다시 없을 기회였다. 그는 생생하고, 진실하고, 감동적인 스토리로 방 안에 있는 사람들이 자신과 매리코파 병원을 계속해서 신뢰해야 할 이유를 제시해야 했다.

새로운 CEO가 전하고 싶던 메시지는 매리코파 병원이 자랑스러운 일을 해내고 있다는 사실이었다. 그들이 아니면 아무도 도와주지 않았을 사람들에게 질 높은 의료 서비스를 제공하고 가장 취약한 사람들에 대한 연민을 실천하는 것이 매리코파 병원이 지금 하고 있는 일이고 앞으로도 지향하는 가치였다. 우리는 이것을 북극성 삼아 스토리를 개발했다. 조금 파고들어보니 그들의 목적과 참석자를 이어줄 완벽한 스토리가 있었다. 행사 당일 저녁에 참석자들이 도착했을 때, CEO는 여러 가지 통계 자료로 포문을 여는 대신 스토리를 들려주었다.

그가 CEO가 된 지 얼마 안 되었을 때의 이야기였다. CEO는 자금 마련을 위해 채권 발행을 논의하는 간담회에 참석했다. 간담회가 개최된 곳은 커뮤니티 빌딩의 다목적 회의실이었다. 접었다 펴는 금속 의자가 줄지어 배치되어 있고 방 뒤편의 테이블에는 물병과 쿠키가 놓여 있었다. 사람들이 하나둘 들어와서 자리 잡았고 누군가 그들을 환영하는 인사를 했다. 그런데 그때 무언가가 무대에 오르려고 준비 중이던 CEO의 눈에 들어왔다. 한 남자가 발을 질질 끌며 방으로 들어오고 있었던 것이다.

남자는 아마도 노숙자 같았다. 미팅에 참석하려는 것인지, 아니면 사람들이 모인 것을 우연히 보고 무슨 일인지 구경하러 온 것인지 확실치 않았다. 어느 쪽이든 남자는 방 앞쪽으로 슬슬 걸어왔고 진행자 근처에 멈춰 섰다.

다른 포럼 장소였다면 이쯤에서 어느 직원이 다가와 이 어수선한 남자를 밖으로 안내하며 "여기 들어오시면 안 돼요"라고 속삭였을 것이다. 그러는 동안 다른 사람들은 의자에서 불편하게 몸을 뒤척이며 이 남자가 아무런 소란도 일으키지 않고 나가기를 바랐을 것이다.

하지만 이 포럼은 그렇지 않았다. 몇 사람이 일어나서 남자에게 다가가기는 했다. 그러나 남자를 쫓아버리려고 그런 게 아니었다. 한 사람은 남자에게 물병을 가져다주었다. 다른 사람은 의자를 가지고 와서 남자가 앉을 수 있게 했다. 또 다른 사람은 쿠키를 냅킨에 싸서 가져다주었다.

여기까지 이야기한 CEO는 말을 잠시 멈추고 사람들이 그 장면을 마음속으로 그릴 때까지 기다렸다. 그곳에 모여 있던 예비 기부자들은 숨 한번 내쉬지 않았다. CEO는 다시 연설을 이어갔다. 그는 다른 기부금 모금 행사였다면 관객이 오프닝 연설에서 기대했을 법한 몇몇 정보를 포함해 최근에 있었던 축하할 일을 몇 가지 언급했다. 그러나 누가 헛기침을 하기 전에 다시 그 어수선한 남자의 이야기로 돌아갔다.

"저는 포럼이 있었던 그날 저녁을 떠올려봅니다. 세상 모두가 등 돌렸을 그 남자를 생각해봅니다. 하지만 여러분, 매리코파 커뮤니티에 속한 여러분은 한 병의 물과 한 줌의 쿠키처럼 간단한 것으로도 그분이 품위를 지킬 수 있도록 해주었습니다. 그것이 바로 우리가 후대에 남길 유산입니다. 멋진 첫해를 보내게 해주셔서 감사합니다. 여러분이 있기에 저는 매일매일 더 겸손해지고 자랑스러움을 느낍니다."

끝이었다. 그가 연단을 내려오자 우레와 같은 박수가 쏟아졌다. 관객은 방금 일어난 일을 아직 제대로 파악하지 못하는 것 같았다. 사회자는 CEO에게 고맙다는 인사를 건네고 관객에게 저녁 식사와 '각자의 자리에 놓인 특별 쿠키'를 맛있게 드시라고 했다.

새로 부임한 CEO는 메시지와 착 붙는 아주 명확한 스토리 하나로 조금은 회의적이었던 이해관계자들을 결속시켰고, 덕분에 모든 사람이 이 단체의 목적을 다시 한 번 되새겼다.

경고: 스토리를 위한 스토리를 조심할 것

그런데 목적 스토리의 성공에는 복병이 있다. 내가 강조하려는 주제, 즉 메시지가 내가 최종적으로 들려준 스토리와 반드시 일치해야 한다는 점이다. 목적 스토리를 들려줄 때 이 부분에서 절대로 실수하지 않도록 주의해야 한다.

목적 스토리는 대부분 화자인 리더가 주인공이다(이에 대해서는 7장의 '요소 해부' 부분에서 자세히 설명할 것이다). 이는 자연스러운 일이고 따라서 그 자체가 문제가 되는 것은 아니다. 그러나 화자는 목적 스토리를 들려주어도 될 만한, 기업 내에서 리더의 위치에 있는 사람이기 때문에 메시지를 완벽히 그려내지 못하는 스토리를 들려줄 경우에는 오히려 청자로 하여금 다음과 같은 의문을 품게 만든다. '저게 다 무슨 소리지?' 이는 스토리텔링에서 저지를 수 있는 최악의 실수다. '스토리 자체를 위한 스토리를 들려주는 것' 말이다. 스토리를 메시지와 긴밀하게 연결시키지 않는다면 불리한 역풍을 맞을 수도 있다. 영감을 주는 리더가 아니라 거만한 리더로 낙인찍힐 위험이 있다.

물론 무엇을 해도 트집 잡을 사람은 잡겠지만, 스토리가 끝나고 과연 직원들이 실제 계획이나 기업 이념, 목표를 한층 더 이해했는지 신경 써서 확인한다면 크게 상처 받는 일은 피할 수 있을 것이다.

목적 스토리
해킹하기

명확한 메시지를 만들고 그에 맞는 스토리를 고르는 일은 어렵지 않은 것 같다. 그렇지 않은가? 그게 뭐 그리 대수일까? 하지만 실제로 시도해보면 생각보다 훨씬 어렵다는 사실을 깨닫게 된다. 메시지는 있는데 그에 착 붙는 스토리가 도저히 손에 잡히지 않아서 목적 스토리를 들려주지 못했던 경험이 있더라도 낙담하지 마라. 인생에 지름길은 없고 공짜 점심은 없다지만, 머릿속 동굴에 숨어 있는 목적 스토리를 찾아내서 꾀어내는 간단한 방법은 있다.

전달하려는 메시지가 명확해졌다면 이렇게 자문해보자. '내가 언제 이 교훈을 배웠지? 내가 언제 이 진리를 발견했지?'

기업의 말과 행동이 때때로 일치하지 않는다는 메시지를 전하려고 했던 기술 기업의 부사장 이야기로 돌아가보자. 그는 언제 그 메시지를 배웠는지 자문해봤고, 그러자 딸과의 저녁 식사라는 스토리가 나타났다. 매리코파 병원의 CEO는 일에 대한 자부심으로 이해관계자를 결속시키고 싶었고, 그래서 이렇게 자문해봤다. '우리의 진실한 목적이 실현되는 것을 내가 언제 봤지?' 그러자 정중한 대우를 받았던 그 노숙자가 떠올랐다.

7장 도입부에서 언급한 금융위기가 한창이던 시기에 세일즈 팀을 이끌게 된 마이클의 경우, 그가 전달하고 싶었던 메시지는 '상황이 힘들다는 사실은 알지만, 지금 포기한다면 후회하게 될 것이다'였다.

마이클은 이 교훈을 어디서 배웠을까? 대학교 4학년 때 수구水球 팀에서 배웠다.

＊

사내 콘퍼런스에서 무대에 오를 순간이 되었을 때, 마이클은 충분히 준비했음에도 초조함을 느꼈다. 마이클은 자신의 접근 방법이 관객의 기대와 다를 것이라는 사실을 알고 있었다. 특히나 이전에 재무 팀에서 근무했던 사람이 세일즈 콘퍼런스에서 이런 얘기를 할 줄은 아무도 몰랐을 것이다.

마이클은 진행자가 자신을 소개하자 무대로 올라갔다. 연설은 고등학교 영어 시간 이후로 처음이었다. 그리고 연설의 시작도 고등학교 시절 이야기였다.

고등학교 1학년 때였다. 입학한 지 얼마 되지 않았을 때 마이클이 교내를 걷고 있는데 선생님 한 분이 마이클을 불렀다. 수구 팀 코치였다. 마이클은 코치가 자신에게 말을 걸고 있다는 것을 알아챘다. 코치가 말했다. "안녕, 아버지 키가 어떻게 되시니?"

"어… 196센티미터인가 그래요." 마이클은 고등학생만 가능한 그 웅얼거리는 말투로 대답했다.

"너 수구 좀 해야겠다." 코치가 말했다.

마이클은 한 번도 해본 적 없고 잘 알지도 못하는 스포츠 팀에 들어간다는 게 상상도 잘 안 되고 자신도 없다고 말했다. 코치는 마이클을 설득하기 위해 UCLA와 스탠퍼드대학교 사이에서 벌어진 대학생 수구 챔피언십 경기에 그를 데려갔다.

마이클은 관중석의 차가운 금속 의자에 앉아 선수들이 경기하는 모습을 감탄하며 지켜보았다. 그리고 나도 수구를 해야겠다고, 또 언젠가 챔피언십 경기도 나가야겠다고 결심했다.

물론 대학생 챔피언십 경기라면 아직 한참 남은 얘기였고, 시간은 마이클의 편이었다. 마이클은 요리가 아닌 수영에서 에그비터eggbeater*가 무엇을 의미하는지 모르고 짧은 수영복이 취향이 아니라는 등의 몇몇 소소한 장애물에도 불구하고 수구 팀에 들어가게 되었다. 이왕 장애물을 극복하기로 마음먹었다면 열심히 노력해야 했다.

---

* 요리에서는 달걀 교반기를, 수영에서는 양발을 번갈아가며 차는 킥을 말한다.

그때부터 마이클은 가장 먼저 수영장에 들어가고 가장 마지막에 수영장에서 나왔다. 지옥 훈련 주간과 하루 2회 훈련도 버텼고 체육관에서 따로 근력 운동까지 했다. 마이클은 정신력 훈련도 했다. 마이클은 스스로도 인정할 만큼 성마른 편이라, 자신의 성격을 억눌러서 그런 감정을 더 날카로운 플레이로 연결하려고 노력했다.

많은 시간과 노력이 들었지만, 결국 효과가 있었다. 마이클은 고등학교 2학년 때 수구 팀 주장이 되었다. 마이클이 진짜 리더가 되어본 것은 그때가 처음이었다. 마이클은 고등학교 3학년 때 UCLA의 수구 선수로 스카우트되었다. 모든 게 계획대로 착착 진행되고 있었다.

여기서 마이클은 말을 끊었다. 극적인 효과를 주려는 것이 아니라 지금부터의 이야기가 진짜였기 때문이다. 마이클은 숨을 한 번 몰아쉬었다. "대학에 들어가자 상황은 달라졌습니다. 경기 수준은 더 높았으며 선수들의 체격도 더 좋았고 실력도 더 훌륭했습니다. 저는 더 노력해야 했죠. 몸무게도 늘리고, 근육량도 늘리고, 뭐든 더 늘려야 했습니다."

처음에는 마이클도 열심히 했다. 하지만 서서히 게을러지기 시작했다. 마이클은 더 이상 수영장에 가장 먼저 들어가고 가장 마지막에 나오는 선수가 아니었다. 관심도, 열정도 줄어들었다. 어려울 것이라는 사실을 알고 있었다. 고통도 두렵지 않았다. 하지만 마이클이 예상했던 것보다 훨씬 힘들었다.

어느 날 코치가 마이클을 불러 말했다. "마이클, 여기에는 자네보다 어리고, 빠르고, 더 열심히 하는 친구들이 있어. 자네가 실력을 키우든지 아니면 팀에서 빠져줘야겠어."

마이클은 졸업반이었다. 이미 그 정도는 예상했다. 그래서 마이클은 수구를 그만두었다.

마이클은 스토리에 푹 빠져 있는 관객들에게 말했다. "대학교 때의 그 시절을 돌아보면, 이제야 깨달은 사실이지만 그런 시간은 마치 사업이 침체기일 때와 비슷한 것 같습니다. 삶의 자연스러운 흥망성쇠 같달까요. 하지만 그 당시에는 제가 미숙하고 경험도 눈치도 없어서, 힘든 시기가 실제로는 박차고 올라가 더 발전할 수 있는 기회라는 것을 미처 깨닫지 못했습니다."

실내는 쥐 죽은 듯 조용해졌다. 마이클은 무대 앞으로 나왔다.

"저는 고등학교 1학년 때 그 챔피언십 경기를 목표로 삼았습니다. 선수들을 보면서 언젠가 그 수영장에 들어갈 거라고 맹세했었죠."

마이클은 다시 한 번 숨을 크게 쉬었다.

"그런데 저는 7년 후 그렇게 되고 말았습니다. 7년간 열심히 노력했고 끊임없이 발전했는데, 그만두겠다는 결정 하나 때문에 저는 다시 관객석에 앉아 우리 팀이 전국 챔피언십 경기에서 우승하는 모습을 지켜보고만 있었습니다. 차가운 금속 의자에 앉아서 말이죠."

마이클은 머리를 살짝 저었다.

관객도 마른침을 꿀꺽 삼켰다.

그날 마이클이 배운 교훈은 언제 어디서든 누구에게나 도움이 될 교훈이지만, 2008년 그날 그 방에 있던 낙담한 세일즈맨들만큼 그 교훈이 절실한 사람은 없었다.

마이클은 지금 세일즈맨들이 그때의 자신과 비슷한 선택의 기로에 놓였다고 말했다. 그들은 어려운 시기가 오히려 앞서나갈 기회라는 믿음으로 수영장에 들어가 연습할 수도 있었고, 포기하고 수영장 밖으로 나올 수도 있었다.

"저는 객석에서 경기를 지켜봤고, 그 결정은 제가 인생에서 가장 후회하는 선택입니다. 지금 상황이 어렵다는 사실을 압니다. 수영장은 너무 차갑고, 연습 시간은 너무 길고, 보상은 너무 멀리 있는 것만 같죠. 하지만 이것이 우리의 챔피언십 경기입니다. 저는 우리가 이길 때까지 절대로 그만두지 않을 겁니다."

2008년 7월의 그 기조연설은 마이클에게도, 회사에도 터닝포인트가 되었다. 마이클은 적대적이고 무관심한 관중이 될 수도 있었던 사람들을 공동의 목적을 위해 뭉친 동지로 바꿔놓았다. 마이클의 목적 스토리는 직원들에게 용기를 불어넣었다. 직원들은 최선을 다해 노력할 이유, 경기 침체라는 폭풍우를 이겨내면 그 어느 때보다 강하고 훌륭해질 수 있다는 공동의 목표를 향해 노력할 이유를 얻었다. 그게 바로 후회를 남기지 않는 길이었다.

목적 스토리
요소 해부하기

명확한 메시지를 만든 후 자신의 커리어와 인생을 돌아보며 앞서 소개한 요령이나 여러분만의 방법으로 메시지를 완벽히 뒷받침할 스토리를 찾아냈다면, 다음 단계는 스토리를 기억에 남게 만들어주는 네 가지 요소를 포함하는 것이다.

분명한 캐릭터

다른 스토리와 마찬가지로 목적 스토리의 분명한 캐릭터는 대부분 스토리텔러 자신이다(물론 가치 스토리에서는 종종 고객이 주인공이 되기도 하고, 이해관계자가 창업자를 대신해 창업자 스토리를 들려주기도 한다). 목적 스토리에 담길 교훈을 이미 알고 있는 리더나 그런 경험을 갖고 있는 사람 말이다. 다른 사람에 관한 이야기를 목적 스토리로 들려줄 수도 있지만, '내 이야기'를 할 때 최고의 목적 스토리가 나오는 법이다.

그래서 목적 스토리는 흥미진진한 동시에 구성하기가 쉽지 않다. 흥미진진한 이유는 선택할 수 있는 스토리가 살아온 날만큼 많기 때문이다. 적절한 메시지와 연결 지을 수만 있다면 삶의 어느 순간도 목적 스토리가 될 수 있다.

내가 가장 좋아하는 목적 스토리 중 하나는 자신만의 목적을 따르라고 용기를 북돋아주는 이야기다. 연설자는 파산하고 여자친구 집에서 얹혀살았던 시절의 스토리를 들려주었다. 두 사람의 침대 옆에 억지로 끼워 넣은 손바닥만 한 책상이 그의 사무실이었다. 하루는 여자친구가 퇴근하고 돌아왔을 때 그는 그 작은 책상에서 일을 보고 있었고, 온갖 고지서와 파산으로 인한 서류들이 두 사람의 침대 위에 널브러져 있었다. 여자친구는 그를 방해하고 싶지 않았지만 밤이 늦었기에 방으로 들어와 이불 밑, 곧 그의 수많은 서류 아래로 들어가 잠을 청했다. 그는 서류 더미 밑에서 잠든 여자친구를 보며 이렇게 생각했다. '다시는 그녀가 내 고지서의 무게를 느끼며 잠들게 하지 않겠어'. 이후 그는 아무리 힘든 일이 닥쳐도 이때를 떠올리며 절대로 포기하지 않을 수 있었다.

나 자신을 분명한 캐릭터로 만들어 주인공으로 내세우면 목적 스토리의 소재가 무한정 넓어진다. 하지만 〈스파이더맨〉에서 말하는 것처럼 큰 힘에는 큰 책임이 따른다. 스토리에서 진짜 중요한 것은 주인공이 아니라 관객이기 때문이다. 마이클의 수구 스토리는 마이클이 주인공이었지만, 그 이야기를 한 것은 관객이 그의 입장이 되어 생각해보기를 바랐기 때문이다. 매리코과 병원 CEO가 간담회에 들어온 노숙자 스토리를 들려준 것은 자신이 느꼈던 자부심을 관객들과 공유할 수 있었기 때문이다.

목적 스토리에서 분명한 캐릭터를 잘 활용하는 방법은 당신 자신에 관한 디테일을 포함하는 것이다. 그날 입었던 옷이나 특별히 눈에 띄었던 무언가, 생각했던 내용 같은 것 말이다. 그러나 이때 관객을 염두에 두어야 한다. 어떤 디테일을 들려줘야 관객에게 와닿겠는가? 어떤 디테일을 보여줘야 관객이 "그렇지, 나랑 똑같네"라고 반응하겠는가?

진실한 감정
～～～

청자가 스토리 속 분명한 캐릭터의 경험에 공감하게 만드는 효율적인 방법은 감정을 이용하는 것이다.

사건을 정확히 순서대로 읊는다고 해서 목적 스토리가 효과를 발휘하지는 않는다. 그 사건에 관해 느낀 것을 공유하려는 의지와 그걸 잘 표현할 수 있는 능력이 목적 스토리의 성공 여부를 결정한다. 이때의 감정이 대단한 것일 필요는 없다. 사실 감정의 기본적인 상태는 무관심인 경우가 많다. 대단한 스토리가 되기 위해 정말로 필요한 것은 보통 비즈니스에서는 잘 드러내지 않는 나 자신에 관한 무언가를 공유하고, 내 약한 모습까지 기꺼이 보여주려는 의지다.

그렇다. 약한 모습이다. 아마 여러분도 비즈니스 리더십에서 약한 모습이 중요하다는 이야기를 한 번쯤 들어보았을 것이다. 그렇게 들기 좋은 유행어는 아니지만(아무도 약한 모습을 내보이는 걸 좋아하지 않는다), 비즈니스를 하면서 기꺼이 약한 모습을 내보이는 게 성공의 추진력이 된다는 사실은 다양한 연구를 통해 증명되었다.

약한 모습에 관한 전문가로 유명한 연구자 겸 작가 브레네 브라운Brené Brown은 이렇게 말했다. "약한 모습은 혁신과 창의성의 핵심이다. 약한 모습이 없다면 아무런 혁신도 나올 수 없다."[6] 비즈니스가 발전하려면 혁신과 창의성이 필요하다는 사실을 모르는 사람은 없다. 그런데도 우리는 망설인다.

직장에서 약한 모습을 내보이기 주저하는 이유에는 약한 모습을 보이는 순간 다른 사람들이 나를 어떻게 받아들일지 두려워하는 탓도 있다. 브라운은 사람들이 종종 약한 모습과 약함을 동일시하지만 실제로는 정반대라고 말한다.[7] 사업체를 운영한다는 것은 모험을 하면서 위험과 비웃음, 심지어 실패에 나를 노출한다는 뜻이다. 모험을 해야 사업을 확장할 수 있고, 큰 거래도 성사시킬 수 있다.

약한 모습은 직원들과 소통할 때도 중요하다. 브라운은 연구를 통해 사회적 관계가 약한 모습에서 시작된다는 사실을 발견했다. 직장에서 약한 모습을 보이면 인간적인 관계를 맺을 수 있다. 리더와 직원 사이에 신뢰와 의리가 쌓이고 아이디어 공유가 촉진되며 충성심이 커진다.[8]

목적 스토리는 마음을 열고 약한 모습을 보여줄 수 있는 완벽한 기회다. 꼭 직장 내에서 일어난 이야기만 들려줄 필요는 없다. 목적 스토리의 가장 짜릿한 자유 중 하나는 회사 밖이나 내가 맡은 역할 밖에서 이야기를 찾아도 된다는 것이다. 어린 시절 캠프에서 일생일대의 순간을 경험했다면? 그것도 좋다. 친구와 사이가 틀어지면서 소중한 교훈을 배웠다면? 그것도 괜찮다. 이렇게 하면 목적 스토리의 소재가 끝도 없이 다양해질 뿐만 아니라 회사 밖의 소재를 선택함으로써 직원들이 당신을 그저 직장 상사가 아니라 한 명의 인간으로 공감할 수 있는 기회가 된다. 여러분이 로봇이 아니라면 이는 아주 긍정적인 일이다.

중요한 순간

앞선 두 가지 유형의 스토리와 마찬가지로 목적 스토리 역시 구체적인 순간을 포함하면 더 흥미진진해진다. 그러려면 관객이 머릿속으로 쉽게 그려볼 수 있는 장소나 시간을 넣으면 된다. 마이클의 수구 스토리에서 경기장의 관중석 같은 것 말이다.

특히 목적 스토리에서는 중요한 순간이 곧 '폭발'의 순간이 되는 경우가 많다. 각성 직전의 순간 말이다. 모든 게 평소처럼 돌아가던 '기준' 상태와 갑자기 모든 게 바뀌는 순간이 서로 만나는 지점이다. 당신은 교훈을 배우고, 전에 없던 시각을 얻고, '새로운 기준'의 상태로 접어든다.

그렇다면 중요한 순간이 실제로는 몇 분의 1초 만에 이뤄졌다고 하더라도, 스토리 속에서는 슬로모션처럼 느껴져야 한다. 그 순간을 클로즈업하면서 충분한 시간을 들여라.

한 예로 나는 어느 경영자 집단을 위해 회사 밖에서 워크숍을 진행한 적이 있다. 경영자들은 다양한 스토리를 개발했는데 그중 하나가 '워라밸work-life balance 찾기'에 관한 목적 스토리였다. 한 여성 경영자는 자녀와 보내는 시간을 너무 많이 놓치고 있다는 사실을 깨달았다는 스토리를 들려주었다. 하지만 그녀는 "아이들과 함께하는 시간을 얼마나 많이 놓치고 있는지 알게 되었어요"라고 말하지 않았다.

대신 그녀는 전문가답게 중요한 순간을 포함해서 깨달음의 순간을 한 편의 그림처럼 그려냈다. "절대로 잊지 못할 겁니다. 저는 제 차에 타고 양손을 운전대에 올리고 고속도로를 달리고 있었죠. 1시간이 걸리는 통근길 중 30분 정도가 지났을 때였어요. 저는 깨달았습니다. '이 운전이 나와 내 가족 사이의 시간을 너무 많이 빼앗아가고 있구나'." 그녀의 이야기가 끝난 후 이 스토리에서 좋았던 부분에 대해 토론할 때, 다들 자동차 안에서의 그 장면이 돋보였고 자신을 스토리로 끌어들였다고 밝혔다.

구체적인 디테일

목적 스토리의 성공 여부는 리더가 본인의 이야기를 관객의 이야기인 것처럼 만들어낼 수 있느냐에 달렸다. 이 점을 염두에 두고, 가능하다면 관객이 보편적으로 공감할 수 있는 이야기를 만들어라. 관객 대다수가 익숙한 디테일이나 상황, 감정을 포함해라.

앞서 나왔던 기술 기업의 부사장은 많은 관객의 집에 10대가 있다는 사실을 알고 있었다. 본인이 부모가 아닐지라도 그곳에 있던 사람이라면 누구나 10대 시절을 거쳤으므로 스토리에 공감할 수 있었다. 마이클의 경우, 관객들 모두 그만두고 싶었던 경험이 있다는 사실을 알고 있었다. 실제로 거기 있던 사람 다수가 당시에 그런 고민을 한창 하고 있었다. 나는 〈마이 리틀 포니My Little Pony〉처럼 구체적인 디테일을 스토리에 포함한 적이 있다. 관객들이 1980년대와 1990년대에 성장기를 보냈으니 이 애니메이션 시리즈를 기억할 거라고 생각했다.

관객 대부분이 Y세대 여성이었을 때는 신발 브랜드 무치 투치Mootsie Tootsie를 활용한 적도 있다.

구체적인 디테일을 활용하면 분명한 캐릭터(리더)와 관객 사이의 경계가 흐려지면서 서로 하나가 된다. 그 순간 당신의 목적은 곧 그들의 목적이 된다.

기업문화를 이끄는
목적 스토리

2010년 에모리대학교의 한 심리학자는 무엇이 아이들을 건강하고 행복하게 만드는지 알아보기 위해 초등학생을 상대로 한 가지 실험을 진행했다.[9] 실험은 예/아니오로 답하는 간단한 질문 20개로 구성되었는데, 각 학생이 가족사를 얼마나 알고 있는지 측정하는 내용이었다.

- 할머니, 할아버지가 어디서 자랐는지 알고 있나요?
- 엄마, 아빠가 어디서 고등학교를 다녔는지 알고 있나요?
- 엄마, 아빠가 어디서 만났는지 알고 있나요?
- 질병처럼 끔찍한 일을 겪은 가족을 알고 있나요?
- 본인이 어떻게 태어나게 되었는지 알고 있나요?

결과는 놀라웠다. 가족사를 많이 알고 있는 아이일수록 스스로 자신의 삶을 통제하고 있다는 인식이 강했고 자존감도 높았다. "알고 있나요?" 질문은 아이의 정서적 건강과 행복도를 측정할 수 있는 가장 훌륭한 예측 변수인 것으로 드러났다.

우리 팀은 이 결과가 조직에도 적용될 수 있는지 궁금했다. 직원들이 회사의 스토리나 리더에 대해 더 많이 알수록 조직에 느끼는 소속감도 더 커질까? 그래서 우리도 실험해봤다.

우리는 미국에서 정규직으로 일하는 18세에서 65세 사이의 사람 1000명을 대상으로 전국적인 설문조사를 실시했다. 회사의 스토리에 관해 아는 내용이 있는지 물어보고, 만약에 아는 게 있다면 그게 직무 만족도 전반에 혹시라도 영향을 주었는지 물었다. 설문조사에는 다음과 같은 질문이 포함되었다.

- 지금 일하고 계신 회사가 어떻게 시작되었는지 알고 계십니까?
- 지금 일하고 계신 회사가 과거에 어떤 도전에 직면하거나 어려움을 겪었는지 알고 계십니까?

이 두 가지 질문에 '그렇다'고 답한 응답자는 "우리가 회사에서 하는 일이 세상에 도움이 된다"는 문장을 긍정할 확률이 40퍼센트 더 높았다.

작은 스토리텔링 하나가 기업의 목적을 고취하는 데 큰 역할을 할 수도 있고, 이러한 목적의식은 지속적인 성공을 이끈다. 목적 스토리는 직원에게 자신이 하는 일이 중요하다는 사실을 일깨워준다. 수천 킬로미터 떨어진 곳에서 재택근무를 하며 본인의 책상에 앉아 코딩하고 있는 사람은 자신이 회사의 중요한 일부라는 사실을 모를 수도 있다. 같은 사무실에 있지만 세 칸 떨어진 곳에 앉아 있는 직원도 아마 잘 모를 것이다. 이들은 자신이 더 크고 중요한 무언가, 강력한 **목적**이 있는 조직의 일부라는 사실을 모를 수도 있다. 그래서는 안 된다.

고객과 투자자만 설득하면 된다고 생각하기 쉽다. 그들만이 주의를 끌고, 영향을 미치고, 바꿔놓아야 할 사람이라고 생각할 수도 있다. 그러나 리더라면 나를 따르는 사람들도 똑같이 설득해내야 한다. 직원들의 적극적인 참여를 유도하고 그들에게 영향을 미칠 수 없다면 그저 월급만 주고 사람들이 그 돈값을 제대로 해내길 바라는 수밖에 없을 것이다.

스토리텔링으로 직원을 설득하는 것은 매일 해야 하는 일이다. 스토리텔링을 하고 있지 않다면 당신은 지는 게임을 하고 있는 셈이다.

당신은 제대로 된 이야기를 들려주고 있는가?

기업의 리더들은 탁 트인 사무실과 직원 매뉴얼, 직원용 농구코트, 차와 맥주를 구비한 탕비실이 있으면 기업문화가 저절로 확립된다고 믿고 싶어 한다. 왜냐하면 약간의 리모델링과 장비 설치만 하면 되기 때문이다. 그러나 조직문화를 형성하고 유지하려면 심혈을 기울여서 의도적으로 스토리텔링을 해야 한다.

문화란 사람들을 한마음으로 묶고 그들에게 영감을 주는 스토리의 집합이다. 직원들은 회사의 역사를 알면 더 큰 행복과 소속감을 느끼게 된다. 기업의 흥망성쇠, 이 모든 게 어디서 시작되었는지 알아야 한다. 더 중요한 것은, 회사가 난관에 부딪혔지만 살아남았고 그 덕분에 지금 이 스토리를 듣고 있다는 사실을 아는 것이다. 그렇다면 직원들은 앞으로 닥쳐올 폭풍우도 이겨낼 수 있다는 사실을 깨달을 수 있다.

직원들에게 이런 스토리를 들려주고 역사를 알려주는 것은 자녀에게 가족의 역사를 들려주는 것과 같다. 회사의 문화를 알면 직원들은 소속감이 생길 것이다.

제대로 된 스토리를 들려준다면 분명히 좋은 결과가 있을 것이다. 잘못된 스토리를 들려준다면 직원들을 붙들어주고 있는 다리는 걷잡을 수 없을 만큼 흔들릴 것이다.

우리 회사의 설립 과정을 직원들이 아는가? 가장 큰 거래처와 어떻게 계약했는지 아는가? 가장 큰 실패가 무엇인지 아는가? 가장 위대한 도전과 승리, 참사와 재기의 과정을 아는가?

하루하루 출근하는 게 지겨워질 때, 조직이 역경을 만났을 때(분명히 만나게 될 것이다) 여러분 회사 직원들은 자신이 더 큰 무언가의 일부라는 사실을 알까?

스토리를 들려준다면, 그들도 알게 될 것이다.

아플 때나, 건강할 때나

시절이 좋을 때는 목적 스토리가 더 좋은 기업문화를 형성해서 더 나은 실적을 견인할 수 있다. 시절이 힘들 때는 마이클의 회사처럼 목적 스토리가 생존 자체를 좌우할 수도 있다. 어떤 시절이든 목적 스토리는 누구나 들려줄 수 있는 이야기이며, 당신도 예외가 아니다. 목적 스토리를 자주 들려줘라.

그러나 모든 스토리를 누구나 들려줄 수 있는 것은 아니다. 우리가 들려줄 수 없는 스토리도 있다. 그게 무엇인지 다음 장에서 알아보자.

고객 스토리 공식

: 고객이 알아서 입소문을 내게 하는 법

"당신이 방에 없을 때 남들이 당신에 대해 말하는 내용이
바로 브랜드다."

제프 베이조스 Jeff Bezos

사람들 앞에서 말하는 것이 세상에서 가장 두려운 일 중 하나라고들 한다. 나는 다소 과장된 말이라고 생각하지만, 연단에 오르기 전 초조함을 느끼는 것은 흔한 일이다. 이는 전문 연설가도 마찬가지다. 연단에는 그런 힘이 있는 듯하다.

전문가로서 내 최고의 비밀은? 훌륭한 디오더런트 제품을 써라.

그렇다, 이것이 내가 연설과 관련해서 해줄 수 있는 최고의 조언은 아니다. 하지만 여러분의 목표가 아주 형편없는 디오더런트 광고를 만드는 것이라면 이 조언이 출발점이 되어줄 수도 있을 것 같다.

흔한 아나운서의 목소리가 다음과 같이 말한다.

킨드라 홀은 전문 스토리텔러입니다. 그녀는 스토리가 난관에 부딪힐 때 일을 끝내기 위해 디오더런트에 의지합니다. 그래서 그녀는 전 세계 스토리 전문가들이 가장 신뢰하는 브랜드, 애크미Acme를 선택합니다.

어휴.

나는 이런 유형의 마케팅만 보면 정말 돌아버릴 것 같다. 몇 가지 이유가 있다. 하나는 그냥 듣기만 해도 싸구려 같기 때문이다. 사실 애크미만을 탓할 문제는 아니다. 이 문제는 상당히 까다롭다. 메시지가 담겨 있다고 하더라도 가짜로 느껴지거나 진정성이 부족해보일 수 있다.

하지만 그밖에도 이런 유형의 메시지가 나를 미치게 하는 이유는 기회를 놓쳤다는 생각이 계속 들기 때문이다. 애크미는 분명히 스토리가 있을 텐데도 훌륭한 스토리를 들려주려는 노력을 기울이지 않았다.

다행히 광고의 역사만큼이나 오래된 이 문제를 해결할 방법이 있다. 애크미라는 가상의 사례가 아닌, 현실의 사례를 한번 들여다보자.

※

네이티브Native의 디오더런트를 처음 접했을 때는 다른 온라인 쇼핑과 크게 다른 점이 없었다. 주문했고, 이메일로 영수증을 받았고, 제품을 배송받았다. 흔한 순서였다. 그러나 흔하지 않았던 것은 마케팅이 너무나 훌륭했다는 점이다. 가치를 알려주는 방법(안전하고 효과적이며 미국산인 디오더런트)이 분명하고 이해하기 쉬웠으며, 그들 역시 이 점을 전면에 내세웠다. 네이티브의 웹사이트에 들어가보면 그들이 무슨 문제를 해결해주는지 단 3초 만에 알 수 있다.

그러나 네이티브가 정말로 뛰어난 점은 독특한 스토리를 사용하는

데 있다. 네이티브는 고객이 제품을 사용한 후의 스토리를 포착하는 데 탁월한 능력을 보여주었다. 고객 스토리는 아마도 네 가지 스토리 유형 중에서 가장 어려운 과제일 것이다. 그런데 네이티브는 잘 만들기 힘들지만 효과만큼은 아주 강력한 고객 스토리를 구성하는 데 장인의 면모를 보여주었다.

고객 스토리의 힘
: 우리가 후기를 찾아보는 이유

고객 스토리는 여러분도 이미 잘 알고 있다. 경험담, 후기, 인플루언서 홍보, 소개, 각종 추천을 통해 울려 퍼지는 고객 스토리를 들어본 적이 있을 것이다. 고객이 제품을 추천(또는 혹평)하는 일은 오래 전부터 늘 있던 일이다.

고객 경험은 기업 마케팅보다 강력하다. 고객 경험에는 애크미의 스토리에 없는 것이 들어 있기 때문이다. 신빙성이다. 우리 제품이 훌륭하다고 말하는 것은 마케팅이다. 그러나 고객이 말하면 추천이고, 추천에는 기업 마케팅과 차원이 다른 힘이 실린다. 여러 연구가 지속적으로 보여주듯, 후기와 추천은 고객 행동에 어마어마한 영향력을 미친다. 옐프Yelp*나 앤지스 리스트Angie's List**와 같은 후기 웹사이트나 소셜 미디어의 힘 덕분에 고객이 후기를 남기는 일은 그 어느 때보

---

* 식당, 카페, 병원, 청소 등 우리 동네의 각종 업체에 대한 리뷰를 공유하는 사이트.
** 인테리어, 집 안 수리, 정원 관리 등에 관한 업체 리뷰를 공유하는 사이트.

다 쉬워졌다. 다음은 브라이트로컬BrightLocal에서 실시한 소비자 후기 설문조사의 결과다.

- 85퍼센트의 소비자는 온라인 후기를 개인적 추천 못지않게 신뢰한다.
- 동네 업체에 대한 긍정적인 후기가 있으면 73퍼센트의 소비자는 해당 업체를 더 많이 신뢰한다.
- 49퍼센트의 소비자가 적어도 별 4개 이상의 평가를 받은 업체를 선택한다.
- 소비자들은 평균적으로 후기를 7개는 읽어야 특정 업체를 신뢰한다.[1]

그런데 연구에 따르면 소비자들은 후기를 찾아서 읽어보는 와중에 가짜 추천을 의심하고 경계하기도 한다.

2016년 퓨리서치Pew Research에서 발표한 연구에 따르면 "사업주와 소비자 모두 다양한 온라인 후기 사이트에 게재된 정보의 진실성 및 타당성에 우려를 표시했다. 이 문제에 대한 미국인들의 응답은 거의 반반으로 나뉘었다. 온라인 후기를 읽은 사람의 대략 절반(51퍼센트)은 그런 후기가 제품의 질을 대체로 정확하게 설명한다고 말한 반면, 나머지 절반(49퍼센트)은 온라인 후기가 편향되지 않은 진실을 담고 있는지 판단하기 어려울 때가 많다고 믿고 있었다."[2]

고객 스토리는 바로 이럴 때 필요하다.

추천, 후기, 경험담이나 기타 고객 경험을 공유하는 것은 가치 있을 수도 있지만, 반드시 스토리로 표현되어 있는 것은 아니다. 따라서 스토리와 동일한 효과를 내지도 않는다. 소비자 후기가 의문을 해결해 줄 수 있을지는 몰라도, 스토리 기본틀의 첫 단계인 '기준'을 포함하거나 독자에게 상상력을 불어넣는 구체적인 디테일로 사람을 끌어들이지는 않는다. 경험담은 팩트를 알려줄 수는 있지만, 흥미진진한 감정을 포함하는 경우는 드물다. 제품 후기도 비즈니스에 좋은 영향을 줄수 있지만, 이를 고객 스토리로 바꾼다면 사업에 더 크게 도움 될 것이다. 고객 스토리는 사람을 끌어들이고, 관심을 일으키고, 공감대를 형성하고, 무엇보다도 고객이 이해받았다고 느끼게 해준다. 예를 들면 '나랑 비슷한 사람이 내가 느낀 것을 느끼고 내가 바랐던 것을 바라고 여기서 그 해결책을 발견했구나. 나도 저게 필요해. 구매해야지'라고 생각하게 된다.

그렇다. 좋은 고객 스토리를 들려주면 이런 일이 가능하다.

스토리텔러 바꾸기
: 고객 스토리 vs 가치 스토리

여러분은 이것을 가치 스토리라고 생각할 수도 있다. 그저 제품의 가치를 설명하기 위한 스토리 아닌가? 이번 장을 그냥 건너뛰어도 될까?

안 된다. 이번 장을 그냥 건너뛰면 안 된다.

가치 스토리와 고객 스토리가 동일한 목적을 달성하기 위한 서로 다른 수단인 것은 맞지만, 둘의 차이를 놓쳐서는 안 된다. 여러분의 경쟁자가 그 차이를 발견해서 여러분보다 우위에 서더라도 상관없다고 생각하는 게 아니라면 말이다. 상관없다면 건너뛰어라. 상관없다면 원하는 장을 전부 다 건너뛰어라.

기억을 더듬어보면 가치 스토리는 스텔라 스토리텔링 기본틀(기준,

폭발, 새로운 기준)로 제품의 가치를 드러냈다. 훌륭한 세일즈와 마케팅은 흔히 가치 스토리의 몫이다. '분명한 캐릭터'는 본인만의 '기준' 상태에 살면서 어떤 문제를 겪고 있는 고객이다. 이어서 폭발(고객이 간절히 원하던 제품 또는 서비스)이 발생하며 짜잔! 문제가 해결된다.

기준 → 폭발 → 새로운 기준

언바운스가 예산과 개발자 병목 현상에 시달리며 새로운 온라인 콘텐츠를 만들고 실험하느라 고생하는 마케터의 스토리를 들려줬을 때, 언바운스는 고객에 관해 이야기하고 있었다. 워키바가 자사의 제품을 사용함으로써 시간을 절약해 철인 3종 경기라는 꿈을 실현한 임원의 이야기를 들려줬을 때도 워키바는 고객에 관해 이야기하고 있었다. 이들 스토리는 모두 고객에 관해 이야기하고 있지만 가치 스토리다.

고객 스토리는 다르다.

고객 스토리는 독특한 반전이 있다.

고객 스토리는 가치를 그려낼 수도 있지만, 무엇보다 고객 자신이 들려준다는 특징이 있다. 네이티브의 웹사이트에 가보면 알 수 있을 것이다. 가치를 묘사하고 있으나 스토리를 들려주는 사람이 고객이다. 별 다섯 개를 준 에이미 H.의 다음 글을 한번 살펴보자.[3]

냄새를 완전히 없애줘요

저희 집안은 유방암 가족력이 있기 때문에 건강을 위해 천연 디오더런트를 사용하기 시작했어요. 성분이 비슷한 어떤 '유사' 제품은 겨드랑이에 화학 화상을 입히더군요. 네이티브보다 4달러 저렴한 제품이었어요. 다른 제품도 사용해봤는데 현관을 나서는 순간 이미 효과가 사라지더라고요. 제가 사는 남부는 덥고 습해요. 저는 땀을 많이 흘려서 디오더런트를 포기하지 못했죠. 마지못해 네이티브를 주문했는데, 왜냐하면 상대적으로 가격이 비쌌거든요. 지금은 이 제품을 주문한 것에 100퍼센트 만족하고 있습니다. 많이 바를 필요도 없는데 덥고 습한 남부 지역에서도 통해요. 하루 종일 냄새 걱정 끝!!! 우리 집 개들한테 이 제품을 듬뿍 발라줄 수만 있다면 제가 사는 세상에 냄새란 없을 텐데 말이죠. :-)

다음은 캐럴린 D.가 남긴 짧은 글이다.[4]

활동적인 할머니

손녀딸이 우리 집 욕실에 두고 간 것을 한번 써봤습니다. 77년간 워낙 많은 제품을 사용했기 때문에 자전거를 타고 타고 패들 보드를 타고도 냄새가 나지 않아서 정말 놀랍더군요. 방금 코코넛·바닐라 향 제품을 처음으로 주문했어요. 정말 기대되네요!

언뜻 보면 이 두 개의 글을 가치 스토리라고 생각할 수도 있다. 가치 있는 제품으로 고객의 문제가 해결된 스토리이기 때문이다. 그러나 이 글들을 고객 스토리로 만드는 핵심 요소가 하나 있다. 바로 스토리를 들려주는 사람이다.

이 글들이 가치 스토리였다고 해도 똑같은 캐릭터(어느 여성 고객)에 똑같은 폭발을 일으키는 제품(네이티브 디오더런트)이 나왔을지도 모른다. 그렇게 해도 같은 결과에 같은 가치를 전했을 것이다. 그러나 지금은 스토리를 들려주는 사람이 네이티브가 아니라 에이미와 캐럴린이다. 그리고 바로 이 차이가 모든 것을 바꿔놓는다.

만약 네이티브 스스로 애크미처럼 자신에 관한 스토리를 들려줬다면 다음과 비슷한 내용이었을 것이다.

에이미 H.는 가족에게 유방암 내력이 있어서 시중 디오더런트 제품의 위험을 피하고 싶었다. 하지만 그녀가 시도했던 천연 제품은 모두 화학 화상을 남기거나 남부의 습한 날씨에 효과를 발휘하지 못했다. 그녀를 구해준 것은 네이티브였다!

캐럴린 D.는 손녀딸의 네이티브 제품을 써보고 정말로 놀랐다. 77년간 수많은 브랜드를 사용해보았는데 자전거나 패들 보드를 타고 난 후에도 냄새가 나지 않는 제품은 처음이었다.

두 글 모두 가치 스토리로 바꿀 수 있다. 약간의 감정을 추가하고 기준을 설정하여 반전과 노력의 과정을 포함한다면 훌륭한 영상 광고나 온라인 카피, 극적인 포스터나 광고로 바꿀 수 있을 것이다. 하지만 그런 수정을 거친 후에도 가치 스토리에는 없고 고객 스토리에만 있는 중요한 차이점이 있다. 바로 내재된 신빙성이다.

고객 스토리가
더 믿을 만한 이유

고객 스토리가 독보적인 이유는 '판매자가 들려주는 스토리를 과연 믿어도 될까?'라는 지워지지 않는 의문을 없애주기 때문이다. 고객 스토리를 들려주는 주체는 회사가 아닌 소비자다. 나처럼 그 제품을 써본 뒤 좋아하게 되었으며, 그 이야기를 들려준다고 해서 하나 득이 될 것도 없는 누군가 말이다.

지금 우리는 과거보다 훨씬 더 세련된 소비자가 됐다. 시장에서 우리는 그 어느 때보다 많은 정보와 힘을 갖고 있다. 그러다 보니 기업들이 우리에게 무언가를 들려줄 때 일단 의심하거나, 적어도 경계심은 가지게 되었고 스토리도 예외는 아니다. 제대로 사용한다면 고객 스토리는 바로 이 의구심을 말끔히 해결해준다. 에이미 H.와 캐럴린 D.의 사례를 보면 그 이유를 알 수 있다.

말하는 사람이 중요하다

잠시 생각해보라. 네이티브가 그들의 제품이 "냄새를 완전히 없애줘요"라고 했다면 어땠을까? 이를 마케팅 용어로 활용하고 심지어 가치 스토리로 보여줬다면? 이는 동일한 내용을 실제 고객에게 듣는 것과는 다르다. 말하는 사람이 에이미 H.라는 사실만으로 더 많은 의미가 전달된다. 에이미 H.는 가격이 높다는 문제도 언급했다. 네이티브가 자신의 제품은 추가 비용을 지불할 만큼 가치 있다고 말했다면 자기 정당화처럼 들렸을 테지만, 에이미 H.가 그렇게 말하면 팩트처럼 들린다.

지금 하는 이야기가 초등학교 3학년 때 20분간 진행되었던 글짓기 시간 토론 내용과 비슷하게 들릴 수도 있다는 걸 안다. '1인칭 vs 3인칭', '나 vs 그 사람'. 여러분의 생각이 맞을 것이다. 하지만 가끔은 말하는 사람이 누구인지가 모든 걸 결정한다.

맥도날드는 영국에서 이 교훈을 아주 힘들게 터득했다.

2017년 맥도날드는 광고를 하나 공개했다. 광고에는 사춘기 직전의 어색한 시기를 겪는 소년이 등장한다. 소년은 침대에 앉아 쓰레기통 비슷한 무언가를 뒤지고 있는데, 우리는 이내 그게 소중한 기념품을 모아놓은 상자라는 걸 알게 된다. 상자 속에는 안경, 손목시계, 손글씨로 적은 메모 등 추억거리가 들어 있다.

상자를 뒤지던 소년이 엄마에게 묻는다. "아빠는 어떤 사람이었어?"

소년을 물끄러미 바라보던 어머니는 아들을 데리고 산책을 나가서 아버지가 좋았던 점들을 들려준다. 오래된 교회 앞을 지날 때, 어머니는 아들에게 아버지가 교회 건물처럼 컸다고 말한다. 소년은 덩치 큰 사람처럼 보이려고 몸을 쭉 펴고 키를 좀 더 키워본다. 축구 경기장 앞을 지날 때, 어머니는 아버지가 축구를 아주 잘했을 뿐만 아니라 팀의 주장이었다고 알려준다. 소년은 경기장을 향해 어색한 자세로 공을 차는 시늉을 해보지만, 아무리 봐도 축구 팀 주장 같지는 않다. 벤치에 앉을 때, 어머니는 아버지가 멋쟁이였다고, 구두에 얼굴이 비칠 정도였다고 말한다. 소년은 꾀죄죄한 자신의 운동화를 바라본다. 얼굴에 실망감이 가득하다.

산책은 끝이 나고 두 사람은 뭘 좀 먹으려고 맥도날드에 마주 앉는다. 소년은 어린이 메뉴 뚜껑을 열고 피시 버거를 꺼내 한 입 크게 베어 문다. 소년이 버거를 씹기 시작하자 카메라는 어머니를 향하고, 어머니는 옛 생각에 잠긴 듯 아버지가 가장 좋아했던 버거가 피시 버거였다며 그걸 먹을 때면 늘 턱에 타르타르 소스를 잔뜩 묻혔다고 말한다. 아들의 잘생긴 얼굴에 소스가 묻은 모습을 보는 그녀의 목소리가 갈라진다. 소년은 뛸 듯이 기뻐한다. 마침내 아버지와 닮은 점을 찾아낸 것이다.

이 광고에 대한 사람들의 분노는 들불처럼 격렬하게 번져나갔다. 나는 커피 한 잔을 마시며 〈뉴욕 타임스〉를 보다가 이 내용을 읽었다. 어떻게 아버지를 여읜 아들을 광고에 이용한단 말인가! 양친이 살아 있지 않으면 피시 버거도 못 먹는 것인가?! 이 광고는 방영되고 얼마 지나지 않아 내려졌고, 맥도날드는 사과문을 발표했다.

나는 기사를 읽기 전까지 광고를 보지 못했지만 두 가지 생각이 들었다. 먼저 생각난 것은 내 아버지와 토마토주스였다.

대학 시절 어머니와 함께 비행기를 탔을 때였다. 승무원이 무슨 음료를 마시겠냐고 물었고 나는 토마토주스를 부탁했다. 갑자기 어머니가 나를 홱 돌아봤다.

내가 말했다. "왜?! 내가 술을 주문한 것도 아니잖아. 그냥 토마토주스야(어머니와 함께 있으면 누구나 금세 10대로 다시 돌아가버린다는 게 참으로 놀랍다)."

어머니가 말했다. "아니, 그게 아니라 네 아빠도 비행기를 타면 늘 토마토주스를 주문하거든. 다른 데서는 먹지도 않으면서 비행기에서만."

그 순간 마음속 깊이 느꼈던 자부심을 나는 지금까지 한 번도 잊은 적이 없다. 그렇다. 토마토주스는 지극히 단순한 것이지만, 그 순간 내가 아버지에 대해 느꼈던 공감대와 딸로서 경험한 독특한 기쁨은 지금까지도 그대로 전해진다.

이쯤 되면 어렸을 때 아버지가 돌아가신 것 아니냐고 생각할지도 모른다. 그래서 토마토주스 따위가 나에게 그렇게 큰 의미였다고 말이다. 하지만 그렇지 않다. 아버지는 아주 건강하게 잘 살아 계시고 나와 대화도 자주 나눈다. 그러나 아버지가 살아 계신다고 해서 우리가 서로 얼마나 닮았는지 깨달았던 순간의 의미가 조금이라도 퇴색되는 것은 아니다. 그러니 패스트푸드 버거에 불과할지라도 아버지를 잃은 한 소년이 그 공감대를 얼마나 귀하게 여겼을지 충분히 알 수 있다.

〈가디언〉에 기고하는 한 프리랜서 저널리스트도 비록 경험은 다르지만 같은 감성의 스토리를 들려준 적이 있다. 그녀의 어머니는 그녀가 어렸을 때인 1985년에 돌아가셨다. 그녀는 이렇게 말했다. "나는 아직도 어머니에 대한 손톱만큼의 정보라도 있다면 간절히 듣고 싶다. … 어머니를 알았던 사람에게 우리가 닮았다는 얘기를 듣거나 어머니에 관한 새로운 사실을 알아낼 때면 마치 놀라운 고고학을 경험하는 기분이다."[5]

그게 내가 처음에 들었던 생각이었다. 아버지, 토마토주스, 우리가 비슷하다는 사실을 알았을 때 느꼈던 자부심.

두 번째로 들었던 생각은 이것이다. '맥도날드의 광고가 실화일까? 정말로 이렇게 돌아가신 아버지와의 닮은 점을 우연히 찾아낸 소년이 있고, 맥도날드의 영국 지부가 그 사실을 우연히 알게 됐을까?'

어쩌면 소년의 어머니가 이 이야기를 들려줬는데, 그걸 듣고 감동한 광고회사가 엄청난 마케팅 소재를 우연히 발굴했다고, 이 스토리를 들려줘야겠다고 생각했을지도 모른다. 스토리 속에는 자연히 분명한 캐릭터도 있고 감정(물론 그들은 이걸 그렇게 부르지는 않았을 것이다. 우리 회사의 조사가 아직 끝나기 전이었으니 말이다. 하지만 무슨 말인지 이해할 것이다)도 들어 있을 것이기 때문이다. 그런 다음 스토리보드를 작성하고 배우를 캐스팅했을 것이다. 비록 이 스토리가 실화였다고 하더라도 말이다.

소년이 스스로 이 이야기를 했다면 감동적인 고객 스토리가 됐을 것이다. 그러나 맥도날드는 이 이야기를 자신들의 가치 스토리로 만들어서 들려줬다. 이유도, 과정도 모른 채 일을 망쳐버린 것이다.

그렇다. 누구의 이야기인지는 정말로 중요하다.

디테일이 중요하다

이 부분을 가짜로 꾸며낼 수는 없다. 캐럴린 D.의 고객 스토리는 해당 스토리가 실화라는 사실을 알려주는 디테일로 가득하다. 10대인 손녀가 욕실에 디오더런트를 두고 갔고(전형적인 10대 청소년), 캐럴린이 좋아하는 특별한 활동이 있다(자전거, 패들 보드). 심지어 나이까지 77세라고 구체적으로 밝혔다. 혹시 또 하나 눈치챘는가? 캐럴린 D.의 후기를 보면 '타고'라는 단어를 두 번 사용했다. 사소하지만 중요한 디테일이다.

고객이 직접 들려주는 고객 스토리는 진짜라고 느껴지도록 만드는 게 아주 중요하다. 글이든 영상이든 고객의 스토리를 예쁘게 각색하고 싶은 유혹이 들 수도 있지만, 때로는 그렇게 킥킥거리게 만들고 실수하고 불완전한 면들이 오히려 스토리에 진실성을 보탠다. 물론 고객 스토리도 스텔라 스토리텔링 기본틀에 맞게 가이드가 주어져야 하고 필수 요소를 포함해야 한다. 오류가 있을 경우 수정도 필요하다. 하지만 알아보지 못할 정도로 편집하면 안 된다. 고객 스토리의 장점은 날것이 지닌 불완전한 생생함이다.

카피라이터 100명을 일주일 동안 방 안에 가둬둔다고 해도 캐럴린 D.가 쓴 글처럼 누군가 실제로 경험한 일이라는 느낌은 만들어내지 못할 것이다. 캐럴린 D.의 디테일은 스토리를 풍부하게 만들고 믿음을 더해주기도 하지만, 네이티브를 사용하는 사람에 관한 정보를 알려주는 역할도 한다. '나이 불문 모험을 좋아하고, 활기로 가득하고, 생기가 넘치는 사람'이라고 말이다. 흔히 악마는 디테일에 있다고들 하는데, 기쁨이나 신빙성도 마찬가지다.

고객 스토리를 확보하는 방법

후기 수집이 새로운 일은 아니다. 아마존은 언제부터인지 기억도 안 날 만큼 오래전부터 후기를 수집했고, 다른 기업도 아마존이 나타나기 100년 전부터 후기를 수집했다. 하지만 네이티브의 방식은 탁월했다. 여러분도 따라 할 수 있다. 여러분만의 고객 스토리를 수집할 수 있는 간단한 법칙 두 가지를 소개한다.

법칙 1: 부탁하라

디오더런트가 도착하고 며칠 후에 네이티브에서 이메일이 왔다.

> **수신** 킨드라 홀
> **제목** 킨드라 님, 감사합니다!
> 안녕하세요, 킨드라 님,
> 잘 지내고 계시길 바랍니다! 네이티브 디오더런트를 아껴주셔

서 감사합니다. 저희는 가족 소유의 조그만 사업체여서 진심으로 감사하게 생각하고 있어요. :)

며칠간 네이티브 디오더런트를 사용해보셨을 텐데요, 제품에 대한 첫 느낌이 어떠셨는지 몹시 궁금합니다. 특히 네이티브로 바꾸기 전에 어떤 제품을 사용하고 계셨는지 알고 싶고요. 네이티브를 사용해보기로 결심하신 이유는 무엇일까요? 지금까지 네이티브가 만족스러우신가요? 만약 네이티브와 함께 멋진 경험을 하셨다면, 저희 디오더런트 제품의 후기를 여기에 남겨주신다면 정말로 감사하겠습니다!

어떤 피드백이라도 감사히 여길게요. 질문이 있으시면 주저 말고 저에게 이메일을 보내주세요.

그럼 멋진 하루 보내세요!

줄리아 올림

P.S. 제품 후기 영상을 보내주시면 네이티브 디오더런트 바를 무료로 보내드립니다! 더 자세한 내용은 여기서 찾아보세요.

이 이메일은 아주 놀라운 효과를 발휘하고 있을 뿐만 아니라(더 자세한 내용은 뒤에서 다루겠다), 가장 중요하게는 내가 후기를 작성하게 만들었다. 이는 나의 고객 스토리를 네이티브에 들려달라는 요청이자 신호다. 이 이메일은 지금까지 7008개의 응답을 얻어냈고 TV 광고의 중심 소재로도 쓰였다.

간단해 보일 수 있겠지만, 이렇게 하는 회사는 많지 않다. 네이티브의 사례는 고객 스토리에서 가장 중요한 첫 번째 법칙을 잘 보여준다. 고객 스토리를 손에 쥐고 싶다면 '부탁해야' 한다는 것이다. 물론 종종 뜻밖의 편지를 받을 수도 있겠지만, 부탁 없이 많은 양의 고객 스토리를 모으려면 수년이 걸릴 수도 있다.

부탁은 어렵지 않다. 시스템만 만들어두면 된다. 네이티브가 사용하는 것과 같은 구매 후 이메일 전송 시스템이면 충분하고, 만들기도 아주 쉽다.

그렇지만 네이티브는 부탁하는 방식의 차원이 달랐다는 점에 주목하자.

- 이메일은 제품이 배송된 후 도착했다. 이메일 청구서에 '후기를 남겨주세요!' 링크를 넣는 일은 누구든지 할 수 있다. 그렇지만 아직 제품을 받기 전이라면 그런 링크는 별 도움이 되지 않는다. 고객이 제품이나 서비스를 경험한 후 부탁이 도착해야 한다.
- 이메일 발송자가 진짜 이름을 가진 진짜 사람, 줄리아로 되어 있다. 줄리아가 쓴 이메일의 내용은 친근하다. 그리고 내가 그들 가족이 경영하는 회사에 중요한 사람이라고 알려준다. 자동화된 얼굴 없는 챗봇이나 인공지능과 달리 줄리아는 진짜 사람 같다. 내가 줄리아에게 답장을 보낸다면, 회신이 올 것이다.
- 선물도 준다. 영상 후기를 업로드하면 디오도런트 바를 무료로 준다고 한다. 감사 인사와 공짜 물건만큼 사람들의 회신을 잘 유도하는 것도 없다. 그리고 내가 직접 찍은 내 영상이라면 맥도날드 같은 낭패를 당할 일도 없다.

부탁도 기술이다. 하지만 일단 부탁이라는 행위를 하는 것부터 시작해야 한다. 부탁을 필요 이상으로 어렵게 생각하지 마라. 일단 시작한 뒤, 조금씩 고쳐나가면 된다.

법칙 2 : 구체적으로 부탁하라

네이티브의 이메일은 부탁이라는 간단한 행동을 한 것 외에 퍼즐의 중요한 한 조각을 확보할 수 있는 무대 장치를 만들어놓았다. 바로 내가 '스토리'를 공유하게끔 내 회신의 가이드를 만들어놓은 것이다.

우리에게는 무엇보다 '스토리'가 필요하다. 별점이나 '좋아요', 한 줄 칭찬으로는 부족하다. 우리가 스토리를 원하는 이유는 효과가 훨씬 좋기 때문이다.

줄리아의 이메일은 내가 네이티브를 시도하기 전에 어떤 제품을 쓰고 있었고, 네이티브를 며칠간 사용해보니 어땠는지 구체적으로 묻고 있다. 이 부분에서 혹시 눈치챘는가? 네이티브는 내가 그들에게 들려줄 스토리의 기본틀을 제시하고 있다. 잘 살펴보면 이 기본틀은 신기하게도 스텔라 스토리텔링 기본틀과 완벽히 일치한다. 줄리아는 나에게 회신의 가이드를 제시하면서 의견을 부탁했다. 따라서 내가 그 가이드를 따라간다면 내 후기는 '기준 - 폭발 - 새로운 기준'이라는 완벽한 스토리의 모양새를 갖추게 될 것이다. 물론, 그 한가운데서 '폭발'을 담당하는 것은 네이티브 디오더런트가 될 테고 말이다.

스토리의 모양새를 갖춰 회신을 보내는 것을 잊어버릴 수도 있다. 그 경우를 대비하여 후기 작성 페이지에 가보면 다시 한번 가이드가 등장한다. 효과적인 스토리 형식으로 후기를 쓰도록 은근히 유도하는 것이다.

네이티브의 웹사이트에 있는 훨씬 완성도 있는 스토리들은 바로 이런 가이드 덕분일 가능성이 크다. 이 가이드 덕분에 에이미 H.는 전후 사정이 모두 포함된 스토리를 들려줬다. 캐럴린 D. 역시 욕실에서 손녀의 네이티브 제품을 우연히 발견해서 한번 시도해봤다고 했다. 이는 잘 생각해보면 약간은 발칙한 시도이고, 그렇기에 이야기 전체가 더 멋지고 실감난다. 고객 스토리를 찾을 때는 내가 원하는 형식의 회신이 나올 수 있게 질문을 하라.

아마도 고객 스토리는 우리가 사용할 수 있는 가장 쉬우면서 강력한 스토리 유형일 것이다. 고객이 있다면 분명 스토리도 있다. 여러분은 이를 찾아내기만 하면 된다. 스토리를 직접 만들어내는 대신, 잘 수집해서 들려줘라.

고객의 빈 공간에
스토리를 넣어라

스토리가 있어도 들려주지 않는다면 당연히 큰 가치를 갖지 못할 것이다. 여러분 자신을 큐레이터라고 생각해보자. 고객 스토리 전시관을 지으려고 귀한 전시품을 모두 수집했더라도 그것을 전시하지 않는다면 아무 소용 없을 것이다.

그런데 어디에 전시해야 할까? 이 스토리는 어디에 두어야 할까?

그 답은 유년 시절 등교하기 전의 아침에서 찾을 수 있다.

일어난다. 주방으로 간다. 시리얼 상자를 집는다. 시리얼을 쏟고 우유를 붓는다. 그런 다음 시리얼 상자 뒷면을 뚫어져라 바라보면서 시리얼을 먹는다. 혹시 이런 경험이 있는가? 아, 내가 맨날 시리얼 상자의 그 똑같은 글을 읽느라 쓴 시간을 생각하면 정말. 나는 거기에 적혀 있는 아무 내용이나 읽고 퍼즐을 풀면서 그 설탕 가득한 시리얼을 입 안에 쑤셔 넣었다(그렇다. 나는 1980년대에 자랐고 당시는 설탕 바른 시리얼도 먹던 시절이다).

지금 우리 집 아이들은 시리얼을 먹지 않지만, 그때를 기억해보면 나는 이런 생각이 든다. 당시 시리얼 회사가 그 상자에 스토리를 적어두었다면 어땠을까? 적어도 25분 동안은 다른 무엇에도 분산되지 않는 나의 주의를 끌 수 있었을 것이다(아침을 먹는 동안 달리 무엇을 하겠는가?).

여러분의 고객 스토리를 시리얼 상자에 인쇄하라는 말이 아니다(물론 굳이 하고 싶다면 말리지는 않겠다). 다만 여러분 고객의 삶에서 빈 공간이 어디일지 생각해보라는 뜻이다. 고객이 무언가로 채워 넣어야 하는 빈 공간. 이제 고객들이 스토리를 선호한다는 사실을 알았으니, 그런 빈 공간에 스토리를 넣어보면 어떨까? 웹사이트와 뉴스레터부터 영상과 기조연설에 이르기까지 어디든지 좋다. 박람회의 부스도 좋고 입찰이나 사업 제안 때도 좋다. 세일즈 상담이나 팀 회의 때도 좋고 지하철 차량 벽면도 좋다.

네이티브의 고객 스토리 전시관은 그들의 웹사이트였다. 캐나다에서 내가 묵었던 어느 호텔에는 손님이 본인의 경험을 적을 수 있는 노트가 방 안에 있었다. 이곳에 온 이유와 묵는 동안 무엇을 했고, 무엇이 좋았는지 쓸 수 있는 노트였다. 그들에게는 그 노트가 고객 스토리 전시관이었다. 소셜 미디어는 고객 스토리를 전시하기 좋은 또 다른 장소다. 어디든 고객이 찾아가서 마음의 여유를 가질 수 있는 곳이 있다면, 그곳에서 스토리를 들려줘라.

고객 스토리
요소 해부하기

7장을 읽으면서 혹시 눈치챈 것이 있는가? 스토리텔링에 더 능숙해졌다는 것? 그것도 사실이다. 우리는 고객 스토리를 이야기하는 내내 분명한 캐릭터, 진실한 감정, 중요한 순간, 구체적인 디테일이라는 요소로 이야기를 이어왔다. 스토리는 그것을 구성하는 요소들의 총합과도 같기 때문이다.

그렇지만 고객 스토리의 경우, 우리가 통제할 수 있는 부분이 줄어든다. 고객 스토리는 우리의 이야기가 아니라 고객의 이야기이기 때문이다. 따라서 고객 스토리가 충분한 잠재력을 발휘하려면 구성 요소를 깊이 있게 이해하는 게 매우 중요하다. 네 가지 필수 요소를 활용하여 고객 스토리의 효과를 극대화하는 방법은 아래와 같다.

분명한 캐릭터

청천벽력 같은 소식이 있다. '고객 스토리에서 분명한 캐릭터는 고객이다.' 그렇다. 미칠 노릇이다. 고객 스토리의 분명한 캐릭터에서는 '누구'가 아닌 '어떻게'가 훨씬 더 중요하다. 어떻게 해야 스토리를 들려주는 고객을 관객이 공감하고 신뢰할 수 있는 캐릭터로 바꿔놓을 수 있을까? 그 답은 스토리를 공유하는 방법에 달려 있다.

네이티브 디오더런트처럼 고객 후기를 바탕으로 스토리 전시관을 짓는 중이라면 후기를 요청하는 프로세스나 질문에 공을 들여서 고객이 자신의 진정한 자아를 표현할 수 있도록 이끌어야 한다. 단순한 '좋아요', '싫어요'는 대체 그 올라가거나 내려간 손가락의 주인이 어떤 사람인지 알려주는 바가 거의 없다.

고객 스토리를 좀 더 적극적으로 활용할 생각이라면(영상에 담거나, 인스타그램에 사진이나 스토리를 게시하거나, 고객이 행사장 무대에 직접 올라가 스토리를 들려주게 할 생각이라면), 그리고 이런 일들을 기꺼이 해줄 고객을 이미 확보했다면 이 사실을 기억하라. "완벽은 여러분의 적이다." 너무 매끄러우면 의심스럽다.

2003년 영화 〈러브 액추얼리〉에는 내가 잊지 못할 장면이 하나 있다. 보너스 영상의 마지막 부분에서 감독이 크리스마스 캐럴 〈올 아이 원트 포 크리스마스All I Want for Christmas〉를 힘차게 부르는 초등학생 소녀에게 말을 거는 부분이다. 보아하니 소녀는 믿기지 않을 정도로 노래를 잘했다. 그래서 감독은 소녀에게 노래를 그렇게까지 완벽하지는 않게 다시 좀 불러달라고 말한다. 사람들이 믿을 수 있는 캐릭터를 만들려면 좀 어설픈 구석이 있어야 했다.

어린아이도 그 정도로 노래를 잘할 수 있다는 사실에 대해서는 넘어가자. 지금 말하고 싶은 것은 이것이다. 캐릭터를 완벽하게 만들고자 하는 충동을 떨쳐내라. 어디든지 거친 부분을 다듬고 싶은 충동에 저항하라. 영화와 광고에는 배우가 필요하지만, 고객 스토리에 필요한 것은 실제 고객이다.

진실한 감정

고객 스토리의 큰 장점, 여러분이 고객 스토리를 찾기 위해 추가적인 노력을 기울일 만한 가치가 있는 그 장점은 단어 하나하나에 진짜 감정이 살아 숨 쉬고 있다는 것이다. 우리 제품으로 변화를 경험한 고객의 입에서 자연스럽게 흘러나오는 말보다 더 진정성 있는 것은 없다. 그러나 고객이 우리 제품이나 서비스를 경험한 후 느낀 감정보다 더 가치 있는 것은 경험 전의 감정이다. 스토리의 '기준' 상태에서 공유하는 감정이 고객 스토리의 생사를 결정짓는다.

고객 스토리를 찾거나 들려줄 때는 이 점을 기억하라. 고객이 우리를 찾아낸 후에 느낀 기쁨이나 안도감(진실한 감정)이 의미를 가지려면 고객이 우리를 찾아내기 전의 감정과 반드시 대비가 되어야 한다.

중요한 순간

앞서 이야기한 다른 유형의 스토리와 마찬가지로, 고객 스토리도 구체적인 순간이 들어 있을 때 더 강력해진다. 물론 고객 스토리는 우리가 통제할 수 있는 범위에 한계가 있지만, 다음과 같은 질문으로 고객이 중요한 순간을 포함하도록 유도할 수 있다. "저희 제품을 처음 시도해본 곳은 어디였나요?"나 "저희 서비스를 처음 들었던 장소가 어디였는지 기억하시나요?" 우리가 필요로 하는 장면은 이 질문에 대한 답 속에 들어 있을 것이다.

구체적인 디테일

구체적인 디테일은 고객 스토리에 거부할 수 없는 진실성을 부여한다. 즉석에서 튀어나온 말이나 사소하지만 생생한 디테일은 전문 작가라면 그냥 찍찍 지워버리기 쉬운 부분이지만 우리는 절대 지우지 않을 것이다. 이제는 무엇이 중요한지 알기 때문이다.

고객 스토리에서 가장 보람되고 재미난 요소는 아마 이 부분일 것이다. 달리 알 길이 없는 고객의 독특한 경험을 구체적으로 들어볼 수 있는 기회 말이다. 고객(보통 내가 기조연설을 할 때 관객으로 앉아 있거나 내 글을 읽은 사람들)이 나에게 스토리를 어떻게 활용했는지 들려주려고 보내오는 이메일은 아무리 읽어도 질리지 않는다. 그 이메일에는 새로운 사람들과 만나는 자리에서 스토리를 하나 들려줬는데 그때 전채 요리로 무엇이 나왔다든지, 또 큰 프레젠테이션을 앞두고 CEO가 신경질적으로 펜을 딸깍거리고 있었는데 스토리를 들려주자 딸깍 소리가 멎었다든지 하는 디테일이 포함되어 있다.

고객의 스토리를 접하게 되면 이렇게 작은 디테일에 주목하면서 내가 스스로 상상력을 발휘하고 있는지 의식해보라. 어떤 디테일이 공동 창조 반응을 일으키는가? 내가 무의식적으로 기억하고 활용하려는 디테일은 어떤 것인가? 이를 가이드 삼아 최종으로 공유할 디테일을 결정하라.

고객 스토리에서
마지막으로 기억할 것

7장을 마무리하고 3부로 넘어가기 전에, 여러분이 7장을 읽고 무슨 생각을 하고 있을지 내가 큰 소리로 말해보겠다.

'고객 스토리는 쉽지 않다.'

나는 고객 스토리를 들려주려고 했던 어느 글로벌 기업과 작업한 적이 있다. 어떤 고객의 스토리를 들려줘야 할지 논의하기 시작하자 사람들은 즉각 두 무리로 나뉘었다. 한쪽은 고객 스토리를 창작하자고 했고, 다른 쪽은 실제 스토리를 찾자고 했다. 한쪽은 페르소나를 하나 만들어낸 뒤 배우를 고용해 연기를 시키는 편이 더 쉬울 것이라고 했다. 맞는 말이긴 하다! 고객 스토리를 발굴해서 실제 그 고객과 대화를 나누고 진짜 스토리가 어땠는지 물어보려면 많은 노력이 들어간다. 진짜 감정과 구체적인 디테일이 드러날 때까지 귀 기울여 듣고 질문하려면 시간이 걸린다. 고객 스토리를 들려주라는 과제를 맡은 마케팅 팀이 고객과 일절 대화해보지 않는 경우가 많다. 비난하려는 것이 아니다. 현실을 말해주는 것뿐이다. 그들이 화이트보드로 둘러싸인 회의실에 앉아 고객을 창작하는 동안, 실제로 고객과 대화를 나누는 것은 안내 데스크나 콜 센터 직원들이다.

고객 스토리는 내 맘대로 통제할 수 없다는 사실 하나만으로도 어려운 작업이 될 수 있다. 고객 스토리는 내 것이 아니라 고객의 것이다. 그러나 나는 고객 스토리와 관련된 어려움이 기업의 더 큰 문제점을 보여주는 하나의 증상에 불과하다는 사실을 발견했다. 바로 "실제 고객과 동떨어져 있어도 괜찮다"는 문제다. 고객 소통이라는 과정이 자동화되고 고립되면서 스토리를 발견하는 일은 점점 더 어려워졌다. 고객과 실제로 대화를 나누지 않는다면 남은 방법은 데이터와 설문조사에 의존해 자체적으로 고객 스토리를 창작하는 것뿐이다.

맞다. 고객 스토리가 몇 단계의 부가적인 노력을 요구하는 것은 사실이다. 하지만 직원이나 여러분 스스로를 독려하여 고객의 진짜 목소리를 듣는다면 얼마나 혁신적인 결과가 나올지 한번 상상해보라.

다음 단계로 넘어가기 전에

벌써 2부의 끝이다. 우리는 그동안 비즈니스가 번창하려면 필요한 네 가지 필수 스토리를 알아보았다. 3부에서는 다음과 같은 세 가지 구체적인 사항을 차근차근 알아볼 것이다.

- 여러분에게 어떤 유형의 스토리가 가장 도움 될지 알아보고, 스토리가 될 만한 소재를 수집해서 사업에서 잠재된 스토리를 찾아보자.
- 스텔라 스토리텔링 기본틀로 아이디어를 근사한 스토리로 바꾸자. 실전에서 검증된 여러 기법을 사용한다면 생각보다 어렵지 않을 것이다.
- 여러분 자신의 비즈니스 스토리를 진정성 있게 들려줌으로써 모든 종류의 관객과 이어지는 다리를 만들고 여러분의 스토리가 오랫동안 기억에 남도록 하자.

스토리텔러들은 흔히 이렇게 말한다. "이제야 플롯이 탄탄해지네요!" 우리도 한번 해보자.

STORIES THAT STICK

나만의 스토리로
승부하라

나는 너무 평범해서 들려줄 이야기가
없다는 사람들에게

8장

나에게도 스토리가 있을까?

: 내 안의 스토리 찾아내기

"사람이라면 누구나 들려줄 이야기가 있다."

이자크 디네센 Isak Dinesen

2006년 10월 나는 애리조나 메사에서 열린 메사 스토리텔링 페스티벌Mesa Storytelling Festival의 강연자로 초청받았다. 당대 최고의 스토리텔러가 모여드는 것으로 유명한 페스티벌이었다. 내가 당시 말할 수 없이 흥분되었던 이유는 스토리를 간절히 듣고 싶어 하는 몰입된 관중에게 내 스토리를 들려줄 수 있다는 사실 외에도 이 행사의 스타 강연자이자 나의 멘토이고 우상인 도널드 데이비스를 소개할 영광을 얻었기 때문이었다.

도널드의 차례 직전에 나는 그의 옆에 앉았고, 무대 위에서는 다른 스토리텔러가 이야기를 이어가고 있었다. 나는 자리에 앉은 채 몸을 뒤척이며 손가락을 꼼지락거리고 다리를 격하게 떨고 있었다. 아버지를 제외하고 내 인생에서 가장 중요한 남자(당시는 마이클과 사귀기 시작한 지 얼마 되지 않은 때여서 마이클이 도널드보다 분명히 후순위였다)를 소개한다는 사실 때문에 느끼는 긴장감을 방출하려는 몸짓이었다.

도널드는 나와는 정반대로 차분하고 침착했다. 한 손에는 닳고 닳은 종이 한 장을 들고 있었다. 나는 저 종이에 무대 공포증에 대처하는 전략이 빼곡히 적혀 있는 걸까 궁금했다. 그래서 뭐가 적혀 있는지 보려고 목을 쭉 뺐다. 어깨너머로 보인 것은 그가 쓴 것이 분명한 단어 목록이었다. 그중에는 사람 이름도 있고, 상황이나 해프닝, 어느 순간을 적어놓은 것도 있었다. 옆으로는 네다섯 칸, 칸마다 세로로 스무 개 정도의 단어가 적혀 있었다. 나는 종이에 적힌 단어가 드라마 〈프렌즈〉의 에피소드 목록과 비슷하다고 생각했다. '조이의 새로운 뇌'라든가 '챈들러는 개가 싫어' 같은 것 말이다.

그러다 나는 그 목록이 무엇인지 알아챘다. 들려줄 수 있는 스토리의 목록이었다. 도널드는 자기 차례에 이야기할 수 있는 수백 개의 스토리 목록을 손에 쥐고 있었다. 나는 눈으로 '도청'을 해보려고 몸을 살짝 기울였다. 정말 많은 스토리가 적혀 있었다.

나의 도청은 박수 소리 때문에 중단되었다. 무대 위 스토리텔러의 이야기가 끝났고 이제 내 차례였다. 나는 무대로 올라가 마이크를 잡고 도널드에게 걸맞은 소개를 하려고 최선을 다했다. 그의 이름을 부르며 쳐다보니 도널드는 결심이 선 듯 스토리 목록이 적힌 종이를 접어서 주머니에 넣고 있었다. 그는 나비넥타이를 다듬은 뒤 무대 위로 올라왔다. 이후 90분 동안 나는 경외에 찬 채, 그가 들려주기로 결정한 스토리에 귀를 기울였다. 나는 목록에 있는 스토리 중에서 그가 들려주지 않은 것들은 과연 언제쯤 들을 수 있을까 궁금해질 수밖에 없었다.

여러분이 자신의 스토리를 들려주지 못하게 막는 가장 큰 장애물은 우물쭈물 미루는 버릇이나 이야기 공유에 대한 두려움, 무대 공포증 같은 것이 아니다. 처음부터 나에게는 들려줄 스토리가 없다고 단정 지어버리는 습관이다.

✳

나도 처음에는 바로 그런 이유로 스토리를 들려주지 못했다. 내가 내 스토리를 들려주고 싶다는 욕구를 처음 느낀 것은 2000년대 초반이었다. 그러나 나는 망설였다. 내가 뭐 대단한 게 있다고? 평범한 중산층 가정에서 자란, 20대밖에 되지 않은 내가 스토리를 공유한다고? 내 스토리는 충분히 고통스럽지 않아. 충분히 어둡지 않아. 혼자만 알고 있어야 해. 그러다가 오클라호마시티에서 열린 어느 자유 발언대 행사에서 나는 스토리를 들려줄 기회를 얻었고 지극히 평범하지만 마음 아팠던 스토리를 공유했다. 그때 나는 깨달았다. 스토리가 크든 작든, 비극적이든 사랑스럽든, 진짜이기만 하다면 사람들은 스토리에 공감한다는 사실을 말이다.

작은 스토리라고 하더라도 여러분이 가진 것이라면 들려줄 가치가 있다.

사실, 들려줄 스토리가 없다는 공포에서 자유로운 사람은 아무도 없다. 대단한 스토리를 가진 사람들조차 자신에게는 스토리가 없다고 생각한다. 나는 비행기 좌석에 앉으면서 옆자리의 남자를 흘끗 쳐다 봤던 그때를 결코 잊지 못할 것이다. 그는 어두운 갈색 머리카락에 안경을 쓴 50대 중반의 남자로 자그마한 체구에 가식이 없었다. 내가 자리에 앉을 때 그는 나를 제대로 올려다보지도 않았다. 그는 한창 통화 중이었고 눈썹을 아주, 아주 심하게 찡그린 채 태블릿 PC를 뚫어져라

보고 있었다. 조용히 자리에 앉았는데 그의 통화 내용이 드문드문 들려왔다. 나는 어쩔 수 없이 스토리텔링 페스티벌에서 도널드 데이비스 옆에 앉았던 때처럼 남자의 화면을 흘끔흘끔 보게 되었다. 화면에는, 내 눈이 잘못되지 않았다면, 땅에서 거대한 불기둥이 솟아오르는 사진들이 있었다.

남자는 불이 난 사진을 확대했다 축소했다 하고 있었다. 통화에 너무 몰두한 나머지 내가 쳐다보고 있는지는 신경도 쓰지 않았다. 사진에는 보호복 차림의 한 남자가 불길을 향해 다가가려고 애쓰고 있었다.

남자는 바닥의 콘크리트 파편이 어쩌고, 유정이 오염되었으니 어쩌고 하더니 길을 돌려야 할 것 같다고, 중동으로 되돌아가야 할 것 같다고 했다. 통화를 끝낸 남자는 즉시 다른 사람에게 전화를 걸어 7주 출장 준비를 해서 중동으로 가는 가장 빠른 비행 편을 타라고 했다.

그렇게 전화를 마친 남자는 한숨을 내쉬었다.

갑작스러운 침묵이 불편했던 나는 어색한 기내 대화 몇 마디로 그 침묵을 채워보기로 마음먹고, 머리 위의 짐칸이 어쩌고 하면서 초조한 웃음을 터뜨렸다. 우리는 비행기에서 흔히 나누는 대화를 나눴는데, 남자는 어머니의 아흔 살 생신 잔치에 가던 참이라고 했다.

"그런데 다시 중동으로 돌아가야 할 것 같네요."

나는 최대한 상황을 모르는 척하면서 "아, 그래요?"하고 답했다.

남자는 회사가 테러리스트의 공격을 받은 후 유정 화재 대응 전문가가 되었다고 했다. 남자는 조용하고 내성적인 사람이었으나 본인이 하는 일과 친한 친구가 유전에서 독가스를 마시고 죽었다는 스토리를 들려주었다. 장성한 자식들과 아내는 그가 은퇴하기를 바라고 있지만, 이러한 화재에 대응할 수 있도록 다른 사람들을 교육시켜야 한다는 의무감을 아직까지 느낀다고 했다.

나는 비행시간 내내 남자의 스토리에 완전히 매료되었다. 하강을 시작했을 때 나는 그에게 혹시 이런 스토리를 다른 사람과 공유한 적이 있느냐고 물었다. 그는 무슨 말이냐는 듯 나를 쳐다보았다.

"스토리요? 나는 아무 스토리도 없는데." 남자가 진지하게 대답했다.

그의 스토리는 별다른 노력을 기울이지 않아도 눈을 뗄 수 없는 내용이었다. 그런데 충격적이었던 것은(늘 충격적이다) 그가 그것들을 스토리라고 생각하지 않는다는 점이었다. 적어도 들려줄 가치가 있는 스토리라고는 생각하지 않았다.

나에게 스토리가 없다는 생각 때문에 아무 스토리도 들려주지 않고 있다면 장담하건대 그것은 완전히 잘못된 생각이다. 그렇다. 스토리는 크기도 모양도 모두 제각각이지만 누구나 스토리를 가지고 있고, 모든 스토리에는 자기 자리가 있다.

문제는 여러분에게 스토리가 없다는 것이 아니다.

문제는 여러분이 스토리를 찾아낼 방법을 모른다는 것이다.

다행히도 그 문제는 해결할 수 있다.

스토리를
찾아내는 방법

이쯤 되면 여러분은 스토리의 힘에 대해서는 확신하고 있을 것이다. 스토리가 중요하고 효과적인 이유와 비즈니스에 필요한 네 가지 유형의 스토리가 무엇인지 이제는 다들 알 것이다. 그러나 이런 의구심은 여전히 남아 있을지도 모른다. '나한테 들려줄 스토리가 있기는 한가? 만약 있다면 착 붙는 스토리를 어떻게 찾아낼까?' 이 시급한 두 가지 질문에 답하기 위해, 우리는 답을 두 단계로 나눌 것이다. 수집과 선택이 그것이다.

첫 번째 단계는 스토리 수집이다. 스토리 수집은 내용이 좋은지, 적절한지, 유용한지, 심지어 들려줄 만한지 따지지 않고 일단 스토리 아이디어를 만들어내는 것이다. 스토리 수집은 오래된 브레인스토밍 기법이지만, 몇 가지 툴만 갖추면 아이디어가 하나도 나오지 않을까 봐 주눅 드는 일은 피할 수 있다.

두 번째 단계는 스토리 선택이다. 모든 스토리가 모든 상황에 적합하지는 않을 것이다. 언젠가 나는 고등학교 NHS National Honor Society 만찬에서 강연을 해야 했다. 마지막 순간까지 고민하던 나는 결국 막힌 하수구에 관한 스토리를 들려줬다. 결과는 묻지 마시라. 그렇다. 여러분이 생각하는대로 반응이 좋지 않았다. 나는 스토리를 찾아내는 일과 착 붙는 스토리를 선택하는 일은 전혀 다르다는 사실을 힘겹게 배워야 했다.

좋은 스토리를 찾아내려면 수집과 선택이 결합되어야 한다.

스토리 찾아내기 1단계
: 스토리 수집

친척 어른에게 스토리를 들려달라고 부탁해본 적이 있는가? 언젠가 나는 할머니에게 대공황기에 대해 여쭤보았다. 학교 프로젝트 때문에 레포트를 써야 했다. 나는 종이와 펜을 준비해서 할머니와 마주 앉았다. 할머니가 여러 스토리를 풀어놓을 것이라 믿어 의심치 않았던 나는 아주 사소한 디테일도 놓치지 않으려고 녹음기까지 준비했다.

"할머니, 대공황기에 관해 말씀 좀 해주세요." 나는 마음의 준비를 하고 펜을 들었다.

할머니는 생각에 잠겼다. "글쎄다. … 좋았지."

그게 끝이었다. 할머니가 한 말은 그것뿐이었다.

할머니를 멍하니 쳐다보고 있었던 게 기억난다. 일단 그건 내가 대공황기에 대해 여태까지 들었던 모든 내용과 정반대되는 말이었다. 맙소사, 이름부터 '공황' 아닌가. '대호황기'가 아니다. 나는 학점이 덜컥 걱정되었을 뿐만 아니라 엄청난 실망과 좌절을 느꼈다. 나는 할머니에게 스토리가 차고 넘친다는 사실을 알고 있었다. 그런데 왜 나한테는 말씀을 안 해주시는 걸까?

전략적 스토리텔링 분야에서 오랫동안 많은 리더와 작업해본 결과, 나는 여러분도 바로 이 지점에서 콱 막힐 가능성이 크고 아마 이유를 모르리라 생각한다. 여러분도 스토리가 필요하면 이렇게 자문할 것이다. '무슨 스토리를 들려줘야 하지?' 그리고 스스로 구해낸 대답은 아마 우리 할머니가 내게 보였던 반응과 크게 다르지 않을 것이다. 아무 답도 주지 않는 것 말이다. 그러면 여러분도 나만큼이나 낙담하게 될 것이다.

그러나 할머니에게 아무 스토리가 없었던 것이 아니다. 할머니가 나에게 스토리를 폭포수처럼 쏟아놓지 않은 게 할머니의 잘못도 아니다. 우리가 스토리를 찾아내지 못하는 이유는 스토리가 없어서가 아니라, 스토리를 찾아내려고 한 질문이 잘못되었기 때문이다. 내가 할머니에게 했던 질문은 좋은 질문이 아니었다. 더 좋은 스토리를 손에 넣고 싶다면, 아니 애초에 스토리를 찾아내고 싶다면, 질문을 잘 해야 한다. 그리고 질문을 잘 하려면 아주 중요한 한 가지를 기억해야 한다. '스토리는 생활 속 명사名詞에 착 붙어 있다'는 사실이다.

생활 속 명사란 일상의 사람이나 장소, 물건, 사건 등을 말한다. 스토리를 찾기 어려울 때 더 좋은 질문을 할 수 있는 한 가지 방법은 사고의 중심을 명사로 옮기는 것이다. 사람이나 장소, 물건, 사건의 목록을 만들어라. 하나씩 적어 내려가면서 마음의 여유를 갖고 해당 명사와 관련된 추억을 떠올려라.

예를 들어 오래전 오후, 나는 할아버지와 시간을 보냈다. 할아버지의 93번째 생일이 막 지난 때였다. 나는 할아버지를 자주 뵙지도 않고 일대일로 만나는 경우는 더더욱 흔하지 않기 때문에 할아버지의 스토리를 듣고 싶은 마음이 간절했다. 특히 제2차 세계대전 당시 할아버지의 경험담을 듣고 싶었다. 나는 "할아버지, 제2차 세계대전 얘기 좀 해주세요"라고 말하는 대신, 명사에 초점을 두고 질문했다.

내가 물었다. "할아버지, 제2차 세계대전 때 어디에 주둔하셨어요?"

할아버지는 호주 퍼스라고 대답했다.

내가 말했다. "할아버지, 퍼스에 관해서 이야기 좀 해주세요."

이 질문은 스토리가 숨겨진 동굴을 여는 비밀 암호와도 같았다. 할아버지는 한 시간 반 동안 본인이 퍼스에서 겪었던 일, 제2차 세계대전 경험담을 아주 자세히 들려주었다. 할아버지는 어떤 막사에서 잠을 잤는지, 쥐들이 어떻게 밤새도록 2층 침대 위를 뛰어다녔는지 들려주었다. 할아버지는 창이며 문을 모두 판자로 막아놓은 마을에 관한 이야기, 주말마다 해변을 따라 모험을 떠난 이야기를 들려주었다. 이 모든 것은 내가 질문의 초점을 특정한 장소에 맞춘 덕분이었다.

이렇게 질문을 바꾸는 방법은 비즈니스를 비롯한 어떤 상황에서든 스토리를 찾을 때 효과적이다. 특히 직원들이 합심하도록 목적 스토리를 자주 들려주어야 한다면 말이다. 이렇게 명사에 초점을 맞춰서 스토리를 찾아본다면 무궁무진한 스토리가 눈앞에 펼쳐질 것이다.

사람, 장소, 사물, 스토리

나는 오래전에 혁신에 관한 메시지를 만들려는 어느 경영자와 함께 작업했다. 그는 혁신이 경이로운 일이지만 때로는 고통스러울 수도 있다는 힘든 현실을 전달해야 했다. 이런 메시지가 꼭 필요한 시기였고, 단순히 혁신하자고만 떠들 것이 아니라 혁신에 관한 스토리를 들려주어 나중에 우리 회사에도 그런 고통스러운 시기가 왔을 때 직원들이 이 메시지를 기억하고 힘든 시기를 더 잘 대처할 수 있기를 바랐다.

안타깝게도 내가 할머니에게 대공황기에 관해 물었던 때처럼 전략적인 접근법 없이 마냥 스토리를 찾아다닌 결과는 별 소득이 없었다. 그래서 우리는 명사를 중심으로 몇 가지 선택지를 찾아보기로 했다. 우리는 그가 한평생 목격한 다양한 기술 혁신 사례를 목록으로 만들고, 거기서 어떤 스토리가 떠올라주기를 바랐다.

우리는 그가 평생 접했던 음악 감상 기기의 목록을 만들었다. 전축, 8트랙 테이프, 대형 카세트 플레이어, 워크맨, 디스크맨, 아이팟 등이 있었다. 다음으로 우리는 그가 본 적이 있거나 사용한 적이 있는 다양한 컴퓨터의 목록을 만들었다. 그다음에는 그가 사용했던 다양한 전화기의 목록을 만들었다. 다이얼 전화기, 무선 전화기, 휴대전화가 있었다.

우리는 각각의 명사에 대하여 떠오르는 추억이 없는지 짧게 대화를 나누었다. 각각의 명사마다 그와 관련해 들려줄 스토리가 조금씩은 있었지만 완벽한 스토리가 튀어나온 것은 대화가 휴대전화에 이르렀을 때였다.

경영자는 전화기 목록을 작성하다가 휴대전화를 처음 봤던 순간을 기억해냈다. 아버지의 휴대전화였는데, 서류 가방에 들어 있었다. 어느 날 아버지는 당시 10대였던 그에게 볼일을 보러 가는 데 함께 가겠느냐고 물었다. 아버지가 그 휴대전화도 가져간다는 사실을 알게 된 경영자는 그러겠다고 답했다.

가는 길에 아버지가 주유소에 차를 세웠다. 아버지가 계산하려고 사라졌을 때 어린 경영자는 그 휴대전화를 꺼내 친한 친구에게 전화를 걸었다. 그리고 아버지가 돌아오기 직전에 전화를 끊었다.

'휴우'. 경영자는 방금 자신이 차에서 친구에게 전화를 걸었는데 아버지가 이를 절대로 알지 못할 것이라는 사실이 뿌듯했다.

그러나 아버지는 당연히 그 사실을 알아냈다.

몇 주 후 고지서가 날아왔기 때문이다.

그 30초 통화의 비용이 300달러였다.

'혁신이란 놀라운 것이지만, 고통스러울 수도 있다'.

스토리를 찾아내는 데 어려움을 겪고 있다면, 전달하고 싶은 메시지와 관련된 명사를 한번 찾아보라. 지금 당장 해봐도 좋다.

그동안 여러분이 가졌던 직업을 모두 나열해보라. 여러분이 살았던 집을 모두 적어보라. 여러분이 만났던 학교 선생님 혹은 스포츠 코치를 모두 써보라. 그렇게 작성한 각각의 명사를 시간을 가지고 살펴봐라. 한두 가지 추억이 떠오를 것이다. 바로 그런 추억이 스토리로 변모될 수 있다.

더 많은 스토리 찾아내기

명사에 초점을 맞추는 것은 스토리를 기억해내는 아주 훌륭한 방법이다. 그밖에 완벽한 스토리를 찾고 싶을 때 내가 사용하는 몇 가지 방법을 소개해보겠다.

첫 경험을 떠올려보라

나는 마이클을 처음 만났을 때를 결코 잊지 못할 것이다. 내가 처음 들려주었던 스토리도 마찬가지다. 첫 아르바이트, 첫 기조연설도 절대 못 잊을 것이다. 흥분한 고객이 처음으로 걸어왔던 전화도 잊지 못할 것이다. 스토리가 이끌어낸 반응에 한껏 고무된 고객과 전화를 끊으면서 나는 어쩌면 이 모든 게 내가 생각했던 것보다 훨씬 더 큰일일 수도 있겠다고 깨달았다. 처음 실연을 당했을 때, 처음 사이클 수업에 참여했을 때도 잊지 못할 것이다. 이런 기억 뒤에는 중요한 스토리가 하나씩 숨어 있다. 사실 나는 지금 이 글을 쓰는 중에도 메모하고 있다. 그동안 잊고 살았던 스토리가 너무 많이 떠올랐기 때문이다.

스토리를 찾는 데 어려움을 겪고 있다면, 여러분 인생의 첫 경험으로 생각을 옮겨보라. 여러분이 전달하고 싶은 메시지와 뚜렷한 관련이 있을 수도 있고(처음으로 제품이 작동하는 모습을 보았던 날, 공식적인 개업 첫날, 첫 주문을 받은 날), 조금은 거리가 멀어 보일 수도 있다(지금 좋아하는 취미를 처음 시도했던 날, 이제는 중요한 사람이 된 누군가를 처음 만난 날). 최종적으로 들려주게 되는 스토리는 그 첫 경험에 관한 내용이 아닐 수도 있다. 그러나 시작 단계에서 첫 경험에 초점을 맞추어본다면, 기억이 되살아나면서 고를 수 있는 스토리의 범위도 더 넓어질 것이다.

고객 항의나 질문 목록을 만들어라

이 대화는 종종 난처한 분위기를 만들곤 한다. 회사에 대한 멋진 스토리를 모두 듣고 나면 나는 고객에게 이렇게 물어본다. "그렇다면 사람들이 귀사를 선택하지 않는 이유는 무엇일까요?" 아무도 좋아하지 않는 질문이지만, 사람들이 왜 우리 제품을 선택하지 않는지 그 이유를 알면 고객의 걱정을 덜어주는 스토리를 들려줄 수 있다. 고객이 그들 제품을 너무 비싸다고 생각한다면, 그 제품이 장기적으로는 고객의 돈을 아껴준다는 사실을 잘 보여주는 스토리를 찾으면 된다. 고객이 변화를 싫어한다면, 그 제품으로 바꾸지 않아서 겪은 고생을 잘 보여주는 스토리를 찾으면 된다.

잠재 고객이 자주 물어보는 질문도 마찬가지다. 4장에서 우리 뇌에는 두 가지 시스템이 있다고 했다. 그냥 흘러가는 것을 관장하는 시스템(시스템 1)과 난관을 만났을 때 그에 대처하기 위해 소환되는 시스템(시스템 2)이다. 질문을 받으면 우리는 본능적으로 먼저 논리적인 답을 찾아보려고 한다. 그렇게 되면 즉각 시스템 2가 출동한다. 하지만 제품이나 사업에 대해 사람들이 자주 물어보는 질문을 미리 알고 있다면, 논리적인 답변보다 더 효과적인 답이 되어줄 스토리들을 찾아낼 수 있고, 고객은 우리가 바라는 시스템 1 상태를 벗어날 필요가 없게 된다.

메시지가 실현된 상황을 찾아보라

내가 이 방법을 좋아하는 이유는 어디에서나 스토리를 찾아볼 수 있기 때문이다. 인내에 관한 메시지를 전하고 싶다면 수없이 실패하다가 결국 성공한 제품에 관한 스토리를 들려줄 수 있다. 너무나 하고 싶었지만 잘되지 않았던 스플릿 동작을 방에서, 운동장에서 몇 주 동안 연습한 끝에 마침내 터득한 스토리를 들려줄 수도 있다. 스토리를 메시지와 엮을 수만 있다면, 그 어떤 스토리를 동원해도 좋다.

자기 자신에게 질문을 던져라

스스로에게 질문을 해보기만 한다면 우리가 찾아낼 수 있는 스토리는 무궁무진하다. 그냥 잊고 넘어가기 쉬운 스토리들을 찾아내려고 내가 사용하는 질문 목록은 아래와 같다.

- 살아남기 위해 기지를 발휘했던 순간은 언제인가?
- 우리 회사 역사상 최악의 날은 언제인가?
- 고객을 울게 만든 순간은 언제인가? 고객은 좋아서 울었는가, 아니면 싫어서 울었는가?
- 고객의 울음을 그치게 했던 순간은 언제인가?
- 사업을 하면서 가장 힘들었던 일은 무엇인가?
- 우리 회사로 인해 삶이 달라진 사람은 누구인가?
- 사업을 하면서(일을 하면서) 가장 자랑스러웠던 순간은 언제인가?
- 그 일이 없었다면 우리 회사가 살아남지 못했을 단 하나의 사건 혹은 의사 결정은 무엇인가?
- 사업을 하면서 사람이나 사물에 관해 오해하거나 놀랐던 순간은 언제인가?
- 당신의 첫 판매는 무엇인가?
- 가장 의미 있는 판매는 무엇이었는가?
- 판매 기회를 놓친 적이 있는가?

- 가장 만족스러워했던 고객은 누구인가?
- 가장 불만족스러워했던 고객은 누구인가?
- 가장 황당했던 순간은 언제인가?
- 누군가가 당신에게 너는 그것을 이룰 수 없다고 말한 것은 언제인가?
- 내가 하는 일이 가치 있다고 느꼈던 순간은 언제인가?

이 중 어떤 질문을 선택하든, 목록을 좁혀서 파고들기 시작하면 여러분의 생각보다 훨씬 더 많은 스토리의 소재를 발견할 수 있을 것이다.

스토리가 없다는 거짓말

예전에 내가 읽은 어느 책에서는 가치 있는 삶을 살았어야 남에게 들려줄 이야기가 있다고 했다. 만약 남에게 들려줄 스토리가 없다면 변변치 못한 삶을 살았다는 의미였다. 나는 평소에 분노를 밖으로 잘 표출하는 스타일은 아니지만, 그 책은 방 반대편 벽까지 집어던져버렸다. 헛소리하고 앉았네.

저런 생각이 슬금슬금 든다면, 무시하라. 거짓말이다. 흔한 거짓말이다. 한결같이 거짓말이다. 여러분의 삶은 스토리로 가득하다. 이 말이 너무 대담하게 들릴 수도 있을 것이다. 특히나 여러분이 지금 빈 종이를 앞에 놓고, 나에게는 아무 스토리도 없으며 남에게 들려줄 만한 사건이라고는 인생에 한 번도 일어난 적 없다고 생각하고 있다면 말이다.

내가 이 책에서 여러 번 이야기했듯이, 혹시나 여러분에게 스토리가 없다고 생각한다면 그건 실제로 스토리가 없어서가 아니라 내 이야기는 내 귀에 스토리처럼 들리지 않기 때문이다. 자신에 관한 얘기는 그냥 평범한 일상생활처럼 들리게 마련이다. 그러나 8장에 소개하는 여러 '스토리 찾기' 연습들은 삶의 구체적인 순간들을 추출해, '발견되고 이야기되기를 기다리고 있는 스토리'들이 그 본모습을 드러내도록 도와줄 것이다.

스토리 찾아내기 2단계
: 스토리 선택

여러분에게는 스토리가 있다. 위 방법을 따라 해보았다면 아마 이야기할 수 있는 스토리가 너무 많아서 오히려 당황했을 것이다. 아니면 처음부터 스토리를 찾아내는 일이 전혀 어렵지 않았을 수도 있다. 혹은 나에게 스토리가 있다는 것은 늘 알고 있었으나 대체 어디서부터 시작해야 할지 몰라 갈피를 잡지 못하는 것일 수도 있다.

그래서 스토리 찾아내기의 두 번째 단계가 필요하다. 이제 몇 가지 스토리 재료를 수집했으니 그중 어느 것을 다듬어서 들려줄지 골라야 한다. 수잰과 그녀의 회사가 직면한 문제도 수집이 아닌 선택에 관한 것이었다.

반려동물을 키우는 사람은 본인의 동물이 아픈데 그 비용을 감당할 수 없을 때 가장 힘들다. 수잰 캐넌Suzanne Cannon도 이런 경험에 너무나 익숙했다. 어느 주말 수잰의 개가 심하게 아팠을 때 수잰이 할 수 있었던 일이라고는 동물병원 응급실을 찾는 것뿐이었다. 사람도 마찬가지지만 동물 의료에서 응급이란 비싸다는 말과 동의어다. 수잰은 주말이 끝나기도 전에 4000달러의 청구서를 받아들었고 대체 그 돈을 어떻게 지불해야 할지 막막했다.

당시 수잰은 이혼 절차를 밟고 있었다. 예산은 빠듯했고 신용 문제로 제3자 지불은 불가능했다. 심지어 응급실 진료는 할부도 불가능했다.

사랑하는 반려동물에게 치료가 필요한데 치료비를 낼 수 없다면 어떻게 해야 할까? 가슴이 찢어지는 딜레마다.

수잰의 개는 결국 회복되었지만, 개가 아플 때 치료비를 지불할 방법이 없다는 고통은 사라지지 않았다. 그렇게 해서 시작된 것이 바로 벳빌링VetBilling이다. 벳빌링은 반려동물을 키우는 사람에게 다양한 방식으로 비용을 지불할 방법을 제공한다.

스토리텔링은 벳빌링의 운영자인 수잰과 그녀의 동업자 토니 페라로Tony Ferraro가 상품을 판매하는 데 핵심적인 부분을 차지했다. 수잰은 아직까지도 제품의 사양이나 혜택으로 판매 문제를 해결하려는 다른 수많은 기업과는 달리 정서적 차원에서 공감대를 형성해야 한다고 확신했다. 수잰은 처음부터 자신의 스토리를 활용해서 반려동물을 키우는 사람들이 직면한 문제를 설명하고 벳빌링이 도움이 될 수 있음을 보여주었다.

처음에는 효과가 있는 듯했다. 동물병원들은 어렵지 않게 벳빌링의 결제 프로그램에 가입했다. 그러나 서서히 문제가 드러났다. 매출이 없었다. 가입한 동물병원은 많았지만 들어오는 돈이 없었다.

수잰과 토니는 궁극적인 문제에 직면했다는 사실을 깨달았다. 벳빌링의 결제 프로그램을 이용해서 궁극적으로 매출을 발생시킬 사람은 반려동물 주인들인데, 그들이 벳빌링을 이용하게 만들 수 있는 유일한 방법은 동물병원의 소개뿐이었다. 특정 동물병원이 벳빌링에 가입되었다고 하더라도 반려동물 주인이 벳빌링 프로그램을 이용하지 않는다면 의미가 없었다. 벳빌링이 성공하려면 동물병원의 적극적인 협조가 필요했다.

토니는 이렇게 말했다. "처음에 시작했을 때 한 달에 고객 10명이 가입했어요. 하지만 그게 고객이 저희 프로그램을 이용해서 돈을 지불한다는 뜻은 아니었죠. 동물병원들은 저희 프로그램을 이해했고 시스템이 훌륭하다고 생각했지만 이용하지는 않았어요."

벳빌링의 문제는 체육관 같은 멤버십 서비스 업체가 겪는 어려움과는 정반대였다. 체육관은 월 단위로 최대한 많은 사람이 가입해주기만 하면 된다. 그런 다음 고객이 실제로 그 체육관을 이용하는지는 문제되지 않는다. 여전히 체육관에는 회비가 들어오기 때문이다. 그러나 벳빌링은 아니었다. 벳빌링은 고객들이 실제로 결제 프로그램을 이용해야만 돈을 벌 수 있었다.

처음에 만든 스토리는 효과가 있었으나 판매 과정의 두 번째 단계를 해결해주지는 못했다. 벳빌링이 수익을 창출해서 수잰의 식탁과 수잰의 강아지 밥그릇에 음식이 올라갈 수 있어야 했다. 어떻게 해야 동물병원이 프로그램을 실제로 이용할까?

이게 바로 스토리로 해결해야 할 문제였다. 하지만 아무 스토리가 아닌, 착 붙는 스토리가 필요했다.

아무 스토리 vs 딱 맞는 스토리

수잰의 스토리, 즉 수잰이 잠재 고객인 동물병원에 들려주고 있던 스토리는 전형적인 창업자 스토리였고 훌륭한 스토리였다. 그녀의 가슴 아픈 개인적 경험이 회사를 창업하게 한 원동력이었기 때문이다. 설득력 있고 진정성 있는 스토리였으므로 창업자가 사업에 헌신적인

지 알고 싶은 사람에게는 수잰의 창업자 스토리가 제 몫을 했을 것이다. 그러나 이 스토리는 벳빌링의 매출을 키워주지 못하고 있었다. 벳빌링 서비스에 가입하는 것 자체는 비용도 들지 않고 위험 요소도 없었다. 동물병원은 쉽게 가입하겠다고 말할 수 있었고, 실제로도 가입했다. 그러나 동물병원이 실제로 벳빌링의 서비스를 이용하게 하려면 다른 스토리가 필요했다. 벳빌링의 서비스가 지닌 가치를 보여주는 스토리가 필요했다. 수의사를 밤에 잠 못 들게 하는 문제를 벳빌링이 해결해줄 수 있다는 것을 보여줄 스토리가 필요했다.

수잰과 토니는 그 문제가 무엇인지 알고 있었다. 반려동물의 주인이 비용을 댈 수 없어서 치료를 포기하는 모습을 지켜보는 일이었다. 수잰과 토니는 많은 의료진이 그렇듯이 수의사에게도 엄청난 스트레스를 유발하는 곤란한 상황이 있다는 사실을 잘 알고 있었다. 그런데 수의사에게는 일반 병원의 의료진이 겪지 않는 또 다른 문제가 있었다. 동물 보험에 가입한 사람이 거의 없다는 것이다. 동물병원 업계는 현금 거래가 대부분이어서 많은 반려동물 주인들이 갑작스러운 병원비를 지불할 능력이 되지 않았다.

여러분이 수의사라고 한번 상상해보자. 틀림없이 동물을 사랑해서 이 직업을 선택했을 것이다. 여러분은 반려동물을 사랑하는 주인의 마음을 안다. 그러나 여러분이 운영하는 사업은 작은 병원과 마찬가지여서 진단 장비를 갖추고 수술 서비스와 입원 치료까지 담당한다. 여기에는 많은 돈이 들어간다. 모든 반려동물을 무료로 치료해줄 수는 없다.

가족 같은 반려동물의 수술비를 댈 수 없는 주인에게 뭐라고 말할 것인가? 사업체를 잘 운영하는 동시에 도움이 필요한 사람이나 동물까지 도와줄 수 있는 방법은 무엇일까?

고객의 딜레마를 고민해본 벳빌링은 가치 스토리를 들려주는 쪽으로 스토리 전략을 바꾸었고, 이게 모든 걸 바꿔놓았다. 결국 가장 중요한 것은 아무 스토리가 아니라 상황에 딱 맞는 스토리를 고르는 일이었다.

✳

만약 여러분의 목표가 가족 행사 혹은 동창회 혹은 자녀의 축구 경기 응원석에서 들려줄 스토리를 더 많이 마련하는 것이라면 단순히 스토리를 수집하는 것으로도 충분하다. 그러나 스토리를 전략적으로 쓰고 싶다면, 특히 비즈니스에서 활용하고 싶다면 착 붙는 스토리를 선택하는 것이 스토리 수집만큼이나 중요하다. 선택 과정을 시작하기 좋은 출발점은 2장에서 논의한 네 가지 필수 스토리다. 이 필수 스토리를 이용하면 수집한 스토리를 구체적 목표에 딱 맞는 몇 개의 스토리로 간단히 정리할 수 있다.

커닝 페이퍼를 소개하면 아래와 같다.

- 더 효과적인 세일즈와 마케팅을 원한다면 가치 스토리를 선택한다.
- 자신감을 키우고 차별화하기를 원한다면 창업자 스토리를 선택한다.
- 직원들을 합심시키고 적극적 참여를 유도하고 싶다면 목적 스토리를 선택한다.
- 세일즈와 마케팅을 강화하고 신뢰도를 높이고 싶다면 고객 스토리를 선택한다.

대부분의 기업은 네 가지 스토리가 모두 필요하다. 창업과 매출 성장, 직원 독려, 고객 서비스 없이 지속되는 기업은 하나도 없다. 그리고 각 스토리는 서로 배타적이지 않다. 예를 들어 훌륭한 창업자 스토리는 매출에도 도움이 된다. 근사한 목적 스토리 역시 매출 성장을 견인할 수 있다. 네 가지 스토리는 모두 영역이 겹친다. 하지만 이들을 서로 다른 스토리 유형으로 구분해서 살펴보면 딱 맞는 스토리를 선택하는 데 도움이 된다.

그러니 지금 여러분에게 가장 필요한 스토리가 무엇인지 자문해보라. 가장 시급한 목표가 무엇인가? 목표를 좁힌 후 네 가지 스토리를 가이드 삼아 여러분이 수집한 수토리 중 가장 도움 될 것을 골라내라.

벳빌링이 가치 스토리로 영리하게 방향을 전환한 것은 훌륭한 선택이었고, 벳빌링에 줄곧 필요했던 일이었다. 이제 벳빌링은 창업자 스토리(물론 이것도 그 나름의 역할이 있다)에 중점을 두는 대신 동물병원들에게 가치 스토리를 수집하기 시작했다. 벳빌링의 진짜 가치를 잘 보여주는 스토리, 최대한 많은 동물을 도와주고 싶은 수의사의 궁극적인 목표를 벳빌링이 충족시켜줄 수 있다는 스토리였다.

결과는 금세 나타났다.

토니는 이렇게 회상한다. "고객이 세 배, 네 배 늘었어요. 새로운 캠페인을 시작하면서 사업이 급팽창했죠. 이제는 우리 스토리를 듣고 가입한 동물병원의 95퍼센트가 저희에게 곧장 고객을 보내줘요."

관객에 관한 모든 것

벳빌링의 사례는 스토리가 사업에 도움이 되려면 설득력 못지않게 선택이 중요하다는 사실을 보여준다. 스토리를 찾아내는 것만으로는 충분하지 않다. 착 붙는 스토리를 골라야 한다. 여러분의 니즈, 사업, 관객에 딱 맞는 스토리를 선택해야 한다.

마지막 단어가 핵심이다. 관객.

스토리를 들려줄 때 스토리 자체가 목적은 아니라는 사실을 기억하라. 본인의 목소리를 듣고 싶어서 스토리를 들려주지는 않을 것이다. 비즈니스 과정에서 청중에게 스토리를 들려주고 있다면 이유가 있을 것이다. 나는 스토리텔링을 의뢰한 고객과 마주 앉으면 늘 다음의 두 가지를 질문한다.

- 이 스토리를 누구에게 들려줄 것인가?
- 그들이 무엇을 생각하고, 느끼고, 알고, 하기를 바라는가?

이 두 질문에 대한 답이 스토리 선택 과정의 핵심이다. 잠재 고객이 이 기업가가 해당 일에 딱 맞는 사람인지 확신을 원한다면, 우리는 기업가의 능력이나 열정 그리고 '당신이 바라는 것을 내가 가지고 있다'는 것을 보여줄 수 있는 스토리를 고른다. 제품의 효과를 걱정하고 의심하는 회의적인 의사 결정자가 관객이라면, 우리는 해당 제품이 좋은 결과를 냈던 스토리와 (가능하다면) 이전에는 회의적이었으나 이 제품을 선택한 후 추종자로 바뀐 캐릭터를 스토리에 포함할 것이다.

핵심적으로 관객과 나의 목표가 만나는 지점을 아는 것이 가장 중요하다. 여러분이 수집한 순간들을 살펴보고 바로 그 접점에 있는 스토리를 선택한다면 반드시 성공할 것이다.

지금 이 순간에도
스토리는 내 곁에 있다

8장에서는 과거의 스토리를 찾아내는 방법을 논의했다. 여러분의 인생에서 조금만 다듬으면 더 큰 메시지를 전달하고 좋은 결과를 안겨줄 수 있는 순간들을 찾기 위해서였다. 그 외에도 스토리를 찾아낼 때 내가 정말로 좋아하는 방법이 하나 있다. 바로 눈앞에서 스토리가 펼쳐지는 광경을 지켜보는 것이다.

얼마 전 비행기를 탔다가 할머니 한 분과 그분의 여동생 그리고 승무원이 짐칸에 짐을 넣는 문제로 실랑이하는 장면을 보았다. 보아하니 할머니가 그 짐을 좀 올려달라고 한 모양이었다. 승무원은 원칙상 그렇게 할 수 없다고 했다. 누가 주먹이라도 날린 걸까? 확실하지 않다. 이 부분은 내가 보지 못했다. 하지만 뭔가 큰일이 있었던 것은 틀림없다. 왜냐하면 내가 자리에 앉을 때쯤에는 승무원이 이 80세 할머니와 그 여동생을 비행기에서 쫓아내겠다고 겁주고 있었기 때문이다.

이 언쟁을 처음부터 보지 못했기 때문에 누구의 잘못인지는 불분명했다. 하지만 어느 쪽의 잘못이든 상황 전체가 좀 극단적으로 보였다. 마침내 승무원은 보안 요원을 불러 이들을 비행기에서 쫓아내달라고 했고, 그러자 여동생이 자기들은 수십 년 만에 비행기를 타는 것이어서 정책이 바뀐 줄 몰랐다고 설명하며 상황을 진정시켰다. 여동생은 온 가족이 모이는 행사에 가는 중이라면서 스토리를 들려주었고 가족을 모두 만날 생각에 너무나 기쁘다고 했다.

그 스토리가 두 사람을 구했다. 승무원은 표정이 누그러지더니 최근에 본인이 참석했던 가족 모임의 스토리를 들려주었다. 승무원과

두 할머니는 다들 중서부 출신이라는 공통점을 발견했다. 세 사람은 이야기를 나누며 연락처를 주고받았고 내릴 때는 포옹까지 했다. 나는 이 모든 일이 펼쳐지는 모습을 지켜보면서 여기서 하나 이상의 스토리가 나올 수 있겠다고 생각했다. 내가 목격한 것은 고객 서비스에 대한 스토리이자 섣부른 결론에 대한 스토리이며 오해에 대한 스토리였다. 그리고 누군가의 스토리를 듣게 되면 더 많이 공감하고, 이해하고, 연민할 수 있다고 알려주는 스토리이기도 했다.

나는 이 일을 메모하며 언젠가 이 스토리를 들려주겠다고 생각했다(따지고 보면 지금이 바로 그 '언젠가'에 해당하겠지만, 원래 의도한 목적은 아니다). 이 스토리가 보여주듯 스토리는 우리 주변에서 매일 일어나고 있다. 이제 여러분도 스토리의 가치와 중요성을 충분히 알았으니, 새로운 스토리를 찾아내는 일에 나만큼이나 중독되기를 바란다.

이 중독의 갈증을 채우는 일은 어렵지 않다. 그저 휴대전화를 내려놓고 주위를 둘러보기만 하면 된다. 여러분이 경이로움을 느끼는 모든 순간이 다 스토리다. 미소를 불러일으키거나, 약간 화나게 하거나, 호기심을 갖고 지켜보게 만드는 순간도 스토리다. 이런 일들은 그때그때 벌어지는 귀중한 스토리 소재다. 다만 우려되는 부분이 있다면, 우리가 해당 스토리를 잊어버리는 것이다. 그러니 보거나 듣거나 목격한 일은 바로 메모해두기 바란다.

복잡하게 생각할 것은 전혀 없다. 내가 이런 순간을 기록하는 방법도 상당히 엉성하다. 다이어리(그렇다. 아직도 가지고 다닌다)나 작은 노트(그렇다. 이것도 아직 가지고 다닌다)에 생각나는 대로 적어둘 때도 있고, 휴대전화 앱에 써두기도 한다. 어떤 때는 나에게 이메일을 보내거나 24시간만 보이는 인스타그램 스토리에 내 생각을 게시했다가 보관함에 넣어서 나중에 참고하기도 한다. 냅킨이나 영수증 뒷면, 집 안이나 가방에 돌아다니는 아무 종이 여백에 토막 스토리를 휘갈겨두기도 한다.

나의 스토리 저장고는 제대로 정리되어 있지 않다. 깔끔하지도 않다. 언젠가는 좀 더 잘 기록하게 될 것이라고 다짐한다. 그때까지는 어떤 식으로든 기록한다는 사실 자체에 만족하려고 한다. 여러분도 그래야 한다.

여러분이 어떤 식으로 스토리를 저장하든, 시간을 갖고 주변에서 일어나는 스토리 조각들을 메모해둔다면 그것들을 스토리로 다듬어야 하는 때가 왔을 때 기억해내기가 더 쉬울 것이다.

찾고 있는 것을
발견했다면

그 옛날 스토리텔링 페스티벌에서 내 멘토를 소개하기 전 내가 보았던 종이가 바로 이런 메모일 것이다. 수십 년간 수집해서 들려줄 준비가 된 스토리들의 목록이다.

물론 차이점도 있다. 도널드 데이비스의 목록은 단순한 스토리 조각을 적어둔 종이가 아니었다. 각각의 조각은 모두 들려줄 준비가 된 것들이었다. 그가 공들여서 다듬어두었기 때문이다.

우리도 바로 그 작업을 해보기로 하자.

9장

내 스토리도 사람들이 들어줄까?

: 설득력 있고 짜릿한 스토리로 다듬기

> "아이디어는 왔다가 사라지지만, 스토리는 남는다."

나심 니콜라스 탈레브 Nassim Nicholas Taleb

8장의 연습을 실제로 해보면 두 가지를 손에 쥐게 될 것이다. 첫째는 여러 스토리 아이디어의 목록이다. 여러분이 관객의 주의를 끌고, 영향을 미치고, 그들을 바꿔놓을 때 사용할 수 있는 잠재적 스토리의 씨앗들이 생길 것이다. 둘째는 단 하나의 스토리 아이디어다. 수집된 아이디어 중에서 여러분이 당면한 과제에 최선이라고 생각하는 아이디어가 생길 것이다.

그다음 해야 할 일은 관객에게 흥미진진한 이야기가 될 수 있도록 스토리를 다듬는 일이다. 자신을 작가라고 생각해본 적이 한 번도 없는 사람이라면 여기서 약간 주눅이 들 수도 있다. 어쩌면 여러분은 공식이나 등식을 더 선호할 수도 있다. 아니면 한때 일기 쓰기를 좋아했지만, 이메일이나 제품 설명서 외에 무언가를 써본 적은 드라마 〈로스트)가 제대로 된 결말을 맺을 것이라고 기대하고 있었을 때가 마지막이었을지도 모른다.

　내 이야기처럼 들리더라도 걱정할 필요는 없다. 당신은 분명히 할 수 있다. 그냥 기분 좋으라고 하는 소리가 아니다. 내가 이렇게 말하는 이유는 정말로 분석적이고, 감성이라고는 없고, 스스로 자기는 인간보다 로봇에 가깝다고 말했던 사람들조차 절대로 잊지 못할 매력적인 스토리를 만들어내는 모습을 내가 이미 본 적이 있기 때문이다. 어떻게 가능한 것인가? 이 책에서 설명하는 기본틀과 요소를 활용하면 된다. 공식은 여러분이 이미 알고 있고, 체계는 여러분이 이 책에서 읽은 모든 스토리에 구현되어 있다. 흥미진진한 스토리텔링 능력이 여러분의 DNA에 들어 있든 없든, 여러분이 아침 식사로 시리얼 대신 데이터를 씹어 먹는 사람이든 아니든, 훌륭한 스토리를 만들어내는 것은 누구나 통달할 수 있는 간단한 기술이다.

단순하지만 강렬한 스토리텔링 지름길

3장에서 배웠던 스토리텔링 기본틀을 기억할 것이다.

기준 → 폭발 → 새로운 기준

　세 단계다. 아홉 단계가 아니다. 이 정도면 꽤 괜찮다고 생각한다. 아홉 단계라고 하면 많아 보이지만, 세 단계라면 어떻게 해볼 수 있을 것처럼 느껴지기 때문이다. 9장에서 알게 되겠지만 정말로 할 수 있다. 이 세 단계는 관객의 주의를 끌고, 영향을 미치고, 그들을 바꿔놓을 스토리를 만드는 데 각각 중요한 역할을 담당한다.

지금 우리는 8장에서 발견한 토막 스토리와 이 책에서 줄곧 설명한 네 가지 요소 그리고 목표에 딱 맞는 하나의 스토리만 있으면 된다. 이것들만 갖춰지면 스토리를 조합할 수 있다. 원래는 나도 첫 단계부터 시작하자고 말하는 편이지만, 스토리를 다듬을 때는 8장에서 발견한 조각을 가지고 중간부터 시작하는 게 최선이다.

폭발: 중간부터 시작하라

폭발은 세 단계로 구성된 스토리텔링 기본틀 중 중간에 해당하지만 스토리는 보통 이곳에서 시작된다. 8장에서 스토리 조각을 찾을 때 가장 두드러졌던 기억이나 순간이 폭발일 가능성이 크다. 왜냐하면 우리에게 무언가 스토리가 발생하더라도 스토리의 한가운데에 올 때까지 그 사실을 알아채지 못하는 경우가 많기 때문이다. 우리는 폭발에 이를 때까지 스토리가 일어나고 있다는 사실을 눈치채지 못한다. 당연한 일이다. 스토리가 시작되는 기준 단계는 평범하고 일상적이기 때문에 폭발이 일어나기 전까지는 스토리의 전조인지조차 알아채기 어렵다. 기준 단계는 폭발이 일어나고 새로운 기준과 대비되기 전까지 눈에 띄지 않는다. 사실상 폭발이 없다면 스토리라고 할 수 없다.

기준 상태를 알아채기가 힘들다는 사실은 스토리를 다듬을 때 기준 상태에서부터 시작하기가 상당히 어렵다는 뜻이기도 하다. 그러니 폭발에서 시작하는 편이 낫다. 무슨 일이 일어났는지 다루고 그 전으로 돌아가는 것이다.

예를 들어 워키바의 가치 스토리에서 폭발은 운동을 하고 싶었던 임원이 워키바 제품을 사용하기 시작했을 때 일어난다. 자산관리사의 스토리에서 폭발은 그녀가 돈을 세제로 씻다가 어머니에게 들켰을 때 벌어진다. 딸에게 지혜를 전수하고 싶었던 아버지의 스토리에서 폭발은 양말 두 짝이 서로 다르다고 딸에게 지적당했을 때 발생한다. 단순히 한 문장만 놓고 보면 이런 경험 혹은 폭발의 순간을 스토리라고 말하기는 힘들다. 여러분을 매료시키지도, 공동 창조 과정을 촉발하지도 못한다.

하지만 이곳이 바로 시작점이다. 스토리의 중심이 될 결정적인 순간을 확인했다면, 이제 다시 처음으로 돌아가자.

기준: 다시 처음으로

기준을 공들여서 만드는 일은 스토리를 제작할 때 가장 재미있고 중요하다. 단순한 해프닝으로 남을 수 있는 순간을 중요한 사건으로 만들어주는 게 바로 기준이다. 우리는 기준 단계에서 관객의 관심을 끌어야 한다. 우리의 공감 근육을 뽐낼 수 있는 것도, 서로 "나는 당신을 이해해요", "당신은 날 잘 아는군요"라고 말할 수 있는 것도 바로 이 단계다. 이 단계에서 청자나 독자는 마음을 열고 경계를 푼다. 기준을 제대로만 만든다면 관객의 세상과 내 세상 사이의 경계가 흐려진다.

혹시나 궁금해할까 봐 하는 말인데, 우리 인간은 이 부분을 좋아한다. 관객은 모든 일이 계획대로 척척 진행되는 것처럼 보이면서도 사건이 곧 일어날 듯한 그 미묘한 분위기를 즐긴다. 이 분위기가 백배로 증폭된 모습을 보려면 기준에 극도로 예민한 누군가와 함께 영화를 보면 된다. 아이들이 바로 그렇다. 내 남편도 비슷하다. 스릴러 영화일 필요도 없다! 기준 단계를 꾸준히 발전시키기만 해도 그들은 참기 힘들어 한다. 그들은 질문하고 예측한다. 기준에 압도되어서 곧 폭발이 일어난다는 사실을 감당하지 못한다.

비즈니스 스토리텔링의 경우는 이보다 훨씬 덜 극적이지만, 효과는 동일하다. 매리코파 병원의 CEO에게 기준은 간담회에 그 노숙자가 발을 질질 끌며 들어왔던 순간이다. 사람들이 예상을 빗나간 방식으로 노숙자를 대했기에 우리는 그 상황에 관심을 갖게 되었다. 맥도날드 광고의 소년에게 기준은 아버지와 닮은 점이 하나도 없다고 느끼는 상태다. 그래서 소년이 공통점을 찾아냈을 때 우리는 주의를 기울일 수 있었다. 수구 팀 선수였던 마이클에게 기준은 그가 마침내 팀을 떠나는 순간까지 쭉 이어지는 전체 스토리였다.

이 모든 예에서 기준을 어떻게 만들었는지에 따라 폭발의 효과가 전적으로 좌우되었다. 여러분의 스토리도 마찬가지일 것이다. 좋은 소식은 기준을 만들 때 스토리의 필수 구성 요소를 체크 리스트로 활용할 수 있다는 점이다.

분명한 캐릭터에 관한 디테일, 관객이 익숙함을 느낄 디테일을 집어넣어라. 확인!

상황이 펼쳐질 때 주인공(여러분이 분명한 캐릭터인 경우에는 여러분)이 느끼거나 바라거나 생각했을 감정을 집어넣어라. 확인!

그 일이 일어났던 구체적인 시간과 장소를 집어넣어라. 식당인가? 회사인가? 6월 중순의 평범한 화요일인가? 명절 스트레스가 극심한 금요일인가? 확인!

그리고 마지막으로 여러분이 목표한 관객을 염두에 두고 그들이 익숙하게 받아들일 디테일을 집어넣어라. 스토리를 듣는 내내 관객이 이렇게 중얼거릴 수 있어야 한다. "나도 저거 느껴봤어. 나도 저거 이해해. 맞는 소리네. 그렇지. 그래. 그래. 그래." 확인!

그렇게 여러 번 고개를 끄덕였다면 폭발이 찾아오고 해결책이 발견되거나 교훈을 배우거나 자각이 일어났을 때 관객은 이렇게 말하게 될 것이다. "우와…"

영화 〈해리가 샐리를 만났을 때〉처럼 그다음에 따라오는 자연스러운 반응은 다음과 같다. "저 여자가 가진 걸 나도 가져야겠어."

새로운 기준: 저절로 써진다

스토리의 나머지 단계를 제대로 만들었다면 새로운 기준은 저절로 써진다. 배웠던 교훈을 다시 한번 정리하고 그게 관객에게 어떤 의미인지 이야기하면 되기 때문이다. 새로운 기준을 만들 때 메시지를 얼마나 노골적으로 드러낼 것인지는 여러분에게 달렸다.

과거에 수구 팀 선수였던 마이클은 관객에게 포기하지 말라고, 그렇지 않으면 후회할 거라고 말하지 않았다. 대신에 새로운 기준의 마지막 부분에서 함축적으로 표현했다.

데저트 스타 컨스트럭션의 제리는 본인이 만든 첫 요새를 추억하며 다음번에 새로운 고객과 무엇을 함께 짓게 될지 너무나 기대된다는 말로 그의 스토리를 끝맺었다.

돈을 썼었던 자산관리사는 어린 시절 자신의 돈을 다룰 때 가졌던 애정만큼 큰 애정으로 고객의 돈을 다루겠다고 약속했다.

새로운 기준을 만들 때 가장 중요한 점은 이 단계를 시작점으로 되돌아가는 기회로 활용하는 것이다. 다시 시작점으로 되돌아가서 스토리를 끝내라. 다만 이전의 기준에는 없었던 이해와 지혜, 지식을 가지고 돌아가라.

스토리를 다듬는 데 이 정도면 충분하다. 모든 일이 그렇듯이 계속 연습하면 더 좋아진다. 시간이 지나면 다른 사람이나 스스로의 피드백을 통해 무엇이 효과적이고 무엇이 그렇지 않은지 감이 잡힐 것이다. 그리고 반복되는 강연이나 인터뷰로 같은 스토리를 한 번 이상 들려주는 호사를 누리게 된다면, 어떤 부분이 공감을 사는지 확인할 기회로 활용하라. 그리고 필요하다면 수정해나가라.

작은 글씨도,
부가 장치도 필요없다

이렇게 증명된 스토리 작법을 사용할 때 가장 좋은 점은 (들리는 그대로 간단하고 단순하다는 것 외에) 효과가 있다는 사실이다. 굉장히 효과가 좋다. 아무런 술책이나 장치도 필요하지 않다.

언젠가 마케터를 대상으로 강연한 후의 일이다. 한 사람이 히죽히죽 웃으며 나에게 다가왔다.

"음악을 바꾸셨죠?" 그는 내 코앞까지 다가와서 나를 뚫어져라 쳐다보며 그렇게 말했다.

"어… 흠… 제가…" 나는 말을 더듬었다. 너무나 갑작스럽기도 했고 그가 대체 무슨 말을 하는지 알아들을 수가 없었기 때문이다.

남자는 본인이 누구인지도 밝히지 않았다. 그저 자신이 무언가를 알아냈다는 생각에 아주 신나 있었다. "뒤의 영상에서요. 음악을 바꿔서 더 감정적으로 보이게 만드신 거죠?" 남자는 다시 실실 웃었다.

아하. 나는 그제야 무슨 말인지 알았다. 프레젠테이션에서 내가 사례로 틀어준 두 영상을 말하는 것이었다. 어느 브랜드에서 만든 영상이었는데, 먼저 보여준 것은 해당 브랜드는 스토리를 말하고 있다고 생각했으나 실제로는 스토리가 아닌 영상이었고, 나중에 보여준 영상은 실제로 스토리를 들려준 대조적인 영상이었다. 짐작이 가겠지만 그 차이는 아주 컸다. 보아하니 영상의 효과가 너무 커서 이 남자는 스토리만으로 그런 차이가 생겼다는 사실이 믿기지 않는 모양이었다.

"아뇨." 이번에는 내가 히죽 웃으며 대답했다. 우리는 똑같은 음악과 똑같은 영상을 사용했다. 우리가 추가한 것이라고는 스토리가 있는 버전에 추가한 몇 가지 장면뿐이었다. 두 영상의 차이는 스토리를 만들어서 들려줬다는 것뿐이었다. 잘 만든 스토리에는 아무런 장치가 필요 없다. 이게 바로 핵심이다!

내가 후안과 세라가 등장하는 껌 광고를 무음으로 봤다고 한 이야기를 기억할 것이다. 말 한마디 없는 애플의 광고나 버드와이저의 광고는 또 어떠한가?

이 책에 나오는 수많은 스토리가 효과가 있었던 이유는 우리가 예쁘게 포장하거나 어떤 조작을 가했기 때문이 아니다. 그 스토리가 효과가 있었던 것은 그것들이 실화이고, 필요한 스토리 요소를 포함하고 있으며 간단한 공식을 따랐기 때문이다.

이게 바로 스토리텔링의 장점이다. 스토리 그 자체로 충분하다는 점 말이다.

우리가 어떤 메시지를 접할 때마다 의심하며 비웃지 않아도 된다면 세상이 얼마나 더 좋아질지 한번 상상해보라.

스토리의 길이는 중요하지 않다

종종 스토리의 길이에 대한 질문을 받는다. 그러고 나면 대화는 몇 가지 방향으로 흘러간다. 때로 질문자는 헤밍웨이가 썼는지 안 썼는지 알 길이 없는 그 어린아이 신발 스토리*를 언급한다. 나는 종종 마크 트웨인을 인용한다. "시간이 더 있었다면, 편지를 더 짧게 썼을 텐데요." 짧게 쓰는 게 길게 쓰는 것보다 훨씬 더 어렵다는 점에서, 고개를 끄덕이게 하는 말이다.

내가 '스토리는 필요한 만큼 길어야 한다'고 답하면 으레 반응이 좋지 않다. 얼마 전 내가 공항에서 엘리베이터를 탔을 때의 일이다. 내 뒤로 세 사람이 따라 탔다. 젊은 여자 한 명과 젊은 남자 두 명이었다. 그들은 4층을 눌렀고, 나는 5층을 눌렀다.

문이 닫혔다. 여자가 친구들을 돌아보며 말했다. "지금 우리 부모님이 어디 계신 줄 알아?"

남자들이 고개를 저었다.

여자가 말했다. "진주만에서 돌아가신 할아버지 친구분의 장례식에

---

* '아기 신발 팝니다. 한 번도 신지 않음For Sale, Baby Shoes, Never Worn'이라는 글은 흔히 세상에서 가장 짧은 소설로 알려져 있다.

가셨어. 얼마 전에 시체를 찾았는데, 옛날 마이크 아저씨한테 참배를 하고 싶다 하시더라고."

그 순간 문이 열리면서 세 사람이 내렸다. 나는 입이 쩍 벌어진 채 혼자 남게 되었다. 진주만의 희생자가 지금 발견됐다고? 나는 궁금해서 하마터면 엘리베이터에서 뛰어내릴 뻔했다. 하지만 그 순간, 내 호기심과 망설임을 비웃기라도 하듯 엘리베이터 문이 닫혔다.

수십 년간 세일즈 및 마케팅 전문가들은 그 유명한 '엘리베이터 연설elevator pitch'의 난제를 풀려고 애써왔다. 잠재 고객과 함께 엘리베이터를 탄 그 짧은 순간에 어떻게 고객에게 궁금증을 불러일으킬 만큼의 정보를 전달하면서 흥미도 유발할 수 있을까?

이 여행객들은 아무것도 팔 생각이 없었다. 그리고 그것이 바로 핵심이다. 이들의 엘리베이터 연설은 전혀 연설이 아니었다. 이들이 들려준 것은 스토리였다.

생각해보라. 그 속에는 여자의 부모님과 옛날 마이크 아저씨라는 분명한 캐릭터가 있었다. 중요한 순간도 있었다. 지금이었다. 그리고 진주만이라는 구체적인 디테일은 마치 에잇 앤 밥 스토리에서 존 F. 케네디를 언급한 것처럼 미국인들에게는 너무나 익숙한 세계로 들어가는 지름길이었다.

그날 저녁 공항에서 집으로 돌아온 나는 남편에게 내가 지금까지 들었던 최고의 엘리베이터 연설에 대한 스토리를 들려주었다. 나머지 이야기를 듣고 싶어서 그들을 따라 내리려다가 한쪽 팔이 잘릴 뻔했다는 말도 덧붙였다. 우리는 함께 구글에서 '마이크 진주만 시체 발견'을 검색했다. 새로운 DNA 검사 기술 덕분에 유족이 마침내 장례를 치르게 되었다는 소식이 검색되었다. 그리고 실제로 그날 장례식이 있었다. 여자의 부모님은 그 장례식에 참석했을 것이다.

사실 나는 엘리베이터 연설이 그리 중요하다고 생각하지 않는다. 세일즈 기법에 그런 게 있다고들 흔히 말하지만 실제로 그런 일이 벌어지는 경우는 절대 없다. 다만 이 일화는 스토리가 꼭 길어야만 효과적이지 않다는 사실을 알려준다. 스토리는 필요한 만큼만 길면 된다.

필요한 만큼이라는 답이 짜증 난다는 것은 나도 안다. 하지만 사실이다. 스토리는 엘리베이터에서 들었던 그 스토리처럼 10초짜리일 수도 있고, 테네시주 존즈버러에서 열리는 전국 스토리텔링 페스티벌에서 유명 스토리텔러 제이 오캘러핸Jay O'Callahan이 들려주는 매혹적인 〈큰바다쇠오리 정신The Spirit of the Great Auk〉 스토리처럼 90분에 달할 수도 있다. 그렇다. 스토리는 필요한 만큼 길 수도 있고 짧을 수도 있다. 기본틀을 따르고 필수 요소를 포함하기만 하면 된다.

최고의 접근법은 모두 늘어놓는 것으로 시작하는 것이다. 하나도 빼놓지 말고 모두 다 들려주는 글을 써보라. 거기서 필요한 만큼 잘라 나가면 된다. 그렇게 하면 어떤 스토리가 탄생하는지 몇 가지 예시를 들어보겠다.

10초짜리 스토리

예를 들면 언바운스의 사례를 10초짜리 스토리로 쓰면 다음과 같을 것이다.

예산도, 기술적 경험도, 마케팅 과정에 대한 통제권도 거의 없는 한 마케터가 업무에 어려움을 겪고 있었다. 그는 좌절했고 인정받지 못하는 기분을 느꼈다. 아주 솔직히 말하면, 약간 열 받기도 했다. 그때 그는 언바운스 컨버터블을 사용하기 시작한다. 이제 그는 예산을 초과하지 않으면서 자신이 가진 기술로 원하는 일을 무엇이든 할 수 있다. 그는 더이상 자신의 업무가 싫지 않다. 아주 솔직히 말하면, 일에 대한 애정을 되찾았다.

이 스토리에서 항목을 나눠보자.

- **기준**: 직무에 어려움을 겪음.
- **폭발**: 언바운스 컨버터블을 사용함.
- **새로운 기준**: 직무를 해낼 수 있고 즐기게 됨. '아주 솔직히 말하면'이라는 구절을 반복함으로써 기준 상태와 이어지지만 결과는 정반대라는 점에 주목.
- **분명한 캐릭터**: 한 마케터.
- **진실한 감정**: 좌절, 인정받지 못하는 기분, 열 받음.
- **중요한 순간**: 언바운스 컨버터블을 사용하기 시작함.
- **구체적인 디테일**: 익숙한 느낌을 자아내기 위해 구체적으로 어떤 물리적인 디테일을 포함하지는 않음. 그러나 '열 받았다'는 구절로 감정을 표현하면서 이 페르소나가 밀레니얼 세대일 가능성이 높다는 사실을 알려줌.

벳빌링의 스토리를 10초짜리로 만든다면 다음과 같을 것이다.

리사는 평생 수의사를 꿈꾸었다. 경제적인 문제로 사랑하는 반려동물에게 꼭 필요한 치료를 해줄 수 없는 주인의 마음이 얼마나 찢어질지 상상도 되지 않았다. 그때 리사는 벳빌링을 발견한다. 이제 치료가 필요한 동물을 거절할 필요 없이 자신의 존재 이유인 이 일을 마음껏 할 수 있다.

이번에도 항목을 정리해보자.

- **기준**: 수의사의 꿈. 치료비가 없으면 동물을 치료하지 못함.
- **폭발**: 벳빌링을 찾아냄.
- **새로운 기준**: 이제 모든 동물을 치료할 수 있음. 기준 단계일 때 평생의 꿈이 수의사라고 말했는데 이제 자신의 존재 이유인 이 일을 마음껏 할 수 있다고 밝힘으로써 서로 연결된다는 점에 주목.
- **분명한 캐릭터**: 수의사인 리사.
- **진실한 감정**: 마음이 찢어짐.
- **중요한 순간**: 이 스토리에는 특정 장면이 들어 있지 않음(이상적인 경우는 아니지만 아주 짧은 스토리일 때는 종종 필수 요소가 하나 빠지기도 함).
- **구체적인 디테일**: 언바운스 스토리와 마찬가지로 물리적인 디테일은 포함되어 있지 않음. 그러나 마음이 찢어지는 고통은 수의사들이 경험하는 익숙하고 구체적인 감정임.

전체 스토리에서 10초짜리 스토리로 가는 경우는 아주 극단적이다. 그리고 우리가 실제로 엘리베이터 안에서 누군가에게 스토리를 들려줄 일은 거의 없다. 흔히 비즈니스 스토리는 3~7분 정도인 경우가 많으므로 그만큼의 시간을 영리하게 사용할 수 있어야 한다. 그 시간 동안 필수 요소로 기준을 설정하고, 관객을 공동 창조 과정에 끌어들이며, 관객이 마음속으로 흥미진진한 그림을 그릴 수 있도록 해야 한다. 관객이 스토리의 중요한 부분에 관심을 갖고 그 정서에 공감하며 "저거 알지" 또는 "내 얘기 같네"라고 말할 수 있도록 해야 한다.

그렇게만 한다면 시간은 중요하지 않다. 스토리는 성공할 것이다.

스토리 작법의
흔한 함정 피하기

이 책에서 배운 것과 같은 간단한 기본틀과 구성 요소를 포함하더라도 흔히 저지르는 실수와 유혹이 있다. 미리 알아두면 도움 될 것이다.

목표에 딱 맞지 않는 경우

2015년에 나는 인디애나폴리스에서 유나이티드 웨이United Way를 위한 워크숍을 개최했다. 그날 관객 대부분이 기금 모금자였다. 그래서 특히나 재미도 있고 힘들기도 했는데, 왜냐하면 실내를 가득 채운 사람들이 죄다 전문 스토리텔러들이었기 때문이다. 내 일은 주로 스토리를 처음 써보는 사람들을 도와주는 일인 경우가 많았는데, 이때는 전문 스토리텔러들이 한 단계 더 성장할 수 있도록 도와줘야 했다.

기금 모금자의 일은 사실상 거의 세일즈에 가깝다. 이들은 유나이티드 웨이의 프로그램을 위한 기금을 모금하려고 어떤 날은 의사 결정자나 기부자와 일대일 미팅을 하고, 어떤 날은 실내를 가득 채운 기업 직원에게 연설했다. 그러나 어떤 경우든 이들의 일을 도와주는 게 바로 스토리였다.

우리는 바로 그 스토리를 하루 종일 다듬었다. 이듬해 6월, 나는 다시 그들을 찾아 심화 과정을 함께 연습했다. 그들이 이전의 워크숍에서 배운 전략을 거의 1년간 적용해본 후였기 때문에 한 단계 더 발전한 전략을 익힐 시기였다.

그날의 계획은 간단했다. 네 사람이 각자가 사용해온 스토리를 공유한다. 우리는 그 스토리로 워크숍을 가진 뒤 그것을 발전시키고 다듬어서 무엇이 효과적이고 무엇은 그렇지 않은지 공유하기로 했다.

샤론(가명이다)은 유나이티드 웨이에서 처음 책 읽기 자원봉사를 했을 때 만난 소년에 관한 아름다운 스토리를 들려주었다. 처음 만났을 당시 소년은 몹시 수줍음이 많고 내성적이었다. 그러나 함께하는 시간이 늘어나면서 소년은 알을 깨고 나와 활짝 피기 시작했다.

유나이티드 웨이가 어떤 변화를 가져올 수 있는지 완벽하게 보여주는 멋진 스토리였고, 샤론은 그곳에 모인 사람들 모두를 매료시켰다. 열렬한 환호가 한바탕 지나갔다. 샤론은 틀림없이 멋진 스토리를 들려줬다.

그런데 갈채가 끝나고 내가 다음 스토리텔러를 소개하기 직전에 샤론이 손을 번쩍 들고 말했다. "그런데 문제가 있어요. 기부가 들어오지 않아요."

내가 물었다. "조금 전처럼 그렇게 얘기했는데도요?"

"네. 그리고 사람들은 이 스토리를 좋아해요. 눈물을 글썽이는 사람들도 있고요."

나는 이해가 안 갔다. 뭐가 문제지?

샤론이 설명했다. "문제는, 다들 자원봉사자가 되고 싶어 해요."

언뜻 들으면 인상 깊은 스토리였다. 자원봉사자를 모집하는 일은 힘들기로 유명하고, 유나이티드 웨이에는 늘 자원봉사자가 필요했다. 그러나 그것은 샤론의 목표가 아니었다. 샤론은 프로그램에 필요한 돈을 모금하는 일을 맡았다. 샤론의 스토리는 아름답고 감동적이었지만 필요한 역할을 해주지 못하고 있었다. 엉뚱한 역할만 하고 있었다.

8장에서 봤던 것처럼 스토리를 찾아내는 것과 딱 맞는 스토리를 포착하는 것은 전혀 다르다. 나는 샤론이 딱 맞는 스토리를 찾아냈다고 확신했다. 유나이티드 웨이가 한 소년의 삶에 가져온 변화에 대한 스토리는 당면한 과제에 완벽하게 들어맞았다. 우리가 해결해야 할 문제는 스토리를 다듬는 것이었다. 샤론의 이야기를 다시 앞에서부터 하나하나 살펴보니 무엇이 문제인지 금방 드러났다. 스토리 자체는 설득력 있었지만, 사람들이 샤론의 스토리에서 귀담아듣는 메시지는 자원봉사가 아주 보람된 일이라는 교훈이었다.

샤론이 만든 기준은 주로 그녀가 자원봉사를 하면서 느낀 감정에 맞춰져 있었다. 분명한 캐릭터는 샤론이었다. 진실한 감정도 샤론의 것이었다. 중요한 순간과 폭발도 자원봉사의 가치를 깨달은 그녀의 각성이었다. 분명한 캐릭터를 소년으로 바꾸고, 소년의 감정과 샤론의 스토리를 듣는 사람들이 기부한 돈으로 일어날 수 있는 변화에 초점을 맞추는 것만으로도 스토리는 완전히 달라졌다. 그러나 다른 스토리는 아니었다. 여전히 같은 스토리였다. 접근하는 방법이 달라졌을 뿐이다.

샤론의 겪은 일은 중요한 문제였고 스토리를 제대로 만들려면 섬세해야 한다는 사실을 잘 보여준다. 다행히 스토리 전체를 버려야 하는 경우는 거의 없다. 제대로 된 스토리를 찾아냈다고 확신하지만 왜 인지 과녁을 못 맞히고 있다면 스토리를 다듬은 방법을 잘 살펴보라. 딱 맞는 캐릭터를 설정했는가? 폭발이 나의 목표와 맞는가? 샤론의 스토리는 몇 가지 작은 수정만으로 다시 효과를 내기 시작했다. 여러분도 할 수 있다.

빨간 펜을 조심하라

"뭔가가 빠졌어."

내 친구가 이메일에 쓴 말은 그게 전부였다. 친구는 경제적 독립에 관한 발표를 할 예정이었고, 우리는 그에 딱 맞는 오프닝 스토리를 찾으려고 함께 작업하다가 스토리 하나를 찾아냈다. 친구가 어린 시절 할머니와 함께 첫 은행 계좌를 개설한 스토리였다.

그 스토리에는 모든 요소가 들어 있었다. 분명한 캐릭터는 어린 시절의 친구였다(사람들은 어린 시절 이야기를 좋아한다. 특히나 발표자가 리더 중 한 명이라면 더 그렇다). 마주 앉은 은행 직원과 수표책, 데스크 위의 사탕까지 디테일을 묘사함으로써 관객들을 공동 창조 과정으로 끌어들일 수 있는 강력한 미끼도 있었다. 완벽했다.

친구는 마지막으로 검토하려고 편집자에게 초안을 보냈는데, 거기서 일이 잘못됐다. 편집자들이 다시 보내준 원고는 내용은 같은 스토리였으나 심하게 밋밋해져 있었다. 너무 밋밋해서 애초에 친구가 왜 이 이야기를 하는지 이해하지 못할 정도였다.

"뭔가가 빠졌어." 친구는 말했다. 친구의 말이 옳았다. 무엇이 빠졌을까? 디테일이 모두 빠져 있었다. 스토리를 진짜 스토리로 만들어주는 세심한 뉘앙스가 빠져 있었다. 편집자가 문서를 검토하면서 미세한 포인트를 모두 지워버렸다. 우리 조사에서 밝혀진, 훌륭한 스토리를 만드는 데 꼭 필요한 요소가 삭제되었다. 생기 넘치던 이야기에는 개괄적인 사건의 껍데기만 남아 있었다. '소년은 물건이 사고 싶었다. 소년은 은행 계좌를 개설했다. 소년은 돈을 이해한다.' 텅텅 비어 있고 기억에 남지 않는 내용이었다.

편집 팀이 있든, 아니면 여러분 자신이 그 유명한 빨간 펜을 들고 있든, 가장 중요한 요소를 지워버리고 싶은 유혹을 조심하라. 이 책에서 그 모든 것을 배워놓고도 여러분의 머릿속에서는 여전히 간결함에 집착하는 목소리가 울릴 가능성이 크다. 140자 혹은 15초짜리 영상을 만들자고 유혹하는 것이다. 이러한 집착은 여러분의 스토리에서 가장 몰입감을 주는 부분이 위험해질 수 있다는 의미다.

혹시라도 스토리에 무언가 빠진 듯한 느낌이 든다면 제일 중요한 부분을 잘라내버린 것은 아닌지 편집실 바닥을 확인해보라. 은행 스토리는 빠진 디테일을 다시 채워 넣어서 살려냈다. 겨우 몇 마디에 불과했지만, 가장 중요한 부분이었다.

사소한 순간도
스토리가 될 수 있다

우리가 만든 스토리 다듬기 기법에는 장점이 많다. 일단 간단하고 쉽고 효과적이다. 그렇지만 내가 가장 좋아하는 장점, 다시 말해 이렇게 요령을 적어놓은 장(솔직히 나는 이렇게 요령을 적어놓은 장을 썩 좋아하지 않는다)을 가치 있게 만들어주는 장점은 이 방법을 사용하면 그 어떤 순간이든 스토리가 될 수 있다는 점이다. 과거의 어떤 해프닝이나 각성의 순간도 모두 스토리가 될 수 있다. 어느 화요일에 여러분을 "잉?" 하게 만들었던 아무 사건이라도 스토리가 될 수 있다.

언제든 난리 법석의 한가운데에 있다면, 스토리가 만들어지는 과정에 있다는 것을 기억하라. 아무리 사소한 순간이어도 책에서 설명한 방식을 따라 스토리를 다듬어서 메시지와 일치시킨다면, 여러분은 잠재 스토리를 손에 쥐게 될 것이다.

얼마 전 나는 샌프란시스코의 어느 고층 빌딩에서 일하는 시누이를 찾아갔다. 시누이는 나를 데리고 사무실을 한 바퀴 돌면서 "제가 말했던 그 스토리텔러예요"라고 나를 소개했다. 다들 알겠다는 듯한 미소를 지어주었고 나는 시누이의 응원이 마음 깊이 고마웠다. 우리가 어느 여자 앞에 섰을 때 시누이는 이렇게 말했다. "제 올케언니예요. 일전에 드렸던 그 스토리책을 쓴 사람이요." 2012년에 내가 썼던 스토리 모음집을 말하는 것이었다. 여자는 나를 보더니 얼굴이 환해졌다. "그 스토리! 중학교 때 들판에 나가셨던 스토리요. 그 스토리를 정말 좋아해요. 자주 생각이 나요. 저한테 큰 영향을 줬어요."

나는 몇 가지 이유로 깜짝 놀랐다. 첫째, 시누이의 사무실을 구경하면서 이런 환대를 받을 거라고 예상하지 못했다. 하지만 보다 중요하게는 그 스토리가 그 정도의 영향력을 미쳤다는 사실이 믿기지 않았다. 정말 작은 스토리였는데, 내가 중학교 1학년 때 겪었던 정말 작은 순간에 대한 스토리였다.

✳

중학교 1학년 시절은 나에게 쉽지 않았다. 나는 또래에 비해 약간 별난 편이었는데, 중학교는 아주 작은 차이점도 놀림의 근거가 되는 곳이었다. 돌이켜보면 그 당시 친구가 한 명이라도 있었는지 모르겠다. 그러다가 나는 기적처럼 이웃 고등학교의 〈사운드 오브 뮤직〉 연극에 캐스팅됐다.

나는 막내 다음으로 어린 마르타 폰 트랩 역을 맡았다. 그 역할이 나를 살렸다. 중학생들은 나를 경멸했지만 간호사, 나치, 노래하는 형제 역할을 맡은 고등학생들은 나를 예뻐하는 것 같았다. 고등학생들은 나에게 말을 건넸고, 함께 웃었고, 나를 격려해주었다. 그들은 나와 친구가 되고 싶어 했다. 연극을 준비하는 몇 달 동안 나는 나를 되찾은 기분을 느꼈다. 바보 같아도, 창의적이어도, 괜찮았다.

길을 잃었을 때에도 저 멀리 언덕 어딘가에서 음악과 함께 있다면 안전했다. 공연은 2주 동안 주말에 진행되었고, 마지막 날 밤 나는 커튼이 제대로 작동하지 않아서 막을 내리지 못해 연극이 계속되는 꿈을 꾸었다. 영원히 계속되는 꿈. 나는 남은 평생, 혹은 적어도 중학교 1학년이 끝날 때까지는 계속 마르타일 수 있었다.

나는 그 마지막 날 밤에 간호사 역할을 맡은 학생 중 한 명의 집에서 열린 출연진 파티에 초대되었다. 나는 열한 살에 불과했지만, 우리 부모님은 딸을 그토록 행복하게 만들어준 고등학생들의 파티에 참석하도록 허락해주었다. 쌀쌀한 가을밤이었는데 파티 주최자의 아버지가 시골집 뒤에 있는 숲과 들판에서 우리 모두를 건초에 태워서 끌어주었다. 나중에 우리는 집으로 돌아가 지하실에 자리 잡고 마시멜로에 사과주스와 핫초콜릿을 마시며 도리토스와 피자를 먹었다.

내가 기쁨에 가득 차 있을 때 루이자 폰 트랩 역할을 맡았던 소녀가 내 손을 끌고 집 앞마당으로 데려갔다. 루이자는 연극 팀에서 내가 가장 좋아했던 친구였다. 큰 키에 마른 몸매의 그녀는 긴 금발에 옅은 푸른색 눈을 가지고 있었다. 루이자의 얼굴은 순수해서, 마치 1980년대 초 크게 유행한 인형인 배추밭 아이들 중 하나가 젖살이 빠져서 이제 노래도 하고 춤도 추고 자동차도 운전하는 것 같았다. 우리는 잠시 풀밭에 앉아 있었는데, 루이자가 나에게 근사한 걸 해보지 않겠냐고 물었다. 나는 그러겠다고 했다. 이런 식으로 시작하는 스토리는 처음으로 담배를 피워보거나 술을 마시는 것으로 끝나는 경우가 많지만, 우리의 스토리는 그렇지 않았다.

루이자는 나에게 땅바닥에 무릎을 꿇고 엎드려보라고 했다. 나는 그렇게 했다. 땅바닥과 내 입술 사이에서 입김이 얼어버리는 게 보였다. 루이자는 눈을 감으라고 했다. 나는 시키는 대로 했다. 루이자는 손 밑의 땅을 느껴보라고 했다. 느껴졌다. 차갑고 딱딱하고 축축하고 꺼끌꺼끌했다. 땅은 겨울을 준비하고 있었다. 며칠만 지나면 첫눈이 내려서 우리가 그곳에 있었다는 흔적을 깡그리 지워버리고 말 것이다.

그때 루이자가 상상을 해보라고 했다. 지구 위의 구경꾼처럼 그냥 그 풀밭에 무릎을 꿇고 앉아 있는 게 아니라 내가 땅을 쥐고 있다고 상상해보라고 했다. 손 아래 차가운 땅이 느껴지면 땅이 실제로 내 손바닥 안에 있는 것이다. 루이자는 이 순간만큼은, 이 땅 한 조각 위에서만큼은, 내가 양손으로 세상을 들고 있는 것이라고 했다. 나는 양손을 풀 속에 단단히 집어넣은 채 눈을 떴다. 세상이 그렇게 새롭게 보인 적은 없었다.

그리고 루이자는 부드럽게 말했다. 마치 혼잣말처럼 열한 살의 고통을 아는 듯, 중학교 1학년이라는 게 무엇인지 아는 듯한 말투였다.

브래지어를 하고 싶지 않은 기분도 다른 아이들의 잔인함도 모두 아는 듯했다. 중학교 1학년이 지나도 세상은 힘들 수 있다는 사실을 아는 것 같았다. 루이자는 자신도 무릎을 꿇고 엎드린 채로 속삭였다. 세상이 나를 이기는 것 같으면, 잠시 시간을 내서 손바닥 안에 세상을 가져보라고. 그러면 여전히 내 자리가 있다는 걸 알게 될 거라고. 이렇게 손으로 짚은 한 뼘뿐이긴 하지만 내 자리가 있으니 내가 가진 가능성은 무한하다고.

샌프란시스코의 사무실에서 그 여자의 책상 앞에 섰을 때 나는 그 스토리, 그 순간, 그 느낌을 되새겼다. 내 시누이 동료의 두 눈에 그 스토리가 비쳤고, 나는 오래전 그 밤이 기억났다. 마르타로서 지냈던 마지막 몇 분 동안 루이자와 손을 잡고 집으로 돌아왔었다. 축축한 밤공기에 우리 둘 다 눈이 반짝이고 있었다. 나는 중학교 1학년 시절의 5분이 누군가에게는 큰 영향을 미칠 수도 있다는 게 마침내 기억났다.

✺

이런 순간은 매일 일어난다. 작은 교훈, 작은 사건, 우리가 새로운 것을 배우고 사물을 다르게 이해하게 되는 몇 분의 순간 말이다. 그렇지 않으면 잊어버렸을 몇 분.

이제 여러분은 스토리텔러다.

이제 여러분은 스토리가 가장 중요하다는 사실을 안다.

더 많은 스토리를 들려줄수록 더 효과적이라는 사실을 안다.

자신에게 스토리가 충분하지 않을까 봐 걱정했을 수도 있다. 나에게는 스토리가 한두 개밖에 없는데 더 많은 스토리가 필요하다면? 어디서 그 스토리를 찾지?

중학교 1학년 때의 내 스토리를 생각한다면 안심이 될 것이다. 정신 없이 바쁜 인생에서 잊어버릴 수도 있었던 순간이었다. 하지만 그 폭발을 중심으로 스토리를 만들자 시누이의 그 동료에게는 중요한 스토리가 되었다.

이것이 바로 스토리 다듬기의 힘이다. 아무리 짧고 작은 순간 같더라도 기본틀과 필요한 요소만 갖추면 된다. 잘만 다듬는다면 무엇이든 스토리로 거듭날 수 있다.

나는 여러분이 그런 스토리를 들려주길 바란다.

다음 장에서는 그 방법을 알아보자.

10장

꼭 내 스토리를 들려주어야 할까?
: 스토리를 위한 완벽한 순간 포착하기

"스토리텔링은 캠프파이어만큼 오래되었고 트위터만큼 젊다.
믿음이 가는 사람은 사람들을 감동시킨다."

리처드 브랜슨 Richard Branson

숲에서 나무 한 그루가 쓰러졌는데 그 소리를 들은 사람이 아무도 없다면 소리가 났다고 할 수 있을까? 오래된 질문이지만, 스토리에서 중요한 문제다. 여러분이 여러분만의 스토리 소재를 찾아내서 공들여 스토리로 만들었지만 아무에게도 들려주지 않는다면 그 스토리가 중요할까? 숲속의 나무 질문은 논쟁의 여지가 있지만, 스토리텔링에 관해서라면 답은 아주 간단하다.

'중요하지 않다.'

스토리텔링에 있어서, 지금까지 배운 모든 것들을 '아는 것만으로는' 아무 도움이 되지 않는다. 지식은 힘이 아니다. 스토리를 실제로 들려주지 않는다면 뇌의 저장 공간을 낭비한 것에 불과하다.

좋은 소식은 스토리텔링을 할 기회는 끝없이 많고 계속 늘어나고 있다는 사실이다. 얼마 전 〈월스트리트 저널〉의 기사를 보면, 이제 일부 기업들이 삽입 광고를 프린트해서 돈을 주고 색스 피프스 애버뉴Saks Fifth Avenue나 줄릴리Zulily 같은 소매업체의 포장에 넣고 있다고 한다.[1] 광고에 그 정도의 돈을 투자할 계획이 있다면 스토리로 그 값어치를 하게 만드는 편이 좋을 것이다.

창문 닦이 세제나 접착테이프, 좋은 샴페인 한 잔과 마찬가지로 잘 만든 스토리 하나가 비즈니스의 다양한 문제를 해결해줄 수 있다. 의심스러울 때는 스토리를 들려줘라. 이것은 지난 20년간 내가 외운 주문이다.

한 가지 예로 나는 과거에 스피닝 강사였다. 짐작하는 것보다 훨씬 힘든 일이다. 수업 한 시간 동안 해야 할 일이 너무나 많다. 움직임을 기억하고, 조명을 바꾸고, 동작을 소리치고, 음악 크기를 조절하고, 차라리 죽고 싶다고 생각하는 사람들에게 계속 동기를 부여해주면서, 나 자신은 유산소 운동 기계가 되어야 한다.

그리고 이는 수업 시간 동안 벌어지는 일에 불과하다. 스피닝 강사가 가장 스트레스를 많이 받는 업무는 아마 플레이리스트를 준비하는 일일 것이다. 도저히 못 들어줄 음악을 틀어놓는 운동 수업에 한 번이라도 참여해본 적이 있다면 그게 얼마나 잔인한 형벌인지 잘 알 것이다.

나는 처음 몇 주 동안 플레이리스트를 만들면서 느꼈던 공포를 결코 잊지 못할 것이다. 수강생들이 좋아할까? 수강생들이 브리트니 스피어스와 다프트 펑크를 싫어하면 어떡하지? 나는 매주 강사용 사이클 위에 앉을 때마다 이런 생각으로 가슴에 돌덩이가 내려앉는 것 같았다. 그 긴장감을 이완시키려고 나는 본능적으로 스토리를 들려주기 시작했다. 한 세트를 시작하기 전에 수강생들이 물을 마시고 있으면 나는 다음에 틀 노래에 관한 스토리를 들려주곤 했다. 운동의 멋진 배경이 되어줄 짧고 재미난 이야기였다. 뭐, 수강생들이 카일리 미노그를 싫어했을 수도 있지만, 내가 마이클과 사귀기 전 그를 공항에서 태우고 오면서 마음을 은근하게 전하려고 〈당신을 내 머릿속에서 지울 수 없어요Can't Get You Out of My Head〉를 크게 틀어놓았다는 스토리는 좋아했다.

일요일 아침 9시 30분과 수요일 저녁 6시 45분에 수강생 몇 명과 함께 시작했던 작은 수업은 서서히 그렇지만 분명하게 인기 수업으로 바뀌었고, 수강 인원이 다 차서 등록하지 못하고 돌아가는 사람들이 생겼다. 2년 후 마지막 수업에서 수강생들은 수업이 그리워질 것이라고 전했다. 맞다. 하지만 그들이 가장 그리워할 것은 내 스토리였다.

의심스러울 때는 스토리를 들려줘라. 이메일 캠페인으로 스토리를 들려줘라. 보이스 메일에 스토리를 남겨라. 자동 응답기에 스토리를 들려줘라. 회의에서 스토리를 들려줘라. 웹 세미나에서 스토리를 들려줘라. SNS에서 스토리를 들려줘라. 2014년에 소셜 미디어 광고 기술 기업 어댑틀리Adaptly와 페이스북, 패션 웹사이트 리파이너리29Refinery29가 합동으로 실시한 조사 결과에 따르면 브랜드 스토리를 들려주는 것, 즉 연속적인 시리즈로 고객에게 메시지를 전달하는 것은 전통적인 방식의 광고보다 더 효과적이었다. 그냥 더 효과적인 것이 아니라 훨씬 더 효과적이었다. 스토리가 있으면 조회 수와 구독률이 9배나 증가했다.[2]

그러니 들려줘라. 들려줘라. 들려줘라. 사람들이 정확한 이유도 모르지만 스토리를 듣고 싶어서 고대하는, 그런 사람이 되라. 그 이유는 알 것이다. 사람들은 스토리를 좋아하기 때문이다. 사람들은 스토리를 원한다. 그러니 들려줘라. 사람들이 원하는 것을 줘라. 당신의 스토리를 들려줘라.

언제, 어디서, 어떻게 들려주어야 하는지 몇 가지 힌트를 주자면 아래와 같다.

프레젠테이션에서
스토리를 들려줘라

스토리를 들려주어야 할 가장 확실한 상황 중 하나는 프레젠테이션을 할 때다. 팀 주간 회의에서 5분간 업무 보고를 하든, 아니면 수백만 달러짜리 거래를 따내려고 8시간 동안 PT를 하든, 스토리는 여러분의 프레젠테이션과 그 결과를 더 좋게 만들어줄 것이다. 다음은 몇 가지 조언이다.

스토리로 시작하라

목요일 오후였다. 나는 오랜만에 친구들을 만나 즐거운 시간을 보내고 있었다. 셸리는 자기 분야의 전문가로 얼마 전부터 동종업계의 콘퍼런스에서 강연을 하기 시작했다. 강연은 셸리의 사업 성장을 크게 도왔지만 스스로 강연가라고 생각해본 적 없는 셸리는 강연을 할 때마다 큰 부담을 느꼈다. 셸리가 나에게 조언을 구했다. 당연히 나는 스토리를 들려주라고 했지만, 나의 이유와 전략은 여러분의 생각보다 훨씬 더 구체적이었다. 나는 특히 시작 부분에서 스토리를 들려주라고 했다.

나는 셸리에게 무대에 올라가서 인사를 하자마자 곧장 스토리로 직행하라고 했다. 왜? 몇 가지 이유가 있다. 첫째, 관객과 강연자 사이에서 자연스럽게 발생하는 긴장감을 해소하는 데 좋다. 때로는 세일즈 프레젠테이션처럼 행사의 성격 자체가 관객과 강연자를 둘로 갈라놓을 때가 있다. 또 어떤 경우는 관객의 성격 자체가 적대적 환경을 조성한다. 관객이 해당 분야의 전문가로 구성되어 있어서 다른 전문가라는 사람의 말에 별로 귀 기울이고 싶어 하지 않을 때처럼 말이다. 어느 쪽이든 스토리로 강연을 시작하면 장벽을 허물어서 강연자를 관객이 억지로 귀 기울여야 하는 전문가가 아닌 그들과 똑같은 한 명의 사람으로 보이게 만들 수 있다.

그래서 나는 셸리에게 셸리와 그녀의 전문적인 지식을 불신하는 고객과 대치했던 스토리를 들려주라고 했다. 관객들도 이런 상황을 겪어봤을 가능성이 크기 때문이다. 아니면 자녀에 관한 스토리를 들려주라고 했다. 앞에서 본 것처럼 자녀에게 배운 교훈이 셸리의 메시지와 관련만 있다면, 주제도 분명히 보여주고 관객의 긴장감도 중화시킬 수 있다.

스토리로 발표를 시작하면 마음이 진정되는 효과도 있다. 남들 앞에서 발표하는 일은 타인에게 나를 드러내면서 평가나 비난을 받을 수 있는 위험한 위치에 서는 것이므로, 인류의 오래된 자기 보존 혹은 투쟁-도주 반응을 불러일으키는 경우가 많다. 강연자의 파충류 뇌에는 그 순간 단 하나의 질문만 떠오른다. 저들이 나를 좋아하는가? 스토리로 시작하면 바로 이 질문에 대한 답이 될 수 있다.

남들이 듣고 싶어 하는 스토리로 발표를 시작한다면 관객들이 자연스럽게 몰입하고 고개를 끄덕이며 팔짱을 풀고 농담에 반응하며 킥킥거리는 모습을 보게 될 것이다. 이는 내 발표를 듣는 사람들에게도 긍정적인 경험이 될 뿐만 아니라 사람들이 나를 받아들이고 있다는 시각적 단서가 우리의 본능에 사람들이 나를 좋아한다는 신호를 보내게 된다. 이 질문에 대한 답이 나오면 나머지 발표는 훨씬 수월해진다.

그날 밤 셸리는 내 조언에 고맙다며 꼭 실천해보겠다고 했다. 그로부터 나흘 후 셸리가 나에게 문자메시지를 보내왔다. 엄청난 수의 이모지와 대문자의 향연을 보니 아직도 강연자들만이 느끼는 흥분 상태에 빠져 있는 듯했다. 셸리는 이렇게 보냈다. "딸아이에 관한 스토리로 시작했는데 환상적이었어!" 강연이 끝나자마자 사람들이 셸리에게 우르르 몰려와서 여태껏 들어본 것 중에 최고의 강연이었다고 칭찬해줬다고 한다. 그 발표는 이미 시작부터 성공할 운명이었다.

사진에 집착하지 마라

나는 전문 강연가가 된 후 한동안 파워포인트나 슬라이드로 강연하는 일을 거절했다. 나 자신이 스토리텔러이므로 기술적인 도움 없이도 흥미진진한 발표를 할 수 있다고 주장했다. 그러나 사실은 파워포인트와 기타 복잡해 보이는 기술에 겁먹은 것이었다. 하지만 몇 번의 발표 후 나는 관객들이 내 스토리를 좋아하지만, 요점을 따라가는 데 어려워한다는 느낌을 뚜렷이 받았다. 그래서 내키지 않았지만 파워포인트를 사용하기 시작했다. 지금은 발표할 때마다 거의 항상 슬라이드를 준비한다. 그리고 슬라이드는 제대로만 사용한다면 나와 관객이 옆길로 새지 않게 도와주는 효과적인 수단이라고 확고하게 믿고 있다.

직전 문장의 '제대로만 사용한다면'이라는 표현에 유의해주기 바란다. 이것이 핵심이다. 왜냐하면 잘못 사용할 경우에는 프레젠테이션이 분명히 망해버릴 것이기 때문이다. 여러분의 프레젠테이션에서 슬라이드와 스토리가 완벽한 조화를 이룰 수 있도록 몇 가지 핵심 조언을 제시하면 아래와 같다.

첫째, 슬라이드에 스토리만을 위한 공간을 반드시 마련하라. 슬라이드가 '여기서부터 스토리'라는 신호를 준다고 생각하면 된다. 만약 회사를 창업한 시절에 관한 스토리를 들려준다면 한 페이지에는 회사 로고만 간단하게 넣을 수도 있다. 관객들이 로고를 볼 때 여러분은 그 로고를 지금부터 스토리를 들려줘야 한다는 신호로 읽으면 된다. 이런 '스토리 슬라이드'를 슬라이드 곳곳에 배치해서 각종 요점이나 데이터 정보를 보다가도 그 정보에 중요성을 더해줄 수 있는 스토리로 옮겨갈 수 있게 하라.

둘째, 스토리 슬라이드는 스토리로 전환해야 한다는 사실을 일깨워주는 아주 좋은 장치인데, 이미지를 영리하게 선택해야 한다. 스토리텔링에서 디지털 프레젠테이션이 문제가 되는 경우는 발표자가 스스로 스토리를 들려주지 않고 슬라이드에 있는 이미지에 의존할 때다. 스토리를 들을 때 관객이 가장 좋아하는 부분은 사실 무의식적인 부분이라는 것을 반드시 기억하라. 여러분이 스토리를 들려주면 관객의 상상력이 그에 맞는 이미지를 창조한다. 관객은 본인의 삶에서 의미 있는 소재와 경험으로부터 이미지를 끄집어내서 새로운 이미지를 만들어낸다. 그 결과 관객에게는 여러분의 스토리와 자신의 기억이 혼합된 무언가가 남게 된다.

그래야 메시지가 기억에 남는다.

스토리를 들려줄 때 스토리와 관련된 사진을 화면에 줄줄이 띄우고 싶은 유혹이 생길 것이다. 우리 집 아이들 이야기를 들려준다면? 여기 사진이요. 수상스키를 탔던 이야기를 들려준다면? 여기 사진이요. 당연한 일처럼 보이지만, 실제로 그렇게 하면 인지적 우회로가 생성돼서 공동 창조 과정을 방해한다. 관객에게 이미지를 공짜로 나눠줘버리면 관객 스스로 이미지를 만들어내지 않게 된다. 그러면 스토리의 인지적 강점은 사라진다.

어느 강연자가 자신이 꿈꾸는 집에 관해 이야기하는 것을 들었다. 그는 그 집을 정말로 아름답게 묘사했다. 집의 크기부터 그림 같은 창문, 그 창문 밖으로 내다보이는 거리의 풍경까지 들려줬다. 그는 분명히 그가 꿈꾸는 집을 묘사 중이었는데 어느새 나는 내가 오랫동안 꿈꿔온 집을 상상하고 있었다. 그때 그가 자신이 꿈꾸던 집을 화면에 띄웠다. 그는 이렇게 말했다. "네, 여기 있네요. 이게 제가 꿈꾸던 집입니다."

나는 그 그림을 보면서 내가 그리던 집은 아니지만 그래도 멋지다고 생각했다. 그리고 바로 그 순간, 나를 공동 창조 과정에 끌어들이려고 그가 공들여온 그 모든 과정은 그대로 물거품이 됐다.

이런 실수를 피하려면 프레젠테이션을 할 때 슬라이드 이미지에 의존하지 말고 여러분의 언어를 사용해야 한다. 자녀의 사진을 띄우는 대신 말로 아이들을 묘사하라. 그러면 관객은 본인의 자녀를 상상할 것이다. 스토리 슬라이드에 넣을 이미지를 선택할 때는 별 특징이 없는 이미지를 골라라. 관객이 자신만의 이미지를 창조할 여지를 남기는 이미지를 선택하라.

반가운 소식은 스토리텔링과 슬라이드가 꽤 잘 어울린다는 점이다. 이 둘의 조합은 시각과 청각을 모두 만족시킨다. 슬라이드는 스토리를 들려주라는 신호의 역할만 하고, 그림에 의존하는 대신 여러분이 직접 여러분의 언어로 실제 스토리를 들려주면 된다. 누군가가 가족사진을 휙휙 넘기는 모습만 지켜보고 싶은 사람은 아무도 없다. 프레젠테이션의 경우도 마찬가지다.

연습이 완벽을 망친다

2008년, 나는 전통 있는 대규모 스토리텔링 무대에 설 일생일대의 기회를 얻었다. 테네시주 존즈버러에서 열리는 전국 스토리텔링 페스티벌이었다. 이 페스티벌은 스토리계의 슈퍼볼 같은 행사다. 잘 해내기만 한다면 내 스토리를 들려줄 무대에 설 기회가 계속 보장될 것이고, 그 영광은 영원히 남을 것이다. 반면 망친다면 나는 영원히 잊힐 것이다. 두 번째 기회란 없었다. 나에게 주어진 8분 동안 앞으로의 스토리텔링 커리어가 결정될 것이었다.

나는 즉각 연습을 시작했다. 매일 연습을 했다. 한 마디, 한 마디를 모두 다 연습했다. 잠에서 깰 때부터 스토리를 생각했다. 운전할 때는 백미러에 대고 스토리를 들려줬다. 샤워하면서도 말했다. 매일 밤 잠이 들 때도 머릿속에서는 내 목소리가 끊임없이 내 스토리를 들려주고 있었다.

그날이 왔고, 연습은 빛을 발했다. 나는 실수 없이 스토리를 전달했다. 한 단어도 빼먹지 않았다. '어'라든가 '음'이라든가 말을 버벅대지도 않았다. 더듬은 단어도 없었다. 나는 감사하다는 인사와 함께 무대 밖으로 안내되었다.

그리고 집으로 가면서 내가 기회를 완전히 날려버렸다는 사실을 깨달았다. 테네시에서 나에게 주어졌던 그 엄청난 스토리텔링 기회는 우리가 타고난 스토리텔링 능력을 어떻게 망쳐놓을 수 있는지 잘 보여주는 완벽한 예시다. 그날 내가 실패한 이유는 연습이 부족했거나 실수가 많았기 때문이 아니다. 연습을 너무 많이 한 것이 패착이었다.

나는 완벽한 강연이라는 신화에 빠져 있었다. 스토리를 들려줄 때 연습만 많이 하면 완벽해질 거라는 신화 말이다. 비록 나는 그런 실수를 저질렀지만 이제부터 여러분은 '골디락스와 곰 세 마리'*처럼 잘 준비된 상태(즉흥적으로 했다가는 거의 항상 참패할 것이다)와 지나친 리허설 사이에 균형을 잘 잡아서 딱 맞는 스토리를 들려주기를 바란다. 그렇다면 어떻게 그 딱 맞는 지점에 도달할 것인가?

핵심 열쇠는 단어가 아닌 메시지에 집중하는 것이다. 스토리를 통해 전하고 싶은 메시지를 더 많이 생각하고, 그 과정에서 쓰는 정확한 단어에 대해서는 덜 생각하라. 그렇다. 연습은 해야 한다. 반드시 해야 한다. 하지만 완벽해질 때까지가 아니라 준비가 될 때까지 연습하라. 즉흥성을 발휘할 여지와 관객이 반응할 공간을 남겨두라. 완벽함에 대한 집착을 내려놓는다면 완벽함도 여러분을 놓아줄 것이다. 나는 이 글을 쓰고 있는 지금까지도 아직 전국 스토리텔링 페스티벌 무대에 다시 초청받지 못했다. 하지만 언젠가는 그날이 오리라고 기대한다.

---

* 동명의 동화에서 유래한 표현으로, 뜨겁지도 차갑지도 않은 딱 맞는 상태를 가리키는 말.

남보다 앞서려면
스토리를 들려줘라

여러분이 어떤 위치에 있고 또 어떤 위치를 바라든, 승진을 고대하든 아니면 처음부터 그 자리를 확보했든, 다양한 형태의 면접을 보게 될 가능성이 많다. 여러분은 회의적일 수밖에 없는 관객에게 내가 누구이고 어떤 가치를 지니고 있는지 납득시켜야 하는 어마어마한 과제와 마주할 것이다. 이런 상황에 어떻게 대처할 것인가? 스토리를 들려줘라.

몇 년 전 내가 스토리텔링과 관련해서 무슨 일을 하는지 잘 알고, 종종 나를 찾아보기도 하는 매트라는 젊은이의 소식을 들었다. 매트는 전투기 조종사였다. 매트가 나에게 연락을 해왔을 때 그는 전투기 조종사에서 민간 기업 조종사로 이직을 준비하고 있었는데, 한창 면접이 진행 중이었다.

당시에는 몰랐는데, 이 면접에 굉장히 많은 것이 걸려 있었다. 조종사 자리는 선망의 대상이어서 경쟁이 아주 치열하다. 보통 빈자리가 하나 나오면 자격이 충분한 지원자들이 길게 줄을 선다. 매트는 자신이 그중 최고가 되려면 톰 크루즈를 닮은 다른 지원자들이 해내지 못하는 방식으로 눈에 띄어야 한다는 사실을 정확히 알고 있었다.

짐작이 가겠지만 채용 과정에는 다양한 전형이 포함되어 있었고, 그중 하나가 지원자를 들들 볶는 압박 면접이었다. 매트는 스토리를 자신의 전략으로 삼기로 했다.

"자기 소개 부탁드립니다." 매트는 횡설수설하지 않았다. 그에게는 자신의 능력과 열정, 성격을 잘 보여줄 수 있는 스토리가 준비되어 있었다.

"스트레스를 받았던 상황과 본인이 그 상황에 어떻게 대처했는지 들려주세요." 매트에게는 준비된 스토리가 있었다.

"리더십에서 가장 중요한 능력은 무엇이라고 생각하나요?" 매트에게는 스토리가 있었다.

매트는 모든 질문에 자신을 각인시키고, 아주 비판적인 관객과 공감대를 형성하고, 나머지 경쟁자들보다 돋보이게 해줄 스토리를 준비해놓고 있었다.

면접은 아침에 진행되었다. 면접이 끝나고, 시험을 본 후 겪는 고통스러운 기다림이 3시 30분까지 이어졌다. 매트는 그날이 가기 전 모든 조종사가 가장 입사하고 싶어 하는 항공사의 일자리를 제안받았다. 그날 저녁 매트는 나에게 문자메시지를 보냈다. 스토리텔링 전략 몇 가지를 실천해서 꿈에 그리던 직장을 구했다는 내용이었다.

그때 나는 중요한 사실을 다시 한번 깨달았고, 지금 여러분에게도 전달하려고 한다. 경쟁에서 스토리의 힘을 절대로 과소평가하지 마라. 가장 중요한 순간에 스토리를 들려줄 준비를 하고 등장하라. 그리고 결과를 지켜보라.

말하고 싶은 스토리만 들려줘라

몇 년 전 나는 솔캐리어Soul Carrier라는 신생 기업과 작업을 했다. 독특한 여성 핸드백을 제조하는 회사였다. 당시 솔캐리어는 영상으로 자신들의 스토리를 들려주고 있었다. 잘 만든 영상이었지만 스토리텔링의 전형적 실수를 저지르고 있었다. '스토리'라고 부르기가 힘들었다.

나는 솔캐리어와 함께 이 영상을 다시 만드는 작업을 진행했다. 부모님을 여의고 잠시 길을 잃은 젊은 여성의 스토리를 들려주려 했다. 이 강력한 창업자 스토리는 상실과 길 찾기, 구원이라는 주제와 맞닿아 있었다. 감동적이고, 날것이고, 진실되었다. 그리고 당연히, 스토리였다.

솔캐리어의 사례는 극단적인 경우다. 나는 기조연설을 할 때 스토리를 들려주는 게 어떤 강력한 효과를 낼 수 있는지 보여주려고 이 사례를 자주 언급한다. 이것이 주된 교훈이지만, 두 번째 교훈도 있다.

스토리를 들려줄 때는 여러분이 편안하게 이야기할 수 있는 스토리만 들려줘라. 최근 나에게 이 교훈을 가르쳐준 사건이 있었다. 기조연설이 끝난 후 점심을 먹으려고 뷔페에 줄을 서고 있는데 한 여자가 다가왔다. 그녀는 전국적으로 아주 잘나가는 자율적 공립학교 시스템의 수장이었다. 직책이 직책인지라 그녀는 본인의 학교와 그 방법론, 가치, 효과에 관해 연설할 일이 많았다. 그녀는 우려되는 부분이 있어서 나에게 다가온 것이었다. 그녀는 솔캐리어의 스토리가 지나치게 개인적이고 다소 착취적인 것 같다고 했다.

그녀는 결손 가정에서 태어나 어려운 환경을 딛고 성공한 학생들의 스토리를 수백 개는 알고 있지만 자신은 그런 이야기를 들려주고 싶지 않다고 했다. 그런 이야기는 비밀로 지켜져야 하기에 이용하는 것은 옳지 않다고 생각했다.

나는 그녀의 목소리에서 갈등을 느낄 수 있었다. 아마도 사람들이 그녀에게 그런 이야기를 들려줘야 한다고 말한 모양이었다. 무엇보다 그런 게 바로 사람들이 듣고 싶어 하는 이야기니까 말이다. 기업가들 역시 비슷한 문제로 힘들어한다. 그들도 지독한 역경을 딛고 성공했을 것이다. 그러나 스토리가 아무리 훌륭하더라도 메시지와 맞지 않을 때도 있고, 세상이 그 스토리를 알게 되는 것을 원하지 않을 때도 있다.

그런 경우 나는 사람들에게 이야기하지 말라고 한다. 나는 뷔페 줄에 서서 두 번째 치킨 타코를 내 접시에 올려놓으며 그 교육자에게 그런 스토리는 들려주지 말라고 했다. 그녀는 약간 놀란 듯이 나를 쳐다보았다. "말하고 싶은 것, 말할 준비가 된 것만 들려주세요."

물론 그렇다고 그녀가 스토리를 전혀 들려주지 않을 수는 없었다. 나는 그녀에게 그런 학생에게 헌신하는 선생님의 이야기를 들려주라고 했다. 선생님의 스토리가 그녀의 메시지와도 더 잘 맞을 것이었다. 그녀의 관객은 주로 교육자였고, 그녀의 메시지는 훌륭한 결과를 이끌어내는 혁신적인 교육 모델과 방법에 관한 것이었다.

나에게 스토리를 들려줘야 하는 의무가 있다는 사실을 인지하는 것만으로도 부담감이 생긴다. 극적인 혹은 고통스러운 스토리가 있으면 꼭 들려줘야 한다는 오해도 흔한 선입견 중 하나다. 그러나 8장과 9장에서 보았듯 아무 스토리가 아니라 착 붙는 스토리를 들려주는 것이 중요하다. 그리고 더 중요한 것은, 여러분의 스토리는 여러분의 것이라는 사실이다. 어느 스토리를 들려줄지는 여러분이 결정한다. 나는 여러분이 들려주고 싶은 스토리를 선택하길 바란다. 기회가 온다면 당신이 원하는 스토리를 들려줘라.

스토리를 방해하지 마라

마지막으로 스토리텔링과 관련한 놀라운 진실을 하나 말하려 한다. 모든 일이 잘 풀리던 시절을 돌이켜보면, 여러분이 스토리를 들려주었던 경우가 많다. 여러분이 가장 행복했고, 기분이 좋았던 때일 것이다. 맹활약을 펼치고, 거래를 따내고, 애인이 생기고, 그 일을 따냈을 때, 여러분은 스토리를 들려주었을 것이다.

훌륭한 스토리가 있을 때는 나중에야 그 스토리를 들려줘야겠다고 생각하게 된다. 반면에 들려줄 진짜 스토리가 있을 때는 그 스토리를 들려주는 일이 아침에 잠에서 깨는 것처럼 자연스럽다. 우리가 스토리텔링을 두려워하는 것은 타고난 스토리텔링 능력이나 스타일을 활용하라고 배우지도, 듣지도, 허락받지도 못했기 때문이다. 우리는 스토리를 들려주라는 격려를 받은 적이 없다. 우리는 보고서를 써라, 사실 관계를 파악해라, 결과물을 보여줘라, 형식을 바로 잡아라, 더듬거리지 말고 이야기하라는 소리만 듣는다.

제대로 된 스토리가 생기면 저절로 들려주게 된다. 친구와 와인 한 잔을 놓고 마주 앉아 스토리를 쏟아낸 경험이 얼마나 있는가? 마음이 따뜻해지는 이야기를 나눈 적은? 가슴이 찢어지는 연애 이야기는? 이런 스토리는 달변가처럼 아주 능수능란하게 들려주었을 것이다. 왜냐하면 이런 스토리는 바로 여러분 안에 있기 때문이다! 스토리텔링은 인간의 자연스러운 능력이다. 여러분은 그저 스스로를 방해하지만 않으면 된다. 스토리텔링과 관련된 문제는 대부분 스토리 자체가 아닌 스토리텔러가 스토리를 방해하기 때문에 발생한다. 여러분의 심금을 울리는 진짜 스토리를 찾아내라. 그러면 스토리는 저절로 술술 흘러나올 것이다.

한 페이지로 정리한
4가지 스토리 공식

	가치 스토리	창업자 스토리	목적 스토리	고객 스토리
목적	효과적인 세일즈 및 마케팅	투자자 및 협력사, 직원들에게 자신감 제고	부서 및 조직의 합심	세일즈 및 마케팅 방식 제고
주요 관객	현재 및 미래 고객	이해관계자	각 부서의 직원	현재 및 미래 고객
바람직한 화자	마케팅 및 세일즈 담당자	기업가	리더, 경영진, 관리자	고객 및 기업

'오래오래 행복하게 살았습니다', 그 이후

"훌륭한 스토리는 들려줄 수 있는 사람에게만 일어난다."

아이러 글래스 Ira Glass

우리 아들이 두 살 반쯤 되었을 때, 트럭에는 별 관심이 없었던 것 같다. 그런데도 아들은 밤마다 《잘 자요, 빵빵 친구들》을 읽어달라고 했다. 리드미컬한 이 동화책은 읽는 데 30분 이상이 걸렸다.

우리 아들은 몇 달 동안 그 귀여운 파자마를 입고 내 무릎에 앉았고, 나는 아들 몰래 어떻게든 새로운 방식으로 스토리를 줄여보려고 애썼다.

하지만 아이들은 언제나 눈치챈다.

마침내 어느 날 밤, 나는 도저히 더는 참을 수가 없었다. 아들이 《잘 자요, 빵빵 친구들》을 손에 쥐고 내 무릎으로 기어올라오자 나는 사정을 했다.

"제발, 제발 부탁인데 우리 다른 책을 읽으면 안 될까?"

"나는《빵빵 친구들》이 좋아요." 아들이 대답했다.

'사악한 작은 독재자 같으니라고.' 나는 속으로 생각했다. "새끼 오리들이 나오는 책이나《잘 자요, 달님》은 어때?"

"《빵빵 친구들》."

타협은 불가능한 것이 분명했다.

나도 두 살 반짜리처럼 짜증을 내려던 찰나, 아이디어가 하나 떠올랐다.

"엄마가 이야기를 하나 들려주면 어때?"

한 번도 해본 적은 없었지만, 어쨌거나 나는 전문 스토리텔러가 아닌가.

"《빵빵 친구들》."

"엄마가 들려주려는 이야기는 엄마가 작은 아이였을 때…."

독재자가 머뭇거렸다. 나는 기회를 놓치지 않았다.

"엄마가 작은 아이였을 때, 그때는 여름이었는데, 매일 밤 해님이 잠을 자러 가고 하늘이 어두워질 때까지 침대에서 가만히 기다렸어. 그리고 몰래 침대 밖으로 빠져나와서, 살금살금 현관으로 걸어가서, 밖으로 나갔어. 엄마는 저 멀리 시골에 살고 있었는데 그곳은 사방이 나무랑 키 큰 풀, 키 작은 풀로 덮여 있었어. 하늘은 너무 큰 남색이었지. 그런데 엄마가 하늘을 쳐다보면 수백만 개, 수십억 개의 작은 별이 반짝거리고 있는 거야. 하지만 엄마가 여름날 밤에 가장 좋아했던 건 따뜻하고 축축한 공기 속으로 걸어나가서, 시원하고 축축한 풀밭 위를 걷다가, 어둠 속에서 춤을 추는 거였어. 수백 개의 반짝거리는 작은 푸른빛… 반딧불이랑!"

나는 아들에게 반딧불이와 장난치고 놀던 이야기를 들려줬다. 반딧불이를 어떻게 잡았고, 반딧불이가 어떻게 내 손 위를 기어 다녀서 머리까지 타고 올라왔는지 이야기했다. 그런 다음 반딧불이에게 잘 자고 내일 보자는 인사를 한 뒤 살금살금 내 방으로 다시 돌아와 잠자리에 들었다고 말이다.

복잡한 플롯이 있는 스토리는 아니었다. 실은 아무 플롯도 없었다. 길지도 않았고 나의 상상력 외에는 아무것도 필요하지 않았다. 나는 그저 아들에게 내가 좋아하는 어린 시절 기억 중 하나를 들려줬을 뿐이다.

그런데 이 스토리는 효과가 있었다. 아들은 말없이 가만히 앉아 있었다. 숨소리도 잘 들리지 않았다. 지금 와서 생각해보니 아들은 몇 년 후 그 슬로베니아 상점에서 아이의 아버지가 보여준 모습과 놀랍게도 닮아 있었다. 2년 반의 인생에서 처음으로 스토리에 완전히 매료되는 경험을 한 것이다. 스토리가 끝나자 아들은 다시 들려달라고 했다. 그리고 또 다시 들려달라고 했다.

"엄마, 반딧불이 얘기해주세요."

그날 이후 우리는 《빵빵 친구들》 이야기는 하지 않았다.

이제 이 아이를 만족시킬 수 있는 것은 스토리뿐이었다. 나의 스토리, 아이 아빠의 스토리, 할아버지의 스토리. 하마터면 나는 내가 괴물을 만들어냈다고, 도무지 만족을 모르는 괴물을 만들어냈다고 스스로를 탓할 뻔 했다. 그러나 우리 아들에게 금붕어나 사과 소스를 먹이려고 했다면 아들은 도로 나에게 던져버렸을 것이었다. 아들이 원하는 것은 스토리였다.

물론 나는 그게 내 잘못이 아니라는 것을 알고 있다. 그리고 분명히 밝혀두자면 아들은 괴물이 아니다. 이게 바로 핵심이다. 우리 아들이 스토리를 듣고 싶어 했던 것은 아들이 인간이기 때문이었다. 아들은 더 이상 두 살이 아니지만(그리고 틈만 나면 나보다 자신이 더 키가 크다고 지적한다) 여전히 스토리를 원한다. 아들은 남편이 어릴 때 다쳤던 스토리를 물어본다. 내가 자라면서 가장 좋아했던 일에 관한 스토리를 물어본다.

언젠가 아들이 처음으로 가시에 찔렸을 때 내가 뽑아주겠다고 했지만 아들은 거절했다. 아들은 그다음에 무슨 일이 벌어질지 너무나 궁금해했다. 아들은 등교하는 차 안에서 떨리는 목소리로 내게 물었다. "엄마, 가시에 찔렸던 때의 이야기 없어?" 안타깝게도 나에게는 기억에 남는 스토리가 없었다. 실망한 아들은 손에 가시가 박힌 채 교실로 들어갔다. 나는 마이클에게 전화를 했다.

"우리 아들이 가시에 찔린 것과 관련한 스토리를 물어봤는데 하나도 생각나는 게 없었어! 이런 형편없는 부모가 다 있나."

"아! 나한테 있어." 마이클이 대답했다. 마이클은 어릴 때 배를 많이 탔다. "부둣가에서 맨발로 뛰어다니면 만날 발에 가시를 찔리곤 했어! 집에 가면 내가 그 스토리를 들려줄게."

이 대화는 마이클이 비록 쇼핑은 좋아하지 않을지라도 우리 두 사람이 정말로 쿵짝이 잘 맞는 부부라는 사실뿐만 아니라 우리 삶이 스토리로 가득하다는 사실을 일깨워주었다. 우리가 매일매일, 한 조각 한 조각 만들어가는 생활 속의 서사가 바로 스토리다. 세상을 이해하고, 그 가운데에서 내 자리를 발견하고, 그 와중에 약간의 행복을 찾으려는 과정에서 만들어지는 서사 말이다.

우리 아들은 자신에게 이미 일어난 일 혹은 일어날 수 있는 일을 이해하려고 스토리를 물어본다. 스토리는 단순히 우리가 하는 일 혹은 우리에게 필요한 무언가가 아니다. 스토리는 우리 자신이다.

비즈니스 스토리를 들려줄 때, 우리가 바퀴를 발명하려는 것이 아니라는 사실을 기억하라. 우리는 내 머릿속과 내 삶을 늘 관통하고 있는 스토리라는 물길에 잠깐 한번 손을 넣어보는 것뿐이다. 그리고 그 물길은 비즈니스에서도, 그 밖의 삶에서도 충분히 한번 손을 담가볼 가치가 있다.

2016년 노스캐롤라이나대학교와 뉴욕주립대학교 연구진이 실시한 한 연구는 스토리텔링에 능한 사람이 더 매력적이라는 사실을 발견했다. 특히 여성은 스토리텔링에 능한 남자를 매력적이고 장기적으로 더 좋은 파트너라고 생각했다. 연구진은 "스토리텔링 능력이 자원 동원 능력을 반영하며, 훌륭한 스토리텔러는 타인에게 영향을 미치거나 사회에서 권위 있는 자리를 얻을 가능성이 더 높을지 모르기" 때문일 거라고 추측했다.[1]

가족과 함께 집에 있든, 짝을 찾으려고 애쓰든, 커리어에서 남보다 앞서나가려고 하든, 스토리가 답이다.

무엇보다 스토리텔러는 취업이 잘 되고 계약을 잘 따낸다. 스토리텔러는 세일즈를 잘한다. 그 남자를 쟁취한다. 그 여자를 쟁취한다. 스토리텔러는 공격받아도 살아남는다. 분위기를 휘어잡는다. 관심을 사로잡는다. 찬사를 받는다. 감동의 눈물을 흘리게 한다.

스토리텔러는 간극을 메운다.

스토리텔러가 되라. 그렇다면 지금 가진 것과 갖고 싶은 것 사이의 거리가 좁혀질 것이다. 비즈니스에서도, 삶에서도, 지금 있는 곳과 있고 싶은 곳 사이의 간극이 줄어들 것이다.

'옛날 옛적에'로 시작하는 스토리

이제 우리가 함께하는 시간도 끝나가고 여러분은 가서 여러분의 다리를 건설할 준비를 해야 하기 때문에 태곳적부터 수많은 스토리를 시작하던 말을 남겨보았다. 이런 게 최고의 스토리라고 주장할 수도 있을 것이다. 그러나 '옛날 옛적에'로 시작하는 스토리는 주로 동화다. 이런 스토리는 실화가 아니고 비즈니스는 더더욱 아니다.

그러나 옛날 옛적에 무슨 일인가 일어나기는 했다. 여러분에게 일어났다. 아니면 여러분의 배우자에게 일어났다. 여러분의 직원에게 일어났다. 여러분의 판매자에게 일어났다. 그리고 여러분의 고객에게 일어났다.

옛날 옛적에 마케팅이 실패해서 현금이 바닥났다. 그리고…

옛날 옛적에 생활비가 완전히 떨어졌다. 그리고…

옛날 옛적에 중요한 선적분이 세관에 붙들렸다. 그리고…

옛날 옛적에 사업을 하는 꿈을 꾸었다. 그리고…

'옛날 옛적에'는 동화만을 위한 말이 아니다. 왜냐하면 '옛날 옛적에'는 그저 시작을 뜻하기 때문이다.

이는 모든 스토리의 가장 중요한 공통점이다. 실화든 만들어낸 이야기든 그렇다. 모든 스토리는 어디에서든 시작해야 한다. 스토리에는 시작이 필요하다. 그런데 시작은 알아차리기 까다롭다. 시작은 종종 끝처럼 보이기 때문이다. 그 일이 실패했다… 끝. 그 아이디어가 엎어졌다… 끝. 끝으로 위장한 시작을 알아차리는 것보다 큰 자유는 없다.

스토리텔링이 겁날 수도 있다. 때로는 아무런 아이디어가 떠오르지 않을 때가 있다. 어떤 경우에는 너무 많은 아이디어가 떠올라서 선택이라는 패러독스에 꼼짝없이 갇힐 때도 있다. 빈 페이지도, 가득 찬 객석도 우리를 겁나게 한다. 최고의 스토리텔러조차 얼어붙는 날이 있다. 그러나 앞으로 나아가려면 일단 시작해야 한다.

'옛날 옛적에'가 우리의 여정을 끝내기에 이상한 장소처럼 보일 수도 있다. 그러나 나는 딱 맞는 곳이라고 생각한다. 무엇보다 이 스토리의 끝, 이 책의 끝이 여러분에게는 사실 시작이기 때문이다.

'옛날 옛적에 나는 비즈니스와 스토리텔링에 관한 책을 읽었습니다. 그리고…'

감사의 글

언젠가 내가 책을 쓰게 될 것이라는 사실은 늘 알고 있었다. … 그러나 한 권의 책이 나오려면 얼마나 많은 사람이 얼마만큼의 시간과 에너지, 노력, 희생을 쏟아야 하는지는 잘 몰랐다.

가장 먼저 감사해야 할 사람은 사랑스러운 우리 아이들이다. 안과 온, 이 책을 위해 너희 삶의 일부를 내어주어서 고마워. 한 챕터를 끝내기 위해 몇 분의 시간이 더 필요할 때마다 참을성 있게 기다려줘서 고마워. 함께 제목을 고민해주고 표지 시안을 만들어줘서 고마워. 마침내 원고가 완성됐을 때 진심으로 축하해줘서 고마워. 책이 처음 나왔을 때 전국을 함께 여행해줘서 고마워. 사전 예약 줄이 몇 시간씩 밀려 있을 때 점심도 포기하고 혼자 화장실을 찾아가줘서 고마워. 학교 친구들, 선생님들, 공항에서 마주친 모르는 사람들에게 엄마가 책을 썼으니 꼭 사서 봐야 한다고 말해줘서 고마워. 엄마로서도, 저자로서도 너희는 내가 더 바랄 수 없을 정도로 최고인 여섯 살, 일곱 살 아이들이야.

이름도 모르는 사람에게 감사를 표하는 일이 좀 이상하게 보일지도 모르겠지만, 영광스럽게도 내가 발표를 할 수 있었던 여러 학회의 객석에 앉아 계셨던 분들이 아니었다면 이 책은 나오지 못했을 것이다.

내 이야기를 들어주고, 질문을 해주고, 여러분의 스토리를 들려줘서 고맙다. 스토리텔링의 방법을 늘 알고는 있었지만, 쓸 수 있는 메시지로 만드는 방법을 이렇게까지 연구할 수 있었던 것은 모두 여러분의 관심과 질문 덕분이다. 조명이 너무 밝아서 얼굴은 보지 못했을라도 관객 여러분의 에너지만큼은 느낄 수 있었다. 여러분이 없었다면 내가 지금 어디에 있을지 모르겠다.

이 책의 초고를 읽고 지지를 보내준 분들께도 감사하다. 심약해질 수 있었던 시기에 보내준 격려의 말은 말도 못 할 큰 도움이 되었다. 실은 너무 기뻐서 두어 번 의자에서 굴러떨어졌지만, 그 정도 멍이 든 것쯤은 아무렇지도 않다.

나의 에이전트 캐시 슈나이더의 이야기를 처음 들었던 때를 잊지 못할 것이다. 당시 나는 공항 게이트 근처에서 〈코스모폴리탄〉의 편집장을 지낸 케이트 화이트와 통화를 하고 있었다. 케이트는 출판과 관련해 정말 고마운 조언을 내게 해주던 와중에 경영서 에이전트로 새 출발을 하는 친구가 있다고 했다. 며칠 뒤 나는 캐시와 통화했고 몇 주 후 캐시의 사무실에서 그녀를 만났다. 만난 지 몇 분도 채 지나기 전에 나는 '이 사람'이라는 것을 알았다. 캐시의 노고와 심리적 응원에 감사드린다. 출판이라는 게 정말이지 마음 약한 사람은 할 일이 못된다! 캐시, 우리 목표가 녹록지 않았는데 처음치고는 우리 둘 다 멋지게 해낸 것 같아요. 크리스 프레스티아, 줄리앤 티나리를 비롯해 JRA 직원들께도 감사드린다.

댄 클레먼츠에게도 깊이 감사드린다. 댄은 내 머릿속에 있는 단어를 처음으로 끄집어내서 글로 쓸 수 있도록 도와주었다. 텅 빈 페이지를 바라보고 있는 것만큼 비참한 일은 없다. 댄 덕분에 나의 원고는 첫 페이지부터 가득 차 있었다. 결정적인 순간에 나타나주었던 베스 반트와 크리스티나 브룬에게도 감사드린다. 마감일은 다가오는데 시간은 없을 때 두 사람의 도움이 컸다. 감사드린다.

이 책의 편집자 제시카와 처음 이야기를 나눴던 순간을 잊지 못할 것이다. 물론 그때는 아직 제시카가 편집자로 결정되기 전이었고, 제시카는 나와 궁합이 잘 맞는지 확인하려고 나를 면접보았다. 콘퍼런스 콜로 진행된 면접이었는데 나는 식은땀이 났다. 제시카는 까다로운 질문도 서슴지 않고 던졌고, 이 책의 주제와 예상 독자가 명확해질 때까지 질문을 거듭했다. 통화가 끝났을 때 나는 녹초가 되어 의자에 늘어져 있었다. 그리고 제시카가 편집을 맡아준다면 훌륭한 책이 나오겠구나 생각했다. 그리고 실제로 그렇게 되었다. 제시카와 함께 했던 제프, 어맨다, 히람, 시실리를 비롯해 하퍼콜린스의 경영진께도 감사드린다. 나와 내 메시지를 믿어주고 세상 밖으로 꺼내줘서 감사하다.

우리 직원들에게도 고맙다. 티파니는 내가 인스타그램으로 매일 스토리를 들려줄 수 있도록 도와주었다. 메그는 소셜 미디어 마케팅을 펼쳐주었고, 사전 예약을 받은 첫날, 그 정신없던 날 내 옆에 있어주었다. 내 오른손 안드레아는 내가 한창 집필과 사업을 오가는 동안 회사의 다른 일들이 잘 진행되도록 철저히 챙겨주었다.

내가 분위기에 아랑곳하지 않고 일 얘기를 마구 쏟아내어도 나를 늘 응원해주고 내 이야기에 귀 기울여준 친구들과 가족에게도 고맙다.

마지막으로 마이클, 이 책은 시작도, 끝도 당신이야. 당연하잖아. 사랑해.

주석

프롤로그

1 "History," Eight & Bob, https://eightandbob.com/pages/our-heritage.
   2019.2.5 검색함.

1장 스토리 없는 브랜드는 살아남지 못한다

1 "Building Powerful Brands / Brand Revitalisation: Extra Gum—Give
   Extra, Get Extra," The Marketing Society, https://www.marketingsociety.
   com/sites/default/files/thelibrary/Give%20extra_Redacted.pdf. 2019.3.18
   검색함.

2 Magnus Pagendarm and Heike Schaumburg, "Why Are Users
   BannerBlind? The Impact of Navigation Style on the Perception of Web
   Banners," *Journal of Digital Information* 2, no. 1 (2001), https://journals
   .tdl.org/jodi/index.php/jodi/article/view/36/38.

3 "Online Consumers Fed Up with Irrelevant Content on Favorite
   Websites, According to Janrain Study," Janrain, July 31, 2013, https://
   www.janrain.com/company/newsroom/press-releases/online-

consumers-fed-irrelevant-content-favorite-websites-according.

4 Melanie C. Green and Timothy C. Brock, "The Role of Transportation in the Persuasiveness of Public Narratives," *Journal of Personality and Social Psychology* 79, no. 5 (2000): 701 – 21, http://dx.doi.org/10.1037/0022-3514.79.5.701.

5 T. Van Laer et al., "The Extended Transportation-Imagery Model: A Meta-Analysis of the Antecedents and Consequences of Consumers' Narrative Transportation," *Journal of Consumer Research* 40, no. 5 (February 2014): 797 – 817, https://doi.org/10.1086/673383.

6 Jillian Berman, "There's Something About Breath Mints and Sharing," *The Wall Street Journal*, September 11, 2017, https://www.wsj.com/articles/theres-something-about-breath-mints-and-sharing-1505135794.

7 "Building Powerful Brands," The Marketing Society.

8 "Building Powerful Brands," The Marketing Society.

2장 스토리는 소비자의 마음을 열고 생각을 바꾼다

1 Paul J. Zak, "Why We Cry at Movies," *Psychology Today*, February 3, 2009, https://www.psychologytoday.com/blog/the-moral-molecule/200902/why-we-cry-movies.

2 Paul J. Zak, "Why Inspiring Stories Make Us React: The Neuroscience of Narrative," *Cerebrum* (January – February 2015): 2, https://www.ncbi.nlm.nih.gov/pmc/articles/PMC4445577/.

3 Zak, "Why Inspiring Stories Make Us React."

4 Zak, "Why Inspiring Stories Make Us React."

5 See Ushma Patel, "Hasson Brings Real Life into the Lab to Examine Cognitive Processing," *Princeton University News*, December 5, 2011,

https://www.princeton.edu/main/news/archive/S32/27/76E76/index.
xml.

6 Zak, "Why Inspiring Stories Make Us React."

7 Zak, "Why Inspiring Stories Make Us React."

8 Zak, "Why Inspiring Stories Make Us React."

3장 마케터의 스토리 문법: 4가지 요소 & 3단계 기본틀

1 Chris Chase, "Seattle's Super Bowl Win Made Gambling History," $USA
Today$, February 4, 2014, http://ftw.usatoday.com/2014/02/seattle
-seahawks-super-bowl-prop-bets-odds.

2 Suzanne Vranica, "Higher Prices Don't Keep Marketers Away from Ad
Time for Super Bowl," *The Wall Street Journal*, January 3, 2012, https://
www.wsj.com/articles/SB10001424052970203899504577130940265401
3
70.

3 Sherwood Forest, "Budweiser Super Bowl XLVIII Commercial—'Puppy
Love,'" YouTube video, 1:00, January 31, 2014, https://www.youtube.
com/watch?v=Zsj9AiK76Z4.

4 See Jill Rosen, "Super Bowl Ads: Stories Beat Sex and Humor, Johns
Hopkins Researcher Finds," Hub, Johns Hopkins University, January 31,
2014, http://hub.jhu.edu/2014/01/31/super-bowl-ads/.

5 Yuval Noah Harari, *Sapiens: A Brief History of Humankind* (New York:
Harper, 2015), 31.

   (한국판: 유발 하라리, 『사피엔스』, 김영사, 2015)

6 "Why Choose hydraSense®," hydraSense Nasal Care, https://www.
hydrasense.com/why/naturally-sourced-seawater/. 2019.2.5 검색함.

7 Alli McKee, "[Your Company] in 100 Words," Medium, November 1,

2017, https://medium.com/show-and-sell/your-company-in-100-words-e7558b0b1077.

8 Marketwired, "Tivo's Top 10 Commercials From 50 Years of the Biggest Game of the Year," Yahoo! Finance, January 11, 2016, https://finance.yahoo.com/news/tivos-top-10-commercials-50-110000503.html.

9 "Super Bowl 2014 Ads: Facts and Figures (Updated)," Marketing Charts, February 6, 2014, http://www.marketingcharts.com/traditional/super-bowl-2014-ads-facts-and-figures-39421/.

10 Keith A. Quesenberry, "William Shakespeare Holds the Key to a Great Super Bowl Ad," *Time*, February 1, 2016, http://time.com/4200086/best-super-bowl-ads/.

11 NPR, "Code Switch: An Advertising Revolution," Stitcher, September 5, 2017, https://www.stitcher.com/podcast/national-public-radio/code-switch/e/51357262?autoplay=true.

4장 가치 스토리 공식: 스토리로 가치를 증명한다

1 Daniel Kahneman, *Thinking, Fast and Slow* (New York: Farrar, Straus and Giroux, 2011), 20.
(한국판: 대니얼 카너먼, 『생각에 관한 생각』, 김영사, 2018)

2 Kahneman, 20.

3 Kahneman, 62.

4 Amy Wolf, "For a Winning Ad at the Super Bowl: Less Shock and More Sophisticated Storyline," Vanderbilt News, January 30, 2012, https://news.vanderbilt.edu/2012/01/30/winning-super-bowl-ads-needs-sophistication/.

5 Philip Elmer-Dewitt, "Why 'Misunderstood' Won an Emmy for Apple,"

Fortune, August 18, 2014, http://fortune.com/2014/08/18/why-misunderstood-won-an-emmy-for-apple/.

6 Elmer-Dewitt, "Why 'Misunderstood' Won an Emmy for Apple."

5장 창업자 스토리 공식: 비즈니스 뒤에 사람 있다

1 Biz Carson, "How 3 Guys Turned Renting an Air Mattress in Their Apartment into a *25 Billion Company*," Business Insider$, February 23, 2016, https://www.businessinsider.com/how-airbnb-was-founded-a-visual-history-2016-2.

2 Michael Carney, "Brian Chesky: I Live on Cap'n McCain's and ObamaO's Got AirBnB Out of Debt," Pando, January 10, 2013, https://pando.com/2013/01/10/brian-chesky-i-lived-on-capn-mccains-and-obama-os-got-airbnb-out-of-debt/.

3 Carolyn Said, "Airbnb's Swank Digs Reflect Growth, But Controversy Grows," *SF Gate*, January 27, 2014, https://www.sfgate.com/bayarea/article/Airbnb-s-swank-digs-reflect-growth-but-5175734.php.

4 Max Chafkin, "Can Airbnb Unite the World?" *Fast Company*, January 12, 2016, https://www.fastcompany.com/3054873/can-airbnb-unite-the-world.

5 Said, "Airbnb's Swank Digs Reflect Growth."

6 Nat Levy, "Live Blog: Andreessen Horwitz Partner Jeff Jordan at the GeekWire Summit 2016," GeekWire, October 4, 2016, http://www.geekwire.com/2016/live-blog-andreessen-horowitz-partner-jeff-jordan-geekwire-summit-2016/.

7 Avery Hartmans, "This Is the One Quality Every Startup Founder Needs," *Business Insider*, September 25, 2016, http://www.businessinsider.com/

jeff-jordan-andreessen-horowitz-startup-founders-2016-9.

8 Airbnb, "Funding Rounds," Crunchbase, https://www.crunchbase.com/
   organization/airbnb/funding_rounds/funding_rounds_list#section-
   funding-rounds.

9 *2017 Kaufman Index of Startup Activity*, Ewing Marion Kauffman
   Foundation, May 2017, http://www.kauffman.org/kauffman-index/
   reporting/~/media/c9831094536646528ab012dcbd1f83be.ashx.

10 QuickBooks, "Did You Know? Most Small Businesses Start With $10,000
   or Less," Intuit QuickBooks, https://quickbooks.intuit.com/r/trends-
   stats/know-small-businesses-start-10000-less/. 2019.03.18 검색함.

11 Greg McKeown, "If I Read One More Platitude-Filled Mission
   Statement, I'll Scream," *Harvard Business Review*, October 4, 2012,
   https://hbr.org/2012/10/if-i-read-one-more-platitude-filled-
   mission-statement.

12 "Number of U.S. Financial Advisers Fell for Fifth Straight Year—Report,"
   Reuters, February 11, 2015, https://www.reuters.com/article/wealth-
   cerulli-advisor-headcount/number-of-u-s-financial-advisers-fell-
   for-fifth-straight-year-report-idUSL1N0VL23920150211을 참고할 것.

6장 목적 스토리 공식: 우리는 누구고 왜 이 일을 하는가

1 Paul J. Zak, "Why Your Brain Loves Good Storytelling," *Harvard Business
   Review*, October 28, 2014, https://hbr.org/2014/10/why-your-brain-
   loves-good-storytelling.

2 Simon Caulkin, "Companies with a Purpose Beyond Profit Tend to
   Make More Money," *Financial Times*, January 24, 2016, https://www.
   ft.com/content/b22933e0-b618-11e5-b147-e5e5bba42e51.

3 Rachel Tesler et al., "Mirror, Mirror: Guided Storytelling and Team Reflexivity's Influence on Team Mental Models," *Small Group Research* 49, no. 3 (2018): 267 – 305, https://journals.sagepub.com/doi/abs/10.1177/1046496417722025.

4 Tesler et al., "Mirror, Mirror."

5 Tesler et al., "Mirror, Mirror."

6 David K. Williams, "The Best Leaders Are Vulnerable," *Forbes*, July 18, 2013, https://www.forbes.com/sites/davidkwilliams/2013/07/18/the-best-leaders-are-vulnerable/#442fcf5e3c1d에서 인용.

7 Williams, "The Best Leaders Are Vulnerable."

8 Williams, "The Best Leaders Are Vulnerable."

9 Robyn Fivush, Marshall Duke, and Jennifer G. Bohanek, "'Do You Know . . .' The Power of Family History in Adolescent Identity and Well-Being," *Journal of Family Life*, February 23, 2010, https://ncph.org/wp-content/uploads/2013/12/The-power-of-family-history-in-adolescent-identity.pdf.에서 볼 수 있다.

7장 고객 스토리 공식: 고객이 알아서 입소문을 내게 하는 법

1 "Local Consumer Review Survey 2018," BrightLocal, https://www.brightlocal.com/learn/local-consumer-review-survey/. 2019.3.18 검색함.

2 Aaron Smith and Monica Anderson, "Online Shopping and E-Commerce: Online Reviews," Pew Research Center, December 19, 2016, http://www.pewinternet.org/2016/12/19/online-reviews/.

3 "Women's Deodorant: Reviews," Native, https://www.nativecos.com/products/travel-deo-pack-womens-winter2018#reviews. 2019.2.5 검색함.

4 "Women's Deodorant: Reviews," Native.

5 Fay Schopen, "Outrage over McDonald's Twee 'Child Grief' Advert Is Plain Ridiculous," *The Guardian*, May 17, 2017, https://www.theguardian.com/commentisfree/2017/may/17/mcdonalds-child-grief-advert-bereavement.

10장 꼭 내 스토리를 들려주어야 할까?: 스토리를 위한 완벽한 순간 포착하기

1 Khadeeja Safdar, "Now for Sale: The Empty Space Inside Retailers' Packages," *The Wall Street Journal*, July 22, 2018, https://www.wsj.com/articles/now-for-sale-the-empty-space-inside-retailers-packages-1532264400?mod=searchresults&page=1&pos=1.
2 Adaptly, with Refinery29 and Facebook, *The Science of Advertising: A Research Study on Sequenced for Call to Action vs. Sustained Call to Action*, Adaptly, https://s3.amazonaws.com/sales.adaptly.com/The+Science+of+Social+Media+Advertising.pdf. 2019.3.18 검색함.

에필로그

1 John K. Donahue and Melanie C. Green, "A Good Story: Men's Storytelling Ability Affects Their Attractiveness and Perceived Status," *Personal Relationships*, March 9, 2016, https://onlinelibrary.wiley.com/doi/full/10.1111/pere.12120.

지은이 킨드라 홀

킨드라 홀은 기조 연설가이자 스토리텔러다. 글로벌 스토리텔링 컨설팅 기업 스텔라 컬렉티브Steller Collective를 이끄는 홀은 엔터프러너닷컴(Entrepreneur.com)과 잉크닷컴(Inc.com)에 기고하고 있으며 〈석세스Success〉 매거진의 객원 편집자로도 활동 중이다. 홀은 크고 작은 여러 브랜드가 스토리텔링의 힘을 활용할 수 있도록 돕는 일을 하고 있다. 연단에 서지 않을 때는 남편 및 어린 아들딸과 함께 뉴욕시에서 생활한다. 실내 사이클 운동의 열렬한 애호가이며, 비행기에서는 창가 좌석을 선호하고, 커피는 항상 아이스로만 마신다.

옮긴이 이지연

서울대학교 철학과를 졸업한 후 삼성전자 기획팀, 마케팅팀에서 일했다. 현재 전문 번역가로 활동 중이다. 옮긴 책으로는 《돈의 심리학》, 《론샷》, 《인간 본성의 법칙》, 《제로 투 원》, 《위험한 과학책》, 《아이디어 생산법》, 《무기가 되는 스토리》, 《아이디어 불패의 법칙》, 《기하급수 시대가 온다》, 《만들어진 진실》, 《빈곤을 착취하다》, 《리더는 마지막에 먹는다》, 《시작의 기술》, 《평온》, 《다크 사이드》 외 다수가 있다.

스 토 리 의 과 학

팔리는 브랜드에는 공식이 있다

펴낸날 초판 1쇄 2021년 7월 1일
초판 5쇄 2024년 9월 1일

지은이 킨드라 홀

옮긴이 이지연

펴낸이 이주애, 홍영완

편집 김애리, 양혜영, 문주영, 박효주, 최혜리, 장종철, 오경은

디자인 기조숙, 박아형, 김주연

마케팅 김슬기, 김태윤, 김소연, 박진희

경영지원 박소현

펴낸곳 (주)월북 **출판등록** 제2006-000017호

주소 10881 경기도 파주시 광인사길 217

전화 031-955-3777 **팩스** 031-955-3778 **홈페이지** willbookspub.com

블로그 blog.naver.com/willbooks **포스트** post.naver.com/willbooks

트위터 @onwillbooks **인스타그램** @willbooks_pub

ISBN 979-11-5581-379-9 03320